国家社科基金项目成果

中国社会科学院马克思主义理论学科建设与理论研究工程系列丛书

激进视野中的希腊左翼政党与社会主义运动

于海青 著

中国社会科学出版社

图书在版编目（CIP）数据

激进视野中的希腊左翼政党与社会主义运动 / 于海青著. —北京：中国社会科学出版社，2024.1

（中国社会科学院马克思主义理论学科建设与理论研究工程系列丛书）

ISBN 978-7-5203-3886-8

Ⅰ.①激… Ⅱ.①于… Ⅲ.①共产主义运动—研究—希腊 Ⅳ.①D1

中国版本图书馆 CIP 数据核字（2019）第 003786 号

出 版 人	赵剑英
责任编辑	田　文
特约编辑	金　泓
责任校对	郝阳洋
责任印制	王　超

出　　版	中国社会科学出版社
社　　址	北京鼓楼西大街甲 158 号
邮　　编	100720
网　　址	http://www.csspw.cn
发 行 部	010-84083685
门 市 部	010-84029450
经　　销	新华书店及其他书店
印刷装订	三河市华骏印务包装有限公司
版　　次	2024 年 1 月第 1 版
印　　次	2024 年 1 月第 1 次印刷
开　　本	710×1000　1/16
印　　张	17.5
字　　数	236 千字
定　　价	95.00 元

凡购买中国社会科学出版社图书，如有质量问题请与本社营销中心联系调换
电话：010-84083683
版权所有　侵权必究

目 录

导 论 ……………………………………………………… (1)
    希腊激进左翼运动百年发展主线 ……………………… (2)
    研究框架与主要内容 …………………………………… (5)

第一章　希腊社会主义运动70年：从1918年到1988年 ……… (8)
  第一节　希腊社会主义运动的初期历程 ………………… (8)
    一　两次世界大战期间希腊的政治社会形势 ………… (9)
    二　希腊共产党的建立及早期发展 …………………… (10)
    三　梅塔克萨斯独裁统治下的希腊共产党 …………… (14)
  第二节　从抵抗运动到内战：希腊共产党的斗争 ……… (16)
    一　德、意入侵与二战初期希腊形势 ………………… (16)
    二　战争初期希腊共产党战略策略的变化 …………… (17)
    三　反法西斯抵抗运动中的希腊共产党 ……………… (19)
    四　希腊内战爆发与希共的反抗斗争 ………………… (24)
  第三节　1950—1974年的希腊社会主义运动 …………… (28)
    一　铁幕之后："联合民主左翼"的起落沉浮 ………… (29)
    二　何种革命？——希腊共产党斗争路线的演变 …… (33)
    三　1968年分裂：两条道路分野的起点 ……………… (36)
  第四节　民主转型后希腊社会主义运动重塑 …………… (38)
    一　独裁统治终结与民主政治重建 …………………… (38)
    二　泛希腊社会主义运动的兴起 ……………………… (40)

三　希腊共产党:寻求议会政治突破的战略抉择 …………(45)
　　四　希腊激进左翼再结盟 ………………………………(48)

第二章　同源异轨:希腊社会主义运动走向分化 …………(53)
第一节　苏东剧变与希腊社会主义运动的危机 …………(53)
　　一　"历史性妥协":左翼联盟两度参与政府 ……………(54)
　　二　希腊共产党第十三次全国代表大会与左翼联盟
　　　　分裂 …………………………………………………(59)
　　三　希腊共产党的理论战略重塑 ………………………(63)
　　四　希腊政治的新自由主义转向与希腊共产党的
　　　　发展困境 ……………………………………………(66)
第二节　21世纪初希腊共产党的政治实践和
　　　　　　理论主张 ………………………………………(71)
　　一　21世纪头十年希腊的社会经济形势与
　　　　政治轮替 ……………………………………………(71)
　　二　希腊共产党在议会内和议会外的斗争 ……………(74)
　　三　希腊共产党的核心观点与政治主张 ………………(76)
第三节　从左翼联盟到激进左翼联盟
　　　　　　——组织派别、发展阶段与理论观点 …………(93)
　　一　左翼联盟的组织结构与派别制度化 ………………(93)
　　二　左翼联盟的演进与激进左翼联盟勃兴 ……………(97)
　　三　左翼联盟/激进左翼联盟的意识形态与
　　　　政治战略 ……………………………………………(101)

第三章　欧债危机下希腊共产党与激进左翼联盟的
　　　　　新发展 ……………………………………………(107)
第一节　希腊主权债务危机与反紧缩运动 ………………(107)
　　一　新自由主义"实验室":希腊债务危机及
　　　　紧缩政策 ……………………………………………(107)

二　2008年青年运动与反紧缩"抗议周期" …………… （112）
第二节　希腊共产党的反紧缩政治动员和战略主张 ……… （116）
　一　希腊共产党反紧缩的组织战略与斗争 …………… （116）
　二　希腊共产党的资本主义危机观 ……………………… （119）
　三　希腊共产党论反资本主义斗争的策略 …………… （122）
第三节　两党制终结与激进左翼联盟兴起 ………………… （127）
　一　传统政治体制的去合法化及其崩溃 ……………… （128）
　二　从边缘到主流：激进左翼联盟的飞速崛起 ……… （135）
第四节　希腊共产党的选举困境与思想理论
　　　　新调整 ……………………………………………… （145）
　一　希腊共产党陷入体制内政治发展困境 …………… （145）
　二　希腊共产党纲领政策中的新提法 ………………… （148）

第四章　从抗议党到执政党
　　　　——激进左翼联盟的执政表现、问题与挑战 ……… （155）
第一节　激进左翼联盟走上历史前台 ……………………… （155）
　一　激进左翼联盟转型为统一政党 …………………… （155）
　二　激进左翼联盟通往政权之路 ……………………… （158）
　三　独立希腊人党缘何成为合作对象？ ……………… （163）
　四　认同与质疑：对激进左翼联盟胜选的
　　　评价与前瞻 ………………………………………… （165）
第二节　从激进到温和：激进左翼联盟第一任期的
　　　　"艰难执政" ………………………………………… （169）
　一　执政前激进左翼联盟反紧缩立场的部分调整 …… （170）
　二　激进左翼联盟"去激进化"的演变历程 …………… （171）
　三　争议与影响 ………………………………………… （176）
第三节　持续的"去激进化"
　　　　——第二任期的激进左翼联盟政府 ……………… （180）
　一　"平行纲领"的提出与提前大选 …………………… （180）

二　激进左翼联盟的执政实践、困难与阻力 …………… (183)
　　三　激进左翼联盟二大及其后发展 …………………… (185)
　　四　"危机中的危机":难民潮的冲击与影响 …………… (190)

第五章　后激进左翼联盟执政时期的希腊左翼政治 ……… (197)
第一节　2019年大选及其后希腊政局 …………………… (197)
　　一　新两党竞争格局的巩固 ………………………………… (197)
　　二　希腊政党政治生态重塑 ………………………………… (200)
　　三　"欧洲民主运动2025"与"欧洲现实不服从
　　　　阵线党"的兴起 ……………………………………… (203)
第二节　希腊激进左翼联盟的实践与挑战 ………………… (207)
　　一　作为反对派的激进左翼联盟:立场与实践 ………… (207)
　　二　激进左翼进步联盟三大 ……………………………… (209)
　　三　激进左翼进步联盟面临的冲击和挑战 …………… (210)
第三节　愈益趋向激进化的希腊共产党 …………………… (213)
　　一　二十大后希腊共产党的实践斗争新进展 ………… (214)
　　二　围绕当前国际共运重大理论和实践问题的立场和
　　　　主张 …………………………………………………… (218)

第六章　希腊左翼激进主义:何去何从? ………………… (227)
第一节　欧洲激进左翼运动多棱镜:发展
　　　　　　特点与问题 ……………………………………… (227)
第二节　希腊激进左翼运动的理论反思 …………………… (239)
　　一　社会主义革命何以可行? …………………………… (240)
　　二　替代选择的问题与困境 ……………………………… (248)

参考文献 ………………………………………………………… (255)

导　论

法国马克思主义哲学家埃蒂安·巴里巴尔（Étienne Balibar）曾经这样强调希腊问题的重要性，"如果欧洲对我们来说是一个难缠的政治麻烦，希腊则是其核心问题之一。这并非因为它是我们文明的神秘起源，而是因为当前的问题在这里最为集中"[①]。似乎在印证这个论断。国际金融危机尤其是欧洲主权债务危机爆发后，欧洲面临的主要"大麻烦"，比如债务、难民、脱欧、民粹主义等等，都与希腊脱不了关系。希腊——这个处于西方发达国家外围的"落后生"，牵动着欧洲政治的敏感神经，影响并推动着欧洲未来的发展进程与格局形成。

近年来，以激进左翼联盟（SYRIZA）为代表的希腊激进左翼政党的飞速发展，恐怕是希腊给欧盟制造的最大"麻烦"了。激进左翼联盟，这个曾经名不见经传、罕被问津的左翼小党，如火箭腾空般飞速崛起，创造了作为欧洲第一个反紧缩政党上台执政的奇迹，成为国际金融危机后第一个深刻撼动了欧洲政党政治根基的政党，第一个对欧洲新自由主义政治经济秩序形成挑战的政党。激进左翼联盟的崛起吸引了众多西方左派和研究者关注希腊的激进左翼与社会主义运动，讨论其成就、经验和教训，思考其面临的问题、挑战及发展趋势。本书就是以此为主旨的研究性著作，力图通过回溯希腊激进左翼和社会主义运动的整个发展历程，

[①] Étienne Balibar, *We, the People of Europe? Reflections on Transnational Citizenship*, Princeton University Press, 2003, p. 2.

阐释其在不同时期和阶段的发展特点，考察以希腊共产党和激进左翼联盟为代表的希腊激进左翼力量的主要理论主张和政治实践，及其相互间的冲突与分裂、合作与斗争，解析希腊共产党百余年兴衰荣辱，透视激进左翼联盟的执政成败，探讨希腊激进左翼运动的困境和挑战，进而展望西方左翼和社会主义的未来前景与发展走向。

希腊激进左翼运动百年发展主线

希腊是欧洲文明的发源地，也是一个拥有悠久而深厚左翼政治传统的国度。如果以希腊共产党（Communist Party of Greece，KKE）的诞生为起点，希腊左翼迄今已有百余年历史。但与西欧多数国家中共产党与社民党几乎并行发展不同，在半个多世纪里（直到1974年军事独裁终结后泛希腊社会主义运动兴起），共产党一直是希腊国内唯一主要的左翼力量。以至于时至今日，人们思想观念中仍然残留着一种根深蒂固的认识：希腊左翼就是指希腊共产党。[①]

纵观希腊激进左翼和社会主义运动历史，既有高潮中的坚守，也有低潮中的奋进；既有辉煌的胜利，也有失败的辛酸。整体上看，以下四个关键事件或节点，对其发展进程产生了重要推动作用。

一是1968年希腊共产党分裂。1968年分裂的缘起，可以追溯到二战后希共反抗国内资产阶级政府镇压斗争的失败。其直接后果是造成希共被宣布为非法，大批党员和领导人流亡苏联或东欧国家，党的中央机构也被迫迁往国外。而在国内的希共成员则公开组建了一个新党，并在这一合法政治形式下继续进行反抗斗争。希共的国内与国外成员在党的政治发展方向和组织战略等问题上

---

① S. Kalyvas and N. Marantzidis, "Greek Communism, 1968–2001", *East European Politics and Societies*, Vol. 16, No. 3, 2002.

存在严重分歧，这被西方学者称为"欧洲共产主义者"与"斯大林主义者"的分歧①，并进一步升级为党的分裂危机，直接导致了希腊共产党（国内派）的建立。

在此之后，希腊社会主义运动逐渐分化为两条不同的发展线索。其中一条分支以支持苏联的所谓"正统派"共产党为主体，它继承了希腊共产党的称谓，坚持共产主义传统原则；另一分支则以所谓"改良派"共产党，即希腊共产党（国内派）为核心。在1974年希腊终结军事独裁统治后的十几年间，希腊两支共产主义力量并存对立。希腊共产党在这一过程中赢得绝对优势，而希腊共产党（国内派）逐渐被边缘化，并最终放弃了"共产党"的名称。

在这一时期，希腊左翼光谱中加入了一支新的力量，即泛希腊社会主义运动（PASOK，以下简称泛希社运）。尽管泛希社运在后来的发展中不断右转，最终彻底新自由主义化，但在成立之初却是极度彰显"民粹主义"的左翼激进派。泛希社运很快成为希腊政治体系中的主流政党，并在此后30多年时间里与另一主要政党——中右翼新民主党（New Democracy，ND）轮流执政。

二是苏联解体、东欧剧变。20世纪80年代末，希腊两支共产主义力量一度短暂合作，建立了广泛的左翼联盟组织——"左翼与进步力量联盟"（Synaspismos，SYN）。但如同欧洲其他的左翼力量一样，苏联解体、东欧剧变也在希腊激进左翼内部引发了巨大危机。其中，希共内部主张去斯大林化以及修正党的无产阶级国际主义、无产阶级专政和民主集中制原则的"改革派"，与坚持马列主义意识形态的"强硬派"间的对立进一步激化，并导致党的再次分裂。而希共的党内危机也蔓延至"左翼与进步力量联盟"，导致其解散，并重新组建为一个统一的政党。至此，希腊激进左翼运动彻底走向分化。

---

① See R. Clogg, *Parties and Elections in Greece*, London: Hurst, 1987.

三是2015年1月希腊全国议会选举。20世纪90年代，在两大主要激进左翼政党议会内外的政治博弈中，希腊共产党长期占据绝对优势。进入21世纪后，以"左翼与进步力量联盟"为核心力量的激进左翼联盟逐渐发展起来。尤其是在欧债危机爆发后，激进左翼联盟借助危机后的有利形势异军突起，一举跃升为议会第二大党，从而不仅将自1977年议会选举以来长期稳居头两把交椅的泛希社运排除在两强之外，而且也把希共远远甩在身后，并在2015年决定希腊激进左翼命运的关键选举中，不出所料地胜选上台执政。至此，希腊激进左翼的传统政治版图被颠覆，希共与激进左翼联盟的主从地位被改写，长期被边缘化的希腊激进左翼运动的格局与命运也因而发生了巨大改变。

四是2019年希腊全国议会选举。此次大选后，执政四年多的激进左翼联盟走下执政舞台，希腊激进左翼政党的命运再次被改写。尽管激进左翼联盟仍然是希腊新两极格局中的重要一极，但整体来看，希腊激进左翼运动已经从迅速的上升态势转入守势，进入深刻反思和适应性调整期。

除希共和激进左翼联盟外，在希腊激进左翼政治发展光谱中还曾经出现过在意识形态上表现为从温和社会主义到马克思主义在内的众多政党。比如，初期带有明显激进左翼色彩的泛希社运，欧债危机以来陆续从激进左翼联盟中分裂出来的民主左派党（DI-MAR）、"人民团结"党（LAE）、"欧洲现实不服从阵线党"（MeRA25）等。此外，还有一些具有共产主义倾向的毛派、托派小党，如毛主义的希腊共产党（马列主义）（KKE-ML）、希腊马列主义共产党（ML-KKE）和重建希腊共产党（OAKKE），托派的工人革命党（EEK）以及各种意识形态倾向构建的左翼激进力量联盟——"反资本主义左翼阵线"（ANTARSYA）等。这些党获得数千至数万张选票不等，支持率大都不超过1%，在希腊政治发展中基本没有多少影响力。

研究框架与主要内容

本书主要研究对象，是以希腊共产党和激进左翼联盟为代表的希腊激进左翼政党，并对不同历史时期出现过的希腊激进左翼力量进行考察和分析。在参考、综合国内外相关研究成果的基础上，本书将紧扣希腊激进左翼与社会主义运动百年发展进程的主线，采用史论结合的研究方法，对希腊共产党和激进左翼联盟的历史、理论与实践进行系统梳理，结合不同时期的具体政治、经济和社会背景，详细勾勒希腊激进左翼力量的兴起与发展、分裂与边缘化、复兴与崛起等重要演进片段，展现近百年间希腊激进左翼和社会主义运动跌宕起伏的发展历程。在此基础上，本书尝试对不同历史时期希腊激进左翼实践进行深入理论剖析，从历史和理论分析中得出相关结论，以对当今西方左翼和社会主义运动的发展提供一些有益启发和参考。

以希腊激进左翼运动的前述重要节点发展进程为线索，本书整体架构分为六章。

第一章纵论希腊社会主义运动前70年发展进程（从1918年直到1988年），涉及希腊共产党的诞生和早期发展，艰苦卓绝的反国内独裁斗争、反法西斯抵抗运动、希腊内战，"联合民主左翼"的发展，希腊共产党的分裂，泛希腊社会主义运动的兴起，以及后独裁统治初期希腊激进左翼和社会主义运动的发展等内容。在对希腊社会主义运动发展的基本史实进行纵向描述基础上，本章重点关注希腊共产党在不同历史阶段战略策略的演变，并深入总结其发展经验与教训。

第二章探讨希腊社会主义运动从统一走向分裂的历史过程（从苏联解体、东欧剧变前后直至2009年），详细阐释了希共与左翼联盟分裂的具体进程及其后各自的演进轨迹，包括希共第十三次代表大会、激进左翼联盟建立等重要事件。由于两党相关历史和现实问题的一些重要理论观点均在这一时期提出，因此本章还着重对两党的思想理论进行了梳理和概括。

第三章关注主权债务危机下希腊激进左翼和社会主义运动的新发展（大体从2010年希腊主权债务危机爆发至2014年）。本章系统梳理了债务危机以来希腊政治经济新形势，分析群众性反紧缩运动的兴起，以此为背景透视并评价希共在危机中的政治动员和战略主张，探讨激进左翼联盟的崛起与原因，反思希共的制度内发展困境及思想纲领的新变化、新调整。

第四章解析激进左翼联盟从反对党到执政党的演进轨迹（从2015年至2019年大选前），着重考察了2015年1月大选激进左翼联盟胜选及其与右翼民族主义政党结盟的原因，激进左翼联盟政府第一任期对执政挑战的政策回应，激进左翼联盟第二次上台执政及其重新实施紧缩政策，以及难民危机对激进联盟政府的冲击和考验等问题。从反对党到执政党，希腊激进左翼联盟经历了明显的"温和化"或"去激进化"过程。这表明，在新自由主义依然强势的条件下，试图激进变革或挑战现存秩序的左翼议程面临巨大阻力。而如何应对和解决理论主张与实践困境的冲突，成为激进左翼联盟发展的关键问题。

第五章关注2019年激进左翼联盟执政实践失败后，希腊激进左翼运动的新发展。在解析2019年希腊大选及其后希腊政治生态变化的基础上，本章尝试勾勒后执政时代希腊激进左翼运动的发展轨迹，深入考察了作为希腊新兴激进左翼力量的"欧洲现实不服从阵线党"的兴起与走向，作为在野党的希腊激进左翼联盟的困境与挑战，以及作为坚定制度反对派的希腊共产党不断趋向激进化的理论与实践等。

第六章是对整个希腊激进左翼和社会主义运动的理论分析。观察视角首先延伸至欧洲尤其是西欧激进左翼运动，梳理其特点及当前面临的问题。由于希腊激进左翼运动是欧洲激进左翼运动最具代表性的组成部分，因此考察欧洲激进左翼运动当前面临的困难和挑战，有助于我们深化对希腊激进左翼运动的认识和思考。在此基础上，本章从分析希腊共产党的社会主义革命观、激进左翼联盟的替代道路选择等角度，深入探讨了希腊激进左翼运动的困境与社会主义运动的未来发展前景等问题。

"希望将成为现实"——这是激进左翼联盟在2015年1月希腊议会选举中提出的核心口号，表达了希腊激进左翼力量共同的心声及对未来的无限期许：一个后危机时代的开启，一个更加公平正义的社会，一个崭新的欧洲，一个拥有尊严的希腊。作为资本主义的变革力量，无论是不断"激进化"的希腊共产党还是不断经历"去激进化"的激进左翼联盟，都在用自己的方式探寻这一"希望"成真的答案。历史与实践表明，在任何社会和制度形态下，政治变革都绝非易事。在追求人类福祉的道路上，无论革命还是改革，都不可避免地与统治势力交锋和碰撞，因而经历挫折与失败，但在不断的试错中终将找到正确的前进方向。正如马克思主义关于人类社会形态发展理论所揭示的那样，人类社会发展是一种螺旋式上升，虽然会有反复曲折，但最终达至共产主义是客观的历史必然。而希腊激进左翼力量坚持不懈地努力和探索，必将为希腊人民运动的发展，为欧洲和世界左翼与社会主义运动的复兴，为一个替代资本主义的新的社会的建立开辟更为广阔的前景。

第一章　希腊社会主义运动70年：从1918年到1988年

以希腊共产党诞生为标志的希腊社会主义运动，肇始于20世纪10年代末20年代初波澜壮阔的欧洲无产阶级革命时期。作为受十月革命影响建立的政党，希腊共产党从建立伊始就展现出坚定的革命性。从反对国内独裁统治，到组织领导反法西斯抵抗运动，再到内战中不屈不挠的抗争，彰显了希共顽强的斗争精神。20世纪50年代后的希共，经历了党的分裂与地下斗争的考验，在思想理论和战略策略上日益成熟。1974年希腊实现民主政治转型，希腊社会主义运动进入多元化发展的新时期。在多支社会主义力量的角逐与比较中，希腊共产党以鲜明的政治指向和斗争目标，引领着希腊社会主义运动的发展方向。

第一节　希腊社会主义运动的初期历程

本节主要关注第一次世界大战结束后至第二次世界大战爆发前希腊社会主义运动的发展历程。这是希腊社会主义运动的最初形成阶段。以希腊共产党成立为起始点，社会主义运动正式登上希腊历史舞台。在这一时期，希共组织力量获得一定发展，政治影响初步形成，但受内外部因素尤其是独裁统治迫害的影响，希腊共产党陷入极大的困难之中。

一 两次世界大战期间希腊的政治社会形势

1918—1939年两次世界大战期间，是希腊现代政治体制初步建立的时期。在这个阶段，君主民主制一度被废除，共和国体制正式建立起来，但政治局势极其不稳，派系争夺激烈，军事政变多发，共和制与君主制反复交替，希腊社会处于动荡不安之中。

美国历史学家弗拉维阿诺斯（Haris Vlavianos）将这一时期称为希腊民主体制的"国家分裂"期。从根本上看，政治动荡主要源于两股政治势力，即维尼泽洛斯（Eleftherios Venizelos）的自由党（共和派）与察尔扎里斯（Panayis Tsaldaris）的人民党（"反维尼泽洛斯"派或保王派）之间的争论和斗争。① 尤其是在第一次世界大战爆发后，围绕希腊是否参战问题，二者间出现严重分歧。作为1912—1913年巴尔干战争中希腊领土版图扩张的缔造者，维尼泽洛斯主张加入协约国以应对土耳其的进攻，并进一步扩张其在小亚细亚和马其顿实现民族统一的野心。而领衔"反维尼泽洛斯"派的国王康斯坦丁一世则偏向德国，主张保持中立。虽然希腊最终加入协约国，但两派间的拉锯战深刻地影响着随后几十年间希腊政治的发展。

此后20年希腊的历史发展，见证了领土扩张、共和制建立、君主制复辟、军政府轮替的跌宕起伏。第一次世界大战结束后，英、法、意等协约国利用战胜国地位，试图瓜分奥斯曼土耳其帝国。1919年5月，希腊军队占领小亚细亚的士麦那，诱发了土耳其民族革命。1920年3月，在英国指使下，希腊先后侵占布尔萨、色雷斯等地。1921年3月，希腊更是一路侵入土耳其腹地，甚至接近安卡拉。希腊的侵略遭到凯末尔领导的民族主义力量的激烈反抗。1921—1922年，希土两军进行了多次大规模战役，最终希腊战败，被迫撤出土耳其。

---

① Haris Vlavianos, *Greece, 1941–49: From Resistance to Civil War-The Strategy of the Greek Communist Party*, New York: St. Martin's Press, 1992, pp. 11–12.

在希土战争期间及其后，希腊国内政局瞬息万变。1920年11月，维尼泽洛斯在全国大选中败北离任，一战中被迫退位的康斯坦丁一世重新复位。1922年希腊军队惨败后，希腊国内爆发军事政变，康斯坦丁一世二度退位，乔治二世即位，但在不到两年后也被迫退位。1924年，希腊国民会议决定废除君主民主制，建立共和国，史称希腊第二共和国（希腊第二共和国一直持续到1935年）。[①] 1924—1928年，希腊共发生11次军事政变或革命，共和政府软弱不堪。1928—1932年，维尼泽洛斯再次当选总理。尽管这是两次世界大战期间存在时间最长也最稳定的一届政府，但30年代初席卷而至的大萧条进一步加剧了希腊本已严峻的经济形势，加之德国、意大利和巴尔干法西斯主义的兴起，导致共和体制岌岌可危。1932年大选，察尔扎里斯领导的人民党获胜，自1922年后第一个保王党政府走马上任。1935年3月，维尼泽洛斯试图发动政变未遂。6月，人民党在大选中再次获得压倒性的胜利。随后，极端保王派宣布废除共和政体，恢复君主制。君主制的恢复，为独裁统治铺平了道路。1936年4月，梅塔克萨斯（John Metaxas）将军出任总理，建立独裁政权，希腊进入梅塔克萨斯独裁统治时期，直至第二次世界大战爆发。

二 希腊共产党的建立及早期发展[②]

在这种混乱复杂的政治局势之中，希腊诞生了第一个社会主义政党。1918年11月5日，在十月革命的影响下，代表希腊各社会主义组织和团体的一些工人、工联主义者和知识分子，在位于雅典的

---

① 希腊第一共和国于1921—1929年希腊独立战争期间建立。
② 本节第二、三部分以及第二节的相关历史研究，主要参考 John C. Loulis, *The Greek Communist Party, 1940 – 1944*, London&Canberra, Croom Helm, 1982; Haris Vlavianos, *Greece, 1941 – 1949: From Resistance to Civil War-The Strategy of the Greek Communist Party*, New York: St. Martin's Press, 1992; D. George Kousoulas, *Revolution and Defeat-The Story of the Greek Communist Party*, London: Oxford University Press, 1965; Peter J. Stavrakis, *Moscow and Greek Communism: 1944 – 1949*, Cornell University Press, 1989。

比雷埃弗斯旅馆召开第一次全国代表大会，创建了"希腊社会主义工人党"（SEKE）。1919年3月，共产国际成立。5月，"希腊社会主义工人党"全国委员会决定脱离"背叛了社会主义意识形态的第二国际"，并为加入新的国际组织做准备。1920年4月，"希腊社会主义工人党"召开第二次全国代表大会，支持第三国际的派别占据了主导地位，与会者同意在组织上融入第三国际，并接受国际的全部原则和决议。同时，会议还决定加入作为第三国际巴尔干分部的"巴尔干共产党联盟"（BCF）。

1924年，在第三次全国代表大会上，依据共产国际二大通过的"加入共产国际的条件"（二十一条），"希腊社会主义工人党"更名为希腊共产党（共产国际希腊分部）。这次代表大会是希腊共产党历史发展的一个重要里程碑。此后，希共与共产国际建立起紧密联系。共产国际代表不仅帮助希共制定相关政策，甚至直接或间接地任命希共领导人。此外，这次会议还对党的组织方式进行了根本改革，首次建立了由3—5人组成的党的基层支部。1926年1月，在潘加洛斯（Andreas Pangalos）军政府统治下，希共历史上第一次被宣布为非法，诸多党的重要领导人被逮捕或流放。按照共产国际将合法工作与非法工作有机结合起来的指示精神，希共确立了以民主集中制为基础的"非法组织"形式。同时，希共也积极利用合法组织的形式进行群众宣传和鼓动工作。1926年8月，在潘加洛斯军政府被推翻后，希共很快恢复了合法地位。

1918—1931年，希腊共产党在希腊国内政治中并未能发挥重要作用。从选举结果看，1923年、1926年、1928年、1929年，希共的全国议会选举支持率分别为2.25%、3.6%、1.41%和1.7%。从党员人数看，到1931年时，希共仅拥有党员1500人。希腊共产党在这一时期缘何未能获得更大影响力？综合相关研究，主要有以下几个原因。

第一，这是由希腊社会所处发展阶段决定的。一方面，彼时的希腊是一个不发达的农业国家。农业人口占总人口的多数，马克思主义理论对其并无多少吸引力。另一方面，占人口极少数的产业工人仍然具有浓厚的小农意识，对无产阶级的崇高使命和国际主义兴趣不高，更热衷于提升自己的社会阶层和地位。而与此同时，希腊共产党受制于自身的理论观点，未能充分重视农民的革命潜力，没有积极在农民阶层中寻求支持者，从而造成了自身政治和组织的孤立。

第二，希腊共产党的政策主张未能迎合当时民众的心理和诉求。在当时条件下，较之资产阶级政府建立在社会达尔文主义基础上的领土扩张野心、从土耳其人手中重新夺回君士坦丁堡等主张，希共提出的社会主义革命以及建立无产阶级专政等口号，难以捕获民众的更多关注。希共在工业无产阶级和劳动阶层中不能发起有效动员，多数工厂工人都被维尼泽洛斯的改良自由主义吸引，并投靠两个主要传统政党麾下。

第三，僵化地执行共产国际的纲领政策造成了党的孤立和被动。比如，1924年，希共支持共产国际建立"统一、独立的马其顿和色雷斯"决议。而实际上，在希土战争后，有70万希腊难民已经定居希属马其顿，占该地人口的95%以上。希共的这一举措引发了强烈的民族主义反应，尤其遭遇农民和战争难民的反对。

第四，希腊共产党本身一直面临领导层危机。在这一时期，希共经历了八任领导人更迭，而其中多数领导人最终都被开除出党。领导人的频繁更替，导致希共政治方向不断改变，削弱了其作为政治力量的有效性。

1931年，共产国际任命尼科斯·萨查利阿迪斯（Nikos Zachariadis）担任希共总书记（1935年第六次全国代表大会正式通过），终结了希共领导层的争论和危机。此后，希共的组织实力和选举支持率开始稳定增长。在党员数量方面，1933年和1934年，分别提升到4500人和6000人，而到1936年梅塔克萨斯独裁统治之初，希共党员数已增至14000人（参见表1.1）。在1932年、1933年和1936年全国选举中，希共的支持率分别达到4.97%、4.64%

和 5.76%。

表 1.1　　　　　　1931—1944 年希腊共产党党员数

时间	党员数（人）
1931	1500
1933	4500
1934	6000
1936	14000
1942（12月）	28000
1943（6月）	56000
1943（12月）	140000
1944（6月）	200000
1944（12月）	300000—400000

资料来源：John C. Loulis, *The Greek Communist Party*, *1940 - 1944*, London & Canberra, Croom Helm, 1982, Introduction.

希共在这几年的迅速发展，与萨查利阿迪斯的领导是分不开的。在担任党的领袖期间，萨查利阿迪斯一直致力于构建一个无论在合法还是非法条件下都能够有效运作的强大党组织。希共在工作和居住地设立了最少由三人组成的大量新支部，同时为应对迫在眉睫的独裁统治危险，将一些业已存在的支部分解成诸多更富灵活性的小规模支部。其中每一支部都设置干事，较大支部设置办事处，负责对支部的领导。希共还将每一城镇的支部划分为辐射区，统一协调活动。在一些较大城市建立多个辐射区，比如雅典，共设立了十个辐射区。在此之上，各种地区性组织也依据地区分布建立起来。除此之外，希共还组建了众多外围组织，比如职业、难民、老兵、运动和地方俱乐部等。强大的组织存在，为希共的进一步发展打下了坚实基础。

同时，希共的一些政策转变也极大促进了党的成功。其中两个方面尤其具有关键意义：一是在"马其顿问题"上的策略转向。

1934年，希共将"统一、独立的马其顿"口号调整为"承认（希属斯拉夫少数民族的）自决权和国家分立的权利"。1935年，则进一步代之以"希属马其顿各民族的平等权"。二是采取建立反法西斯"人民阵线"政策。这一在共产国际第七次代表大会上正式通过的政策，加之"马其顿问题"上被卸去的"重担"，极大地推动了希共与其他民主力量的结盟，从而帮助希共摆脱了孤立状态，使其有可能抓住两个主要资产阶级政党力量削弱的历史机遇实现大发展。

此外，20世纪30年代由经济"大萧条"引发的希腊经济危机，以及作为其直接后果的高失业、高通胀、重赋税和政治不稳定，也成为促进希共大发展的驱动力。

这样，到1936年时，希共的支持率和政治实力一直处于稳定增长状态，面临着非常有利的发展局面。然而，随着梅塔克萨斯独裁政权建立，希共被宣布为非法，一度呈现的上升态势戛然而止。

三 梅塔克萨斯独裁统治下的希腊共产党

1936年1月希腊举行议会选举，出现了两个主要政党平分秋色的局面：其中自由党获得142个席位，人民党获得143个席位。在无任何政党赢得绝对多数的情况下，斩获15个议席的希腊共产党重要性凸显，因为只有获得希共的支持，才有可能执政。为此，自由党秘密准备与希共磋商合作事宜。在获知此消息后，代表军方力量的国防部长帕帕戈斯（Alexander Papagos）将军宣称无法容忍一个依靠共产党选票的政府。由于担心发生政变，国王将其解职，任命拥护君主制度的一个小党领袖梅塔克萨斯取而代之。4月，梅塔克萨斯出任总理。他仿照希特勒和墨索里尼法西斯主义，创建民族青年团，取消政党和议会，宣布罢工和游行为非法，希腊进入了梅塔克萨斯独裁统治时期。

希共是当时希腊国内唯一试图反抗独裁统治的政治力量。它一方面加强与其他政治力量的合作,强化反梅塔克萨斯阵线;另一方面积极组织罢工示威,呼吁提高工资、释放政治犯、撤回反劳工立法。但是,这些罢工抗议大都被残酷镇压。在1936年8月举行的一场总罢工中,成百上千的劳工运动领袖被逮捕或驱逐出境。与此同时,秘密警察的代理人渗透到党的基层组织,党的大量内部信息被泄露,党组织遭到巨大破坏。1936年9月,包括萨查利阿迪斯在内的诸多希共杰出领导人被逮捕。到1938年5月时,几乎所有的政治局成员都遭到逮捕。1939年底,一些幸免于难的政治局成员组建了中央委员会(被称为旧中央委员会,OCC)。

曼尼阿达基斯(Konstantinos Maniadakis)针对希共采取的系列行动,加速了希共的分化与瓦解。曼尼阿达基斯是梅塔克萨斯独裁政府的公共安全事务部长,素有"希腊的希姆莱"之称。在其任期内,一直试图镇压并从组织上解构希腊共产党。他主要采取了两种手法:一是让被捕的希共党员签署攻击党的意识形态的"悔过声明",并将之公之于众。尽管这些"声明"中掺入了不少"水分",因为在1936—1940年,共有约4.5万份"声明"被签署,远远超过了当时希共的党员数,但却在很大程度上打击了希共的精神士气。二是建立由其控制的共产党。通过签署"悔过声明",曼尼阿达基斯在希共党内发现了一些"积极的合作者"。1940年初,在其操控下,希共成立了"临时执行机关"(TA),名义上由两名希共政治局成员领导,但实际上完全受曼尼阿达基斯指挥。这样,出现了两个希共中央委员会并存的局面。它们各自出版自己的党报《激进者报》,攻击指责对方是"叛变组织",希共领导层陷入分裂状态。在很长一段时间,曼尼阿达基斯的诡计成功地骗过了身陷囹圄的希共领导人,导致希共多数党员相信"旧中央委员会"是独裁政府操纵建立的组织,是"叛徒"和"第五纵队"。直到1941年初,"临时执行机关"的真面目才大白天下。然而,中央领导层部分成员又建立了一个新的"独立组织"与"旧中央委员会"相抗衡。这些竞争性组织的存在,在希共党员中造成了认识混乱和怀疑情绪，使得希共处于瘫痪状态，不能对梅塔克萨斯独裁政府形成具有威胁性的挑战。

第二节 从抵抗运动到内战：希腊共产党的斗争

从第二次世界大战爆发直到希腊内战的十几年间，是希腊社会主义运动迅速发展壮大的一段时期。在此期间，希腊共产党积极领导反对德、意法西斯的武装斗争，成为希腊反法西斯抵抗运动的中坚力量，从而获得了巨大社会声望，党的组织实力和政治影响力得到飞跃式发展。然而，由于抵抗运动内部派系冲突导致希腊内战爆发，希共陷入历时三年半的内战泥沼，并再次被宣布为非法，这也成为希腊社会主义运动最终走向分化的起始点。

一 德、意入侵与二战初期希腊形势

20世纪30年代末，欧洲处于第二次世界大战即将打响的前夜。在德国法西斯占领捷克之后，意大利法西斯于1939年4月7日侵入阿尔巴尼亚。由于担心意军侵略希腊，希腊政府匆忙向英国求助，在得到英国单方面保证维护希腊领土安全之后，又通过与英、法谈判以及间接与土耳其谈判等，签订互相援助协定，加紧强化巴尔干协约国以对付意大利入侵。

1939年9月，第二次世界大战爆发。梅塔克萨斯政府重申希腊的中立地位，并开始小心谨慎地备战。1940年8月，意大利潜水艇击沉停泊在蒂诺斯岛港口的"希腊"号巡洋舰，蓄意发起挑衅。与此同时，德军以"教官"名义进入罗马尼亚，试图染指保加利亚、南斯拉夫、希腊等国。墨索里尼决定抢在德国前面占领希腊。1940年10月28日，意大利20万军队从阿尔巴尼亚入侵希腊。同日，意大利驻希腊大使下达墨索里尼通牒，要求希腊允许意军在其境内战略要塞驻军。梅塔克萨斯用"不"字作出坚决回

应，并开始对意军进行反击，揭开了希腊人民反法西斯抵抗运动的序幕。

战争初期，在人民群众的支持下，希腊军队有力地遏制了敌人的推进，意军很快被赶出希腊国境，希军乘胜追击，占领了阿尔巴尼亚的一些重要城镇。1941年1月底，梅塔克萨斯去世，继任者科里齐斯（Alexandros Koryzis）优柔寡断。同年，为了确保入侵苏联时南翼战线的安全，德国也企图占领希腊。4月6日，德军以迅雷不及掩耳之势向希腊发起进攻，对希腊北部、中部城市狂轰滥炸，而已被赶走的意军也卷土重来。尽管有英国军队的支援，但资产阶级政府并未能够组织起有效抵抗，希腊精锐部队被击败，巴尔干防线在几天内就开始崩溃，北部30万希军投降。16日，首相科里齐斯自杀。27日，德军进抵雅典。6月，克里特岛沦陷。一个多月后，整个希腊被德国、意大利和保加利亚占领。

二 战争初期希腊共产党战略策略的变化

在二战初期，希共对于这场战争性质的认识及立场几经变化。这与共产国际的影响是分不开的。

最初，希共明确将斗争对象指向独裁政权。1939年2月，时任党的总书记西安多斯（Giorgos Siandos）在希共六届五中全会上指出，"我们党致力于保证希腊独立和领土完整，但同时也声明我们国家独立和领土完整的最大敌人在雅典，即君主—法西斯独裁政权"。[①] 同时，会议也对1938年7月签署的《希腊—保加利亚条约》大加鞭笞，认为是对轴心国集团的投降策略。但是，随着战争的爆发，共产国际的立场发生改变。1939年7月，共产国际严厉批评希共的立场，敦促希共积极支持梅塔克萨斯政府反对"轴心国"，尤其是意大利法西斯的斗争，强调法西斯而非梅塔克萨斯才是希共的主要敌人。同时，共产国际也要求希共支持《希腊—保加利

---

① Haris Vlavianos, *Greece, 1941–49: From Resistance to Civil War-The Strategy of the Greek Communist Party*, New York: St. Martin's Press, 1992, p. 17.

亚条约》，认为希共有责任推动建立一个强大的巴尔干联盟。1939年8月，《苏德互不侵犯条约》签署。9月，共产国际制定了一条新的政治路线，即从"反法西斯战争"转变为"反帝国主义战争"路线，不再呼吁欧洲共产党反对"轴心国"集团，而是要求其尽快结束"帝国主义战争"。

彼时仍在狱中的萨查利阿迪斯在此期间连续撰写了三封"公开信"，反映了希共战略策略的变化轨迹。第一封"公开信"于1940年10月末正式发表。在这封信中，萨查利阿迪斯强调，"在这场由梅塔克萨斯政府指导的战争中，（希共）应该毫无保留地贡献全部力量"。[①] 由于这封信发表于共产国际1939年9月路线制定一年后，与共产国际的主导精神相背离，因此围绕其撰写原因、目的等广有争议，但却被普遍视为希腊共产党发展历史上最重要的文件之一，因为"在因由1939年《苏德互不侵犯条约》签署而就战争性质问题引发广泛争议的时刻，这封信为希共指明了发展方向"。[②] 与此同时，它也塑造了希共"民族主义和爱国主义"的光辉形象，提升了希共在希腊人民中的声誉，从而为反法西斯抵抗组织的建立，以及抵抗运动的大规模展开奠定了坚实基础。

萨查利阿迪斯的另外两封书信，分别撰写于1940年11月26日和1941年1月15日，其总基调与第一封信已经发生了很大变化（这两封信在二战后才被公开）。在第二封信里，萨查利阿迪斯将反对意大利的战争视为"帝国主义"战争，强调"希腊不应介入英国与意大利—德国间的帝国主义战争""希腊人民的目标只有一个：自由与中立"。[③] 在第三封信中，萨查利阿迪斯指责梅塔克萨斯发动的是一场"征服战"，"由于其拒绝和平，发动帝国主义战

---

① Haris Vlavianos, *Greece, 1941-49: From Resistance to Civil War-The Strategy of the Greek Communist Party*, New York: St. Martin's Press, 1992, p.18.
② Haris Vlavianos, *Greece, 1941-49: From Resistance to Civil War-The Strategy of the Greek Communist Party*, New York: St. Martin's Press, 1992, p.19.
③ Haris Vlavianos, *Greece, 1941-49: From Resistance to Civil War-The Strategy of the Greek Communist Party*, New York: St. Martin's Press, 1992, p.19.

争，因此（而非意大利）仍然是这个国家和人民的主要敌人"①。显然，萨查利阿迪斯对于战争性质的认识已经重新回到共产国际1939年9月的路线上来。

总之，与这一时期欧洲多数共产党一样，由于受共产国际指示影响，希共在思想上一度陷入混乱，对战争的性质出现误判。但随着战争的展开，尤其是苏德战争发生后，希共很快转变了认识，全力以赴投身到反对德、意法西斯敌人的行列，成为希腊反法西斯抵抗运动最重要的领导和组织力量。

三 反法西斯抵抗运动中的希腊共产党

德、意法西斯占领希腊后，国王乔治二世逃往埃及，建立流亡政府，并得到盟国承认。在希腊国内，直到1944年10月近三年半时间里，一直处于轴心国法西斯（实际上主要是德国法西斯）的统治之下。在此期间，有数个受轴心国操纵的傀儡政权先后存在。这些傀儡政府毫无独立权，屈服于德、意法西斯的命令。而为了获得民众的支持，它们利用希腊人传统上对斯拉夫主义②的恐惧心理，进行反共和反斯拉夫主义的虚假宣传，为德、意法西斯唱赞歌，宣称在东边战场上爆发的冲突，是为了建立斯拉夫—共产主义统治，而德国军队所进行的是将欧洲文明从这一双重威胁中挽救回来的崇高战争。

希腊傀儡政权的卖国宣传适得其反，引发了民众更大的愤怒情绪。1941年5月，希腊爱国青年冒着生命危险在雅典卫城上摘下了法西斯的卐旗，极大地鼓舞了希腊人民起来抵抗法西斯统治的信心。此后，希腊爱国者和游击队自发地在全国各地袭击敌人，炸毁占领军的武装舰船、列车和弹药库，切断敌人的电话线，进行各种破坏活动。自发、分散、零星的反法西斯抵抗运动的星星

---

① Haris Vlavianos, *Greece, 1941-49: From Resistance to Civil War-The Strategy of the Greek Communist Party*, New York: St. Martin's Press, 1992, p. 20.

② 斯拉夫主义，即沙俄鼓吹的以俄罗斯为中心的奴役各斯拉夫民族的民族主义理论。

之火逐渐燎原。在这一过程中，希腊共产党挺身而出，承担起领导、组织抵抗运动，抗击德、意法西斯的艰巨任务，成为希腊反法西斯抵抗运动的坚强核心。

早在希腊沦陷之初（1941年6月），在梅塔克萨斯独裁统治下遭到极大破坏的希共，已经开始尝试重建党的组织。1941年下半年，党的重组工作迅速推进。同时，为更有效地打击敌人，希共积极将全国各反法西斯抵抗力量联合起来。7月，希共召开六届六中全会，会议决议指出："希腊共产党人最重要的任务是，组织人民斗争……以推翻外国法西斯的奴役。希腊共产党号召希腊人民、一切政党和组织参加民族解放统一战线，把德、意占领者从希腊赶出去。"① 随后，希共与农民党、统一社会党、共和党等几个左翼小党磋商建立民族阵线。9月初，希共六届七中全会强调加强民族阵线内部的合作，明确指出民族阵线的主要目标是"驱逐外来侵略者，重建和平，实现人民解放"。② 9月27日，民族解放阵线（EAM）正式建立，由参加的党派和团体各派一名代表，组成民族解放阵线中央委员会进行领导，希共党员阿波塞图路（Electra Apostolou）担任阵线主席。阵线纲领中明确提出要进行民族解放斗争，并在全国解放后举行自由选举以及就君主制全民公决。

民族解放阵线成立后迅速发展起来。在中央委员会领导下，希腊全国各地的工厂、村镇都建立了民族解放阵线的基层组织。根据各地区的不同特点，民族解放阵线开展了不同的斗争。比如在一些城市，组织"人民复仇队"，袭击敌人的军火库和打击投敌分子，并进行罢工斗争和示威游行。1942年4月14日，民族解放阵线领导了雅典、比雷埃弗斯、萨洛尼卡和帕德拉斯四个城市的总

---

① 转引自文根暖等《欧洲反法西斯抵抗运动史》，陕西人民出版社1985年版，第292页。

② John C. Loulis, *The Greek Communist Party, 1940–1944*, London & Canberra, Croom Helm, 1982, p. 40.

罢工。

同时，为了使分散的游击活动统一起来，更有效地打击占领军，民族解放阵线于1942年4月10日建立了希腊民族人民解放军（ELAS），共产党人克拉拉斯（Athanasios Klaras）和萨拉菲斯（Stefanos Sarafis）成为民族人民解放军的主要领导人。在人民群众的支持下，民族人民解放军很快发展到5000—6000人。他们破坏敌人交通线，消灭敌人的有生力量。1942年11月25日，民族人民解放军进行了炸毁戈尔戈波莫斯大桥的伟大战斗，沉重打击了法西斯集团，壮大了解放军的声威。到1943年上半年时，解放军已经发展到12000多人，解放区的领土扩展到伯罗奔尼撒半岛和克里特岛。到1944年10月英军登陆，民族人民解放军共进行了大小战斗300余次。在整个战争期间，抵抗运动共牵制了12—14个法西斯正规师约30万人，歼敌14余万人。到1944年10月法西斯被赶出希腊时，希共领导下的民族解放运动已经控制了全国33个省中的31个半省，但却不幸遭遇"盟军"和"朋友"的反攻倒算，并导致了希腊内战的爆发。本节最后一部分将对此进行深入阐释。

通过建立民族解放阵线和民族人民解放军，在梅塔克萨斯独裁统治下几近解体的希腊共产党发展成为反法西斯抵抗运动的主导力量。至希腊获得解放时，希共拥有党员30万人，其领导下的民族解放阵线和民族人民解放军拥有成员200万人，约占希腊人口的30%。希腊共产党之所以能够在这一时期实现飞跃式发展，显然有赖于主客观方面的有利形势。

从外部条件看，德国法西斯的残酷统治以及希腊经济形势的急剧恶化，为希共赢得民众支持奠定了基础。德国法西斯占领希腊后，为确立统治地位，疯狂迫害、屠杀希腊民众，宣称如果一个德国士兵被杀害，就要50名希腊人陪葬。法西斯甚至整村、整镇地屠杀希腊人。比如1943年，德国法西斯占领了以抵抗运动著称的拉夫里达镇后，将男人全部枪杀，并放火焚烧村庄。据统计，在德军占领期间，焚烧的建筑物几乎占希腊全部建筑物的1/4。①在屠戮希腊人民的同时，德国法西斯还野蛮掠夺希腊的人力、物力资源，不仅强征劳工，甚至将希腊的工厂设备、运输工具、粮食、牲口等劫掠一空，导致希腊人民无法正常进行农业生产，整个国家的生产力急剧下降。统计数字显示，1941—1944年，希腊谷物的平均产量只有1938年的60%。而工业领域的情况更为糟糕。由于机器被征用以及缺乏原材料，产量下降到战前的10%—15%，并造成了大量失业。这不可避免地导致了大饥荒的发生。1941—1942年冬天，成千上万希腊人由于缺乏食物而惨死街头。在山区地带，食物短缺更为普遍。据估计，有近50万希腊人死于饥馑、营养不良和疾病。②恶劣的生存条件，促使一批又一批希腊人起来反抗，加入到反法西斯抵抗运动的行列。

然而，在希腊国内存在强烈反抗情绪的情况下，传统政党以及君主流亡政府不可能承担起领导和组织反法西斯斗争的重任，从而为希共的迅速崛起创造了政治空间。一方面，习惯于搞竞选和参与政府的资产阶级政党，完全缺乏组织群众斗争的基础结构。而且总体上的失败主义倾向，令其对进行反法西斯武装抵抗一直采取一种消极态度。另一方面，在埃及的流亡政府，完全切断了与希腊国内的联系，只醉心于在自己的小圈子里钩心斗角。这样，在法西斯占领之初，希腊的传统主导力量完全处于一种分裂和混乱状态。自发、分散的反法西斯抵抗力量迫切需要确立新的权力中心和新的领导者。传统权威的幻灭为希共的崛起创造了政治真空。积极反抗占领军以及提供了一个民主和正义的发展前景的希共和民族解放阵线，很快成为真正的政治替代者。

在客观形势有利的同时，希共自身无可比拟的组织特色，为其赢得了成为抵抗运动领导者的巨大优势。

---

① 陈英吴：《希腊人民反法西斯抵抗运动述略》，《苏州大学学报》1992年第2期。
② Haris Vlavianos, *Greece, 1941-49: From Resistance to Civil War-The Strategy of the Greek Communist Party*, New York: St. Martin's Press, 1992, pp. 22-23.

首先，希共在两次世界大战期间积累了大量的合法斗争与地下工作经验，尤其是经过梅塔克萨斯政权时期的反独裁斗争，希共获得了进行地下活动的宝贵经验。

其次，如前所述，早在20世纪30年代，希共已经在努力构建一种能够在强制性政权下生存的组织结构。1934年初，希共领导层提出要求：应该利用作为合法党的机会来强化党的地下机构。同年召开的希共五大，重申党在最严酷的非法形势下能够正常运转的重要性。在这一时期，希共确立了以支部为基础的党的组织方式。各支部独立存在，相互间不存在联系，而直接受上级组织的领导。支部成员不能与上级党组织直接联系，而是由一名"特别指导者"传递党的路线和指示。而且一名"特别指导者"至多只能联系两个支部。同时，所有党员都使用化名。希共的这种组织结构极其适用于地下状态，能够保证在某个党员或某一支部受到威胁时，其所在支部或其他支部仍能正常运转。

再次，希共拥有一大批忠诚于党和革命事业、富有奉献精神的优秀干部。他们在希腊的反法西斯抵抗运动中发挥了中流砥柱作用。实际上，在当时整个欧洲的抵抗运动中，正是受共产主义理想指引的各国共产党人浴血奋战，抗击外来侵略，用热血和生命捍卫了国家主权和民族尊严。二战期间，一名英国联络官在评价共产主义意识形态在南斯拉夫抵抗运动中的重要作用时曾经这样指出，"没有哪种理想能够拥有如革命共产主义那般强大的力量和坚韧不拔精神"，"它赋予共产党人以专一目标、坚定决心和铁的纪律，没有共产主义的指引，他们不可能生存下来，也不可能赢得最后的胜利"。[①]

最后，严密的组织优势帮助希共建立起强大的民族解放阵线和民族人民解放军。在当时希腊国内，除希共领导的抵抗力量外，还存在一些资产阶级领导的小规模抵抗运动，比如由泽尔瓦斯

---

① John C. Loulis, *The Greek Communist Party*, *1940 – 1944*, London & Canberra, Croom Helm, 1982, p. 15.

（Napoleon Zervas）领导的"民族民主联盟"（EDES），以及萨洛斯（Dimitrios Psarros）领导的"民族与社会解放"（EKKA）等。无论在组织规模还是政治影响等方面，这些组织都无法与希共领导的民族解放阵线和民族人民解放军相比拟。比如，民族解放阵线在全国范围内展开活动，而其他组织只是在某一地区具有影响力。同时，希共也为民族解放阵线设计了一份全面的政治和社会纲领，即1942年由党的思想家、著名哲学家格里诺斯（Dimitris Glinos）撰写的《民族解放阵线是什么？它想做什么？》，并建立了大量党的附属组织，以吸引社会各阶层民众的支持。而"民族民主联盟"等基本上只是军事性组织，主要依靠军事领袖的个人威信来招揽追随者，难以在更大范围内扩大影响力。此外，"民族民主联盟"等相对独立，大都随心所欲地实施自己的政策。而由民族解放阵线创立的民族人民解放军，自始至终都是阵线的下属分支。所有政治决定都由民族解放阵线中央委员会制定，军事事务则由民族解放阵线任命的民族人民解放军中央委员会决定。而这两个委员会的主要代表，基本都是共产党人。因此，希共牢牢掌握着民族人民解放军的控制权，能够快速、高效地实现党对军队的领导。

四　希腊内战爆发与希共的反抗斗争

1943年，正当反法西斯抵抗运动进行得如火如荼的时候，抵抗运动内部陷入派系冲突，进而导致了希腊内战的爆发。

英国在这一过程中扮演了主要角色。在地理位置上具有重要意义的希腊，一直是英国战略利益的关键所在。早在1941年德国入侵希腊时，由于害怕南斯拉夫、希腊、土耳其投降或倒向希特勒，为德国打开通向中东的大门，威胁其在中东的势力范围，英国就曾向希腊提供过援助。德国占领希腊后，英国在1942年3月同希腊流亡政府签署协议，赋予英军指挥希腊武装部队的权力，将流亡政府完全置于英国的卵翼之下。随着希腊抵抗运动的迅速发展，英国大力支持民族民主联盟等武装，并试图控制民族人民解放军，以服务于其军事目的。1943年5月，英国军事代表团提出民族人民解放军按照英方意图作战的无理要求，在遭到断然拒绝后，就暗地里挑唆民族民主联盟向人民解放军挑衅、突袭，采用逮捕等方法残害民族解放阵线代表。10月，民族民主联盟在英国的默许下向人民解放军发动进攻。这样，民族人民解放军不仅要与疯狂进攻的德军作战，还要应付民族民主联盟的攻势，在极端困难的条件下与敌人周旋。即便如此，解放军仍然在1943—1944年的整个冬季，对德军进行了多次军事打击，并最终粉碎了德军的扫荡行动。同时，解放军也与民主联盟的部队进行了激烈交火。直到1944年2月，在英国具有偏向性的调停下，双方签署《布拉卡协议》，宣布停火，希腊内战第一回合宣告结束。

《布拉卡协议》的内容主要局限于军事方面，包括双方结束敌对状态、交换战俘和人质、在协定签订时所占据的范围活动、盟军为抵抗组织提供最大可能的援助等。但政治议题，尤其是由抵抗组织代表组成的临时委员会与开罗的流亡政府就民族团结进行协商等被否定，从而为内战的再次爆发埋下隐患。1944年3月10日，在没有获得民族民主同盟等支持的情况下，民族解放阵线组建了"民族解放政治委员会"（PEEK）。4月9日，民族解放政治委员会组织自由选举，建立了由202名代表组成的"民族委员会"。与此同时，埃及流亡政府的武装力量起义，要求按照民委会的原则组建民族团结政府，遭到英军镇压。5月，各组织代表汇聚黎巴嫩，试图制定一个成立民族团结政府的协议。尽管希共和民族解放阵线谴责其他希腊政治势力通敌卖国，但由于苏联代表指示希共避免破坏盟国间的团结，最终还是于8月宣布加入由乔治·帕潘德里欧①（George Papandreou）领衔的开罗民族团结政府。

到1944年下半年时，由于苏军突破德军防线，已经深入罗马尼亚和南斯拉夫腹地，德军从希腊撤退已成定局。此时，由帕潘

---

① 帕潘德里欧家族是希腊现代政治史上的重要存在，其祖孙三代均曾担任过希腊总理，此为老帕潘德里欧。

德里欧领导的流亡政府也转移到意大利卡塞塔，准备为解放希腊做准备。9月26日，签署《卡塞塔协定》，希腊所有抵抗力量都听从民族团结政府（实际上是英国远征军）的命令。10月，在德军几乎已经全部撤离的情况下，英军登陆希腊。同月，丘吉尔与斯大林在莫斯科签署《百分百协定》，战后希腊被秘密划归为英国势力范围。尽管当时解放军能够轻而易举地控制全国，但根据苏联不能破坏盟国团结的指示，希共领导层极力避免与帕潘德里欧政府陷入僵局。随后，帕潘德里欧政府在英军的挑动下，要求所有武装派别放下武器，建立统一由政府指挥的国民警备队。民族解放阵线为此提交了一份修正案，但遭拒绝。12月1日，英军下令解散民族人民解放军。希共领导人西安多斯断然拒绝了这一命令。2日，希共重新建立人民解放军中央委员会。3日，民族解放阵线在宪法广场举行示威游行，警察向示威群众开枪，至少10人死亡、60余人受伤。以此为导火索，以解放军为一方，希腊政府军和英军为另一方的希腊内战再次爆发。

12月4日，战斗在雅典打响。到12日，解放军控制了雅典大部分地区和整个比雷埃弗斯。在英军与游击队进行厮杀的时候，二战尚未结束，这使得英国政府遭遇巨大舆论压力。为表示维护和平的诚意，12月25日，丘吉尔亲自抵达雅典商讨停火协议。解放军的要求被拒绝。12月底，帕潘德里欧辞职，极端反共的普拉斯提拉斯（Nikolaos Plastiras）继任。1945年1月10日，签订停战协定。15日，双方结束敌对状态。2月12日，民族解放阵线与希腊新政府签署《瓦尔基扎协议》，规定民族解放阵线解散所领导的民族人民解放军；政府允诺取消军事状态、释放人质、对政治犯实行大赦、实现各种人身自由、清除政府机构中的法西斯分子和投敌分子、举行公民投票决定战后希腊政体等。至此，希腊内战第二回合正式结束。

《瓦尔基扎协议》似乎完美解决了希腊的内部冲突，但实际上未能动摇政治力量的两极对立。相互猜忌和憎恨仍然持续存在着。在此后的时间里,司法部和安全机构无视政治特赦的规定,仍然大肆迫害抵抗运动领导者。右翼暗杀小组和准军事组织针对左派人士进行恐怖和暗杀活动,整个希腊处于"白色恐怖"气氛中,民族解放阵线、民族人民解放军中的共产党和非共产党人被迫转入地下活动。1946年3月,希腊举行全国大选。希腊左派政党认为,在暴力和镇压氛围中,不可能实现公平、公正的选举,因而公开抵制这次选举,并导致康斯坦丁·查达里斯(Konstantinos Tsaldaris)领导的人民党松散联盟政府执政。康斯坦丁政府上台后,继续迫害左派,仅在1946年就有30000人被送进集中营或流放。希腊处于内战爆发的边缘。在这种情况下,希共开始将大量转战山区的前民族解放阵线和民族人民解放军老战士重新组织起来。

1946年12月,希腊共产党人马科斯·瓦菲阿迪斯(Markos Vafiadis)宣布建立希腊民主军。1946—1947年冬,内战重新打响。马科斯·瓦菲阿迪斯采取了游击战战略,运用打与跑结合战术,骚扰政府军及其联盟组织。希腊民主军取得了一些重要胜利,但由于双方力量相差悬殊,至战争结束时,民主军也没有超过28000人,而政府军约有265000人,约是民主军的10倍——民主军并未攻下任何重要市镇。1947年春,美国取代英国成为政府军的主要支持者。尤其是在遏制全球共产主义的"杜鲁门主义"提出后,美国为希腊政府军提供了4亿美元的军事援助,更是大大提高了政府军的整体实力。而希共在这一阶段却出现了致命的战略失误。1947年年中以后,以萨查利阿迪斯①为首的希共领导层,不顾马科斯·瓦菲阿迪斯的反对,强行将游击战提升为全面的正规战。同时,在希共领导层的遥控指挥下,1947年12月建立了由马科斯·瓦菲阿迪斯任总理的"临时民主政府"。但希共的这些做法,并未能取得苏联及其周边社会主义国家的支持(仅得到南斯拉夫和阿尔巴尼亚的部分援助)。而希腊政府方面的回应,则是通过了

---

① 萨查利阿迪斯1945年5月从纳粹监狱获释,取代西安多斯担任党的总书记。

《509紧急法案》，宣布希共为非法政党。1948年，双方进行了激烈斗争，互有严重损伤，希共的一些重要根据地被政府军占领，民主军被迫撤退到北部山区活动。

1948年7月，南斯拉夫与苏联关系破裂，南斯拉夫被开除出共产国际。在这场政治争论中，希共决定支持苏联。1949年7月，南斯拉夫对民主军关闭边境，切断了民主军的供给线，令民主军再次遭遇沉重打击。8月末，民主军在山区的最后一块根据地陷落，历时3年半的希腊内战至此正式落下帷幕。[①]

1949年10月召开的希共七届六中全会，将希共的失败归因于铁托的"背叛"，但这显然并非决定性因素。美国对政府军的军事援助、解放军缺乏有利外援等外部冲击，以及希共主观上的失误，尤其是决定将游击战转为正规战等，都对希共的失败具有一定影响。在整个内战期间，共有15万希腊人死亡，超过5000人被判处背叛国家罪。在二战后其他欧洲国家致力于实现经济复兴的时候，内战令希腊经济凋敝，民众流离失所。希腊共产党再次被宣布为非法，7万—10万党员被迫离开希腊，流落苏联或东欧国家成为政治难民。

第三节　1950—1974年的希腊社会主义运动

希腊内战之后，希共分化为国内和国外两支组织力量。在希腊国内，希共以"联合民主左翼"为载体，在选举政治中取得了显著成就。在这个时期，希共领导层围绕内战失败的原因和教训等进行了深刻总结，而时至今日，这一问题也仍然是希腊共产党关注和反思的重要问题之一。1968年，国内外两派共产党力量长期潜藏的矛盾在党的会议上激烈爆发，导致了党的分裂危机，希腊社会主义运动由此开始走上两条不同的发展道路。

[①] 希腊内战实际上始于1943年，但传统上一般习惯于将第三回合内战开启的1947年定为希腊内战的起始时间线。

一 铁幕之后:"联合民主左翼"的起落沉浮

经历了第二次世界大战和内战之后的希腊,进入了重建与再造的新的发展时期。

在经济方面,具有重要地理战略地位的希腊,成为"马歇尔计划"重点扶持以遏制共产主义扩张的对象。冷战之初,美国的对外援助款项源源不断地输入希腊。起初,多数援助被用于内战中支持政府方面的军事支出。随着战争结束,援助转向优先发展民用基础设施,农业、出口、工业等领域被重建,建筑、造船、旅游业尤其增长迅速,服务业成为希腊经济发展最快的部门。到 20 世纪 50 年代,多数希腊人生活水平极大改善。1951—1964 年,希腊人均收入增加了 4 倍。[①]

在对外关系方面,源于经济依赖而形成的对外关系依赖,导致希腊政府将希腊的命运与西方联系在一起。1952 年,希腊加入北大西洋公约组织。1962 年,希腊成为欧共体的联系国,1981 年成为欧共体正式成员。

在国内政治方面,右翼政党成为 20 世纪 50 年代后十几年间希腊政治舞台的主角。先后出现了两位具有统治力的右翼政党领袖:一是内战中围剿希共游击队的陆军元帅帕帕戈斯,他于 1951 年建立了具有强烈保守主义和反共倾向的"希腊联盟"(Greek Rally),并在 1952 年大选中获得执政地位。二是帕帕戈斯的继任者卡拉曼利斯(Canstantine Karamanlis),他将"希腊联盟"更名为"全国激进联盟"(ERE),连续三次(1956 年、1958 年和 1961 年)赢得大选胜利,确保了右翼政党持续性的政治统治地位(1953—1962 年)。

在内战失败后,流亡阿尔巴尼亚的希共领导层对战争失败的原因进行深刻反思,寻求非法状态下党的行动和斗争新战略。希共

---

① Glenn E. Curtis (ed.), *Greece: A Country Study*, Library of Congress, 1995, p. 67.

的新战略围绕两个主要目标展开：一是通过适当的伪装，回归政治舞台；二是与希腊国内分散的政党力量建立一个秘密联系网，以将非法机构重新组织起来。① 1950年，希腊举行战后首次议会选举。几个共产党人及其同情者建立了一个名为"民主集团"（Democratic Group）的选举联盟，成功地从250个议会席位中赢得18个席位。

1951年，作为希共合法政治行动载体的"联合民主左翼"（United Democratic Left，EDA）正式成立。"联合民主左翼"与流亡的希共领导层保持着密切联系，尽管没有公开使用共产党的称谓，但受希共政治路线影响很大，吸引了大量倾向苏联、反西方的左翼人士的支持。最初几年，"联合民主左翼"并未获得显著政治成就，影响非常有限。1951年全国大选，在调整后的比例代表体制下，"联合民主左翼"仅获得250个议席中的10个席位。1952年再次大选，由于采用了多数选举体制，"联合民主左翼"在300人的议会中没能获得任何议席。

1956年是"联合民主左翼"政治命运的转折点。由于希共的战略路线从"不与其他政治领导人合作"转向"与中间派政党建立选举联盟"，在当年议会选举中，"联合民主左翼"最终说服了许多重要的中间派领导人，甚至一些温和的右翼人士，共同建立了"人民"和"爱国"阵线——"民主联盟"（Democratic Union），与卡拉曼利斯领导的"全国激进联盟"相抗衡。最终，在全国大选中"民主联盟"获得了48.2%的支持率，"全国激进联盟"获得47.4%的支持率。因为此次选举体制错综复杂，采用了多数票决定与比例制混合的选举体制，"全国激进联盟"仍然得到了165个议席，而在"民主联盟"获得的132个议席中，"联合民主左翼"得到了其中18个议席。

---

① D. George Kousoulas, *Revolution and Defeat-The Story of the Greek Communist Party*, London: Oxford University Press, 1965, p. 273.

表 1.2　　　　1951—1964 年希腊主要政党的选举结果：
支持率（%）和议席数（个）

时间 政党	1951	1952	1956	1958	1961	1963	1964
主要右翼政党	36.5 (114) a	49.2 (247) a	47.4 (165) b	41.2 (171) b	50.8 (176) b	39.4 (132) b	35.3 (107) b
主要左翼政党	10.6 (10) c	9.6c		24.4 (79) c	14.6 (24) d	14.3 (28) c	11.8 (22) c
主要中间政党	23.5 (74) e	34.2 (51) f	48.2 (132) g	20.7 (36) h	33.7 (100) i	42.0 (138) j	52.7 (171) j

注：a 希腊联盟（Greek Rally）；b 全国激进联盟（ERE）；c 联合民主左翼（EDA）；d 希腊泛民主农业联盟（民主左翼与希腊农业民主联盟的选举联合）；e 全国进步中间派联盟（EPEK）；f 人民党、进步党与全国进步中间派联盟建立的选举联合；g 民主联盟（全国进步中间派联盟、人民党、进步党与联合民主左翼等的选举联合）；h 自由党（KF）；i 进步党等的中间联盟；j 中间派联盟（EK）。

资料来源：Takis S. Pappas, "The Transformation of the Greek Party System since 1951", *West European Politics*, Vol. 26, Issue 2, 2003.

1956 年选举后，随着苏共二十大召开以及希共七届六中全会实现领导层更替，希共的国内外政策更加趋向温和。同时，由于在作为希腊社会关注焦点的塞浦路斯—希腊关系问题上的立场获得民众支持，"联合民主左翼"赢得了更多政治加分。塞浦路斯是希腊本土以外最后一个希腊裔占多数的地区。长期以来，该国 80% 的希腊裔人希望与希腊合并。1955 年，塞浦路斯发起统一运动（Enosis），这一运动在希腊国内得到多数民众支持。最初，"联合民主左翼"提出了"自由的塞浦路斯与自由的希腊联合起来"的口号，后来更是用对统一运动的直接支持取代了这一具有阶级导向的口号，并将其与反对英国、土耳其限制统一运动的"反殖民主义"和反北约的斗争结合起来，吸引了希腊民众的广泛关注和支持。在这些有利因素的作用下，"联合民主左翼"实现飞跃式发展。1958 年选举，"联合民主左翼"获得大量抗议票，一举得到 24.4% 的支持率和 79 个议席，上升为议会第二大党。1958—1961 年，"联合民主左翼"是议会中的"主要反对党"。到 20 世纪 60

年代初，"联合民主左翼"已建立起稳固的组织基础，拥有7万名党员。

由于在塞浦路斯问题上的妥协立场，卡拉曼利斯领导的保守党尽管保住了执政地位，但支持率极大下降。为确保其偏向欧洲政策的有效性，1961年，卡拉曼利斯决定提前举行大选。虽然最终仍然取得了胜利，但前总理乔治·帕潘德里欧领导的中间派联盟迅速崛起，得到34%的支持率和100个议席。"联合民主左翼"寻求与中间派结盟未果，获得24个议席，处于议会第三位。

在1961年选举中，出于对"联合民主左翼"在1958年赢得高选票的恐惧，军队和警察组织公开恐吓威胁左翼选民。为此，帕潘德里欧指控这次选举充满了"欺诈"，要求宣布选举无效，并在此后两年中一直进行"不屈不挠的斗争"，控告执政府不合法。1963年5月，"联合民主左翼"的代表拉姆布拉斯基（Grigorios Lambraskis）遭到暗杀，使得执政党与反对党冲突升级。加之与王室积累的矛盾爆发，卡拉曼利斯辞职。

1963年11月，希腊重新大选。但无论是中间派还是右翼政党都未能获得多数席位，得到14.3%支持率的"联合民主左翼"在二者间发挥了一定制衡作用。由于对选举结果不满，乔治·帕潘德里欧提出辞职，迫使1964年希腊再次进行大选，中间派如愿以偿地入主政府。在独裁统治前的这最后一次大选中，"联合民主左翼"的表现中规中矩，获得11.8%的支持率和22个议席。

由于颁布了大量难以实现的社会和政治改革措施，加之受党内分裂、其子安德烈亚斯·帕潘德里欧（Andreas Papandreou）被右翼政党指控在军队中成立"盾牌秘密组织"[①] 等影响，乔治·帕潘

[①] "盾牌秘密组织"一般认为是当时一些下级军官因为不满现状而组织起来的。1965年右翼政府揭露此事，指责安德烈亚斯·帕潘德里欧参与其中，他未承认。也有观点认为，他虽然参与其中，但并不是主要领导。参见张契尼、潘琪昌编《当代西欧社会民主党》，东方出版社1987年版，第364页。

德里欧于1965年7月辞职。随后几个月，看守政府频繁更迭。1967年5月大选前夕（4月21日），以帕帕多帕罗斯（Georgios Papadopoulos）上校为首的一批来自军队的中层军官，以阻止共产党人夺权为借口发动政变，建立了军人政权，对内进行独裁统治，打压、迫害包括"联合民主左翼"在内的左翼政党、人士及其支持者。军事政变后不久，希腊所有政党都被解散，"联合民主左翼"转入地下活动。

二 何种革命？——希腊共产党斗争路线的演变

1950年后，围绕内战失败的原因及新形势下党的行动路线，希共领导层争论激烈。而对斗争性质的认识和判断，成为界定这一时期希共斗争方向、目标和方式的主要依据。

在希腊社会斗争性质问题上，希共最初的观点是"资产阶级民主革命"。1934年1月，希共四届六中全会决议指出，希腊是一个中等发达国家，在农业领域存在大量半封建关系残余，以及进行社会主义重建的少量物质资源，但并没有完成资产阶级民主转型。党在现阶段的主要任务是进行资产阶级民主革命，将被压迫人民从帝国主义和地方反动派的统治下解放出来。"只有在经历一系列准备阶段之后，当资产阶级民主革命转变为社会主义革命时，向无产阶级专政过渡才是可能的。"[①] 因此，在20世纪30年代，希共提出了大量具有广泛吸引力的口号，比如"实现被压迫民族的解放""土地归农民所有"等。1941年希腊沦陷后，在这一思想指导下，希共利用政治崩溃的时机建立了"民族解放阵线"，以将最广泛的民主力量团结起来，开展反法西斯斗争。此后，希共在内战中继续执行这一政策。

内战失败后，依据国内外环境的新变化，希共对其战略策略进行反思，而对革命阶段的重新论证成为其战略调整的重要内容。

---

① D. George Kousoulas, *Revolution and Defeat-The Story of the Greek Communist Party*, London: Oxford University Press, 1965, p.87.

1953年，希共七届四中全会扩大会议提出了一个纲领草案，搁置了资产阶级民主革命战略，将社会主义革命界定为党的战略目标。纲领草案指出，"在希特勒法西斯主义和日本军国主义失败后，随着巴尔干、欧洲和全球层面有利于民主和社会主义的相关力量发生了具有决定性的变化，希腊的资产阶级民主革命阶段基本上已经结束了"，"将被建立的政权是人民民主政权，实行无产阶级专政"①。在这一战略指导下，"联合民主左翼"在国内执行"自下而上的联合阵线"政策，在国内政治中较为孤立，影响有限。

苏共二十大后不久，1956年2月，希共召开七届六中全会。会议解除了萨查利阿迪斯的职务，选举了以格罗左斯（Apostolos Grozos）为临时总书记的政治局。这次会议的一项重要举措，就是对"社会主义革命战略"重新调整，强调未来希腊的革命变革"不是社会主义革命，而具有反帝民主革命性质"。在当时所处条件下，这一调整的意义在于，希共放弃了"自下而上的联合阵线"政策，转向"自下而上与自上而下相结合的联合阵线"政策，重新呼吁与更广泛的社会力量加强团结。这一路线在1961年10月希共第八次全国代表大会通过的新纲领中得到确认。希共纲领重申，"希腊人民将……通过包括生产方式社会化在内的社会主义革命摆脱各种形式的剥削。但为了实现社会主义，希腊首先必须摆脱对帝国主义的依赖，进行反帝民主革命。这正是民族民主变革的真谛，是国家的迫切需要"。党纲甚至宣称，反帝民主革命将通过和平方式实现，但它也进一步指出，"鉴于财阀集团为掌握政权会不惜一切代价诉诸武力或反议会方式，希共强调人民利用非和平策略抵消财阀势力的影响"②。希共的这一战略转向，在"联合民主左翼"的政治实践中得以具体实现。1956年后，"联合民主左翼"

---

① D. George Kousoulas, *Revolution and Defeat-The Story of the Greek Communist Party*, London: Oxford University Press, 1965, p. 277.

② D. George Kousoulas, *Revolution and Defeat-The Story of the Greek Communist Party*, London: Oxford University Press, 1965, pp. 277-278.

与中间派政党进行选举合作,在选举政治中一度取得重要突破。

近年来,希共在意识形态上进一步左转,致力于对党的历史经验和教训进行反思。围绕1949—1968年党对革命性质的认识,中央委员会成员、历史部负责人麦利斯(Makis Mailis)专门撰文进行阐释,体现了当前希共对这一阶段历史的基本态度和立场。他指出,资产阶级民主革命战略是二战期间希共所实行的"民族团结"政策的发展基础,但正是这一战略造成了反法西斯抵抗运动中一系列严重错误,尤其是与资产阶级政权的结盟破坏了反德、意占领的人民斗争。1944年,希共和民族人民解放军参加了资产阶级政党主导的"民族团结"政府,对人民运动道路产生了灾难性影响,表明党并没有准备好将民族解放斗争与争取工人权利的斗争结合起来。而内战后党的战略转变是正确的选择,尽管其具体论证存在一些问题,比如将不同国家的经历机械地应用于希腊;将希腊的政治、经济危机归因为臣服于美国,而非国内资产阶级自觉选择的结果等。1956年后希共的战略转变,是右倾机会主义转向,其主要特征是拒绝武装斗争,选择"通向社会主义的议会道路"。党的八大实质上是重申此前关于存在爱国资产阶级力量的分析。这一战略在实践中导致希共和"联合民主左翼"变成了资产阶级自由党的尾巴,陷入发展困境。这一阶段的历史表明,工人阶级及其盟友——半无产阶级、贫苦农民和城市自雇阶级必须坚持斗争,直到政权问题最终得到解决,即推翻资产阶级政权,建立起工人阶级政权。①

2011年11月,在经过希腊共产党和共青团组织持续数月的充分讨论之后,希共正式出版发行《希腊共产党史》第二卷。② 该书着重探讨了1949—1968年(并延伸至整个20世纪40年代)希共

---

① Makis Mailis, "The Struggle of the KKE Against Opportunism: The Experience from 1949 – 1968", http://inter.kke.gr/en/articles/The-struggle-of-the-KKE-against-Opportunism-The-experience-from-1949-1968/.

② "On The History of the KKE, 1949 – 1968, Volume 2", Sychroni Epohi, Athens 2011.

的发展史。对希共在这一时期关于斗争性质的界定，该书基本上是肯定党在内战后向"社会主义革命"的转变，而否定和批评在此前后两个时期采取的战略，体现了当前希共在历史问题上的立场和倾向。

三 1968年分裂：两条道路分野的起点

长期以来，尽管"联合民主左翼"一直是作为流亡希共在国内的合法政治表达，但其毕竟"不是希共的替代，也不是一个自治的、不同的共产党"。① 两个组织成员有交叉，比如国外的希共领导层就在"联合民主左翼"内组织建立了由共产党领导人组成的国内局，以确保希共的政策路线在希腊国内能够有效实施。但由于地理上的二元存在，两个组织总体上仍然呈现平行发展状态，且在党的政治发展方向和组织战略等问题上一直存在分歧。希共（国内派）② 成员德拉戈米斯（Markos Dragoumis）将二者间的分歧归结为这样几个方面③：

一是党内民主问题。希共国内成员强调党内民主建设，认为当党员相信自己的意见和观点能被考虑时，民主将成为斗争的武器。民主不是什么奢侈品，而是党吸纳党员聪明才智和创造性的方法，是使党成为葛兰西所谓"集体知识分子"的唯一方法。

二是实现希共自治。希共国内成员主张不能盲目服从于其他社会主义国家的党组织，尤其是苏联共产党。

三是解决希腊国内问题的原则必须由希腊国内成员作出决定，认为流亡的希共已与希腊国内事务脱节，其设计的斗争路线造成了一系列的行动失误，强调重要决定不能从外部强加，而应由国内的希共领导层作出等。

---

① Stathus N. Kalyvas and Niko Marantzidis, "Greek Communism, 1968–2001", *East European Politics and Societies*, 2002.
② 关于希共（国内派）的形成，参见下文。
③ "Interview with Markos Dragoumis", *Australian Left Review*, Jun.-Jul., 1970.

由于"联合民主左翼"在选举中的不俗表现以及苏联领导层的影响,二者间的矛盾在很长时间内受到压制。直到1964年赫鲁晓夫下台、1967年希腊军事政变发生,其激烈的矛盾冲突才被推上前台。军事政变后,希共成为非法组织,6500名党员和同情者以及10名中央委员(当时共有38名中央委员)被捕入狱。当时的希共总书记是具有亲苏倾向的科利扬尼斯(Konstantinos Koligiannis)。1967年11月,他通过设在国外的政治局宣称,党在最近的失败责任在于三名政治局成员帕特萨里迪斯(M. Partsalidis)、左格拉弗斯(Z. Zografos)、迪米特里乌(P. Dimitriu)。1968年2月5—15日,希共在匈牙利布达佩斯举行了党的八届十二次中央委员会全体会议,在会上以12票对9票通过了解除上述三人政治局委员职务的决议。此后,三人激烈谴责八届十二次中央全会决议。而科利扬尼斯针锋相对地将三人开除出党。三人随即成立了一个新的"统一中央委员会",受到希腊许多共产党人的拥护。1968年3月,科利扬尼斯将党的领导机构迁至民主德国。1968年8月,苏联入侵捷克,镇压"布拉格之春",导致希共内部冲突进一步升级。① 那些在意识形态上倾向于所谓"机会主义"派别的党员脱离忠诚于苏联的希共,转向通过多样方式实现社会主义的"欧洲共产主义"路线,形成了希共(国内派),与持"欧洲共产主义"立场的意大利共产党和罗马尼亚共产党保持密切联系。而流亡的希共则被其称为希共(国外派),意指受到苏共政治局的操控。

这样,1968年分裂后,希共分化成在意识形态、政治主张、立场观点上存在明显差异的两支力量。它们沿着两条不同的路线发展前进,各自的特色越来越鲜明。在此后的发展历程中,它们有合作也有斗争,有一致也有分歧,共同主导、影响着整个希腊的激进左翼政治生态,塑造了随后20多年希腊社会主义和激进左翼政治发展的独特景观。

---

① [德]沃尔夫冈·莱昂哈德:《欧洲共产主义对东西方的挑战》,张连根译,人民出版社1980年版,第243—245页。

第四节　民主转型后希腊社会主义运动重塑

进入后独裁统治时期的希腊社会主义运动，呈现多样化发展的新局面。泛希腊社会主义运动兴起，迅速超越希共，成为希腊左翼的中间力量。泛希社运的发展经历了意识形态不断弱化和"右转"的过程，从最初带有明显激进左翼特征的政党逐渐转向社会民主主义并最终彻底新自由主义化。在这一时期，希共与泛希社运、希共（国内派）以及后来的"希腊左翼"间既有竞争也有合作，并在 20 世纪 90 年代末与"希腊左翼"等激进力量共同组建了"左翼与进步力量联盟"，成为对希共发展进程产生重要影响的一次左翼合作实践。

一　独裁统治终结与民主政治重建

1967—1974 年军事独裁统治期间，希腊国内外的民主力量建立了各种反独裁组织，比如安德烈亚斯·帕潘德里欧领导的"泛希腊解放运动"[①]、希共（国内派）建立的"泛希腊反独裁阵线"及其青年组织"希腊共青团"，通过罢工、抗议、小规模游行示威等方式，与白色恐怖统治进行斗争。

1973 年，两个重要事件导致了独裁统治的崩溃。一是面对日益恶化的经济形势以及急剧的通货膨胀，学生率先组织举行大规模游行示威。11 月，学生占领了雅典理工学院，并通过秘密电台呼吁民众奋起反抗军政府统治。学生运动遭到军人政权的残酷镇压，但也直接导致了帕帕多帕罗斯下台，持更强硬立场的约安尼季斯（Dimitrios Ioannidis）取而代之。二是由于爱琴海石油归属问题，造成希腊—土耳其关系再度恶化。约安尼季斯以此为由，与土耳其公开对抗。同时，他也积极支持塞浦路斯希族人大搞恐怖主

---

① 1967 年军事政变后，安德烈亚斯·帕潘德里欧及其父被逮捕。同年底被释放后，他流亡到瑞典和加拿大，组织了"泛希腊解放运动"，进行反军政权的斗争。

义活动，试图推翻马卡里奥斯三世（Archbishop Makarios Ⅲ）的统治。1974年，土耳其攻打塞浦路斯北部。约安尼季斯在国内发出进攻土耳其的军事动员，但遭到军官们的抵制。军队领袖和政治家集体决定，邀请前总理卡拉曼利斯回国执政，恢复民主政体。7月24日，卡拉曼利斯从巴黎回国。希腊长达八年的军事独裁统治终结，进入民主政治重建，即希腊第三共和国发展时期。

卡拉曼利斯就任总理后，立即着手清除军事统治残余，恢复民主秩序，其中首要任务就是重建多党议会民主制。而赋予希共合法地位，举行各党公平参与的议会选举，则成为平息希腊政治中各派间紧张关系的标志性步骤。1974年11月，希腊举行了独裁统治后第一次全国大选，共有四个政党参与了这次选举，即卡拉曼利斯领导的、由"全国激进联盟"重组而成的右翼政党"新民主党"；安德烈亚斯·帕潘德里欧在反独裁抵抗组织"泛希腊解放运动"基础上，吸收自由中间派联盟中部分左翼分子建立的左翼政党"泛希腊社会主义运动"；希腊共产党分裂后形成的国内和国外组织共同建立的"联合左翼"；以及唯一一个在独裁统治前就存在的政党——中间派政党。新民主党成为这次选举的最大赢家，席卷54%的选票和219个议席。泛希腊社会主义运动凭借其反西方和反君主制的纲领，获得14%的支持率。中间派联盟得到21%的选票，共产党的"联合左翼"赢得9%的支持率。

随后，卡拉曼利斯彻底解决了长期遗留的君主制问题。20世纪以来，围绕共和制和君主制的争论，是引发希腊政坛纷争不断的关键问题。1974年12月，希腊举行了自1920年后第六次针对君主制存废的全民公决，结果70%的民众主张废除君主制，这个困扰希腊政治的世纪难题终于被攻破。同时，卡拉曼利斯还对军政府时期侵犯人权和镇压学生运动的责任人进行了处理。1975年，希腊通过了新宪法取代1952年宪法，宣布仿照法国的政治结构建立共和国。希腊从而顺利实现了从军政府向民主政府的过渡。

在对外关系领域，核心仍然是处理因塞浦路斯问题而不断恶化的希腊—土耳其关系。在希腊政府看来，塞浦路斯问题的关键是美国插手该地区事务，因此这一时期希腊的对外政策充满了浓厚的反美色彩。1974年，由于不满美国偏袒土耳其，希腊退出了北约组织。同时，卡拉曼利斯大力推动希腊加入欧洲经济共同体，寄希望于加强同欧洲国家的联系，以弥补与传统保护国美国关系恶化的影响。1981年1月，希腊正式成为欧共体成员国。

二 泛希腊社会主义运动的兴起

后独裁统治时期的希腊社会，左翼政治领域出现了一支新兴力量，即安德烈亚斯·帕潘德里欧领导的泛希腊社会主义运动。泛希社运的兴起速度可以与21世纪欧债危机后的"激进左翼联盟"相媲美。自1974年成立后，其支持率和社会影响迅速攀升，很快就成为能够与新民主党相抗衡的政治力量。在1977年全国选举中，新民主党尽管保住了执政地位，但支持率下降至42%。而泛希社运的支持率几乎提升两倍，达到25%，议会席位也增加至93席，成为议会第二大政党。"从政党碎片化到实现政治力量高度集中"①的1981年选举，是泛希社运命运的转折点。经过1977—1980年短短四年的发展，泛希社运实现了奇迹般的组织增长，取得了史无前例的压倒性胜利，支持率几乎翻了一番，达到48%，直接终结了新民主党长达八年的统治地位，建立了"自1830年希腊独立以来……最为激进的政府"。

作为建立在反独裁运动基础上的一支全新的政治力量，泛希社运何以初登历史舞台，就能够吸引民众的广泛支持？这与其独具特色的思想理论和激进言论是分不开的。尽管在后来的发展演进中，泛希社运经历了意识形态的不断"右转"——用西方学者的话来说，从社会激进左翼转向温和的社会民主主义，再到转变为

---

① Takis S. Pappas, "The Transformation of the Greek Party System since 1951", *West European Politics*, Vol. 26, No. 2, 2003.

"功能性的保守党"[1]——但在其最初发展年代,泛希社运是毫无疑问的左翼激进派。其对希腊历史和社会的分析及其政治经济主张,展现出鲜明的民粹主义与左翼激进主义特色。

表1.3　　　1974—1985年希腊主要政党议会选举结果

政党\时间	1974		1977		1981		1985	
	得票率(%)	议席数(个)	得票率(%)	议席数(个)	得票率(%)	议席数(个)	得票率(%)	议席数(个)
泛希腊社会主义运动	14	12	25	93	48	172	46	161
新民主党	54	220	42	171	36	115	41	125
希腊共产党	—	—	9	11	11	13	10	13
希腊共产党（国内派）	—	—	—	—	1	0	2	1
联合左翼	9	8	—	—	—	—	—	—

资料来源：Nickolas M. Limberes, "The Greek Election of June 1985: A Socialist Entrenchment", *West European Politics*, Vol. 4, Issue 3, 1985.

泛希社运早期的意识形态主张,主要体现在其1974年发表的《目标与原则宣言》（以下简称《宣言》）中。该《宣言》明确指出,泛希社运不是政党,而是一个运动,一个"希腊工人和社会弱势群体的运动",并将其最终目标界定为"民族独立、人民主权、社会解放和民主过程"。[2] 其中,实现民族独立,即政治和军事独立以及建立一个摆脱经济寡头影响和控制的国家,是泛希社运最重要的目标。民族独立被视为实现民族自决的前提条件,而民族自决又是社会解放和政治民主的必要条件。正是以这一认识为基础,泛希社运主张希腊退出北约,反对加入欧共体;支持地

---

[1] Takis S. Pappas, "The Transformation of the Greek Party System since 1951", *West European Politics*, Vol. 26, No. 2, 2003.

[2] Beate Kohler, *Political Forces in Spain, Greece and Portugal*, Butterworth Scientific, 1982, pp. 128 – 129.

中海国家保持中立，在地中海和巴尔干半岛设立无核区；等等。

泛希社运政治主张的另一基石，建立在其提出的外围资本主义发展规律理论之上。希腊被其视为外围资本主义国家扭曲发展的典型代表。依据这一理论，希腊融入世界市场不会重复过去几十年间其他西欧国家走过的道路。相反，最终结果只能是中心国家对外围国家的剥削永久化，希腊将长期处于不发达状态。泛希社运理论家认为，马克思主义阶级结构理论不能解释希腊社会的问题，因为在希腊社会的外部条件下，决不会出现马克思主义的社会阶级的发展。在其看来，希腊与第三世界的社会结构更加相似。具体而言，上层阶级占很少部分，作为外国资本与国内各种资源的中介而存在。由管理人员、技术人员和科学家构成的中产阶级也占人口的少数，他们服务于上层阶级以及外国资本的利益。所有其他社会阶层都没有获得权力、分享国家财富的可能性，且不得不承受各种形式的剥削。从这一逻辑推理出发，泛希社运认为，希腊社会尽管可能存在社会阶层间的差别，比如以教育、职业、收入等为标准来衡量的差别，但并不存在一种由知识分子、蓝领工人、农民和工厂工人等共有，而其他人应该服从的最主要的利益。据此，泛希社运再次论证了其核心论题——希腊民族独立是党的政治斗争的主要目标。

泛希社运也提出了实现社会主义的未来目标，但与希腊共产党强调工人阶级领导权和无产阶级专政的社会主义存在根本区别，泛希社运的社会主义实质上是建立在激进经济政策基础上的"社会主义"。其特点是"去集中化"，以自我管理、整个金融和信贷体系的社会化以及战略性产业部门实行垄断为核心原则，实行社会经济计划等。其短期经济和社会政治目标，是实现更大程度的社会正义，立即改善工作条件和普通人的生活。它支持扩大保险和医疗覆盖面；实施城市重建和筑房的国家计划，以解决重工业地区的住房短缺问题；推行积极的农业政策，在农产品的销售环节为农民提供援助；支持小企业发展；强烈反对限制罢工权，谴责新民主党抑制了自由和自治的工会运动的发展,主张国家机器的民主化;等等。

总之,泛希社运成立初期的政治叙事逻辑是:希腊长期的对外依赖,导致国内不可避免地出现了两个阵营,即希望继续依赖国外的一方,以及致力于实现解除这种依赖的一方之间的冲突与对立。后者战胜前者的唯一途径,就是确立人民主权。对泛希社运而言,重要的是将人民有效转化为选民多数,以争取掌握国家政权。①

正是在这一路线指导下,在1981年大选中,一方面泛希社运利用帕潘德里欧的个人影响力,令其涵盖民族独立和人民主权等口号的"变革"(allage)理念深入人心;另一方面,在一些备受争议的具体问题上,比如加入欧共体、北约以及国有化上,泛希社运也根据国内民众的情绪进行了调整,立场更趋向于现实主义和温和化。②如在欧共体问题上,泛希社运以在对现存条约进行重新协商基础上达成的特殊协议取代了退出欧共体论,而将最终是否退出交由全民公决决定;在北约问题上,泛希社运宣称退出北约是一个长期性目标,需要协商解决;在国有化问题上,泛希社运也提出将局限于对国民经济具有重要影响的少数企业。

此外,新民主党自身存在的一些问题反过来也助推了泛希社运的成功。比如,1980年卡拉曼利斯当选共和国总统后,新民主党缺乏具有政治魅力的领导人;党的战略不清晰,在温和中右翼政党与传统右翼政党的政治定位间摇摆不定;执政期间希腊经济衰退,通货膨胀居高不下(1980年的官方统计数字为20%);国家机器运转不良,政府缺乏效率;等等。

到20世纪80年代中期时,泛希社运的组织力量实现了巨大发展,已拥有党员约75000名,1000个地方协会组织和500个部门

---

① Hanspeter Kriesi and Takis S. Pappas (ed.), *European Populism in the Shadow of the Great Recession*, ECPR Press, 2015, pp. 183 – 184.
② Christos Lyrintzis, "The Rise of PASOK: The Greek Election of 1981", *West European Politcs*, Vol. 5, Issue 3, 1982.

组织。从执政实践看，1981—1985 年，泛希社运实际上并未能完全兑现其激进的选举承诺。[①] 它没有能够拆除美国在希腊的军事基地，反而于 1983 年重新签订了一项新协议，将军事基地的使用期限延长至 1989 年末；也没有使希腊退出北约和欧共体（希腊从欧共体获得了大量农业补贴，从而深受农民欢迎）；更未能将大企业国有化，没有建立起累进税制，未能成功抑制失业和通货膨胀（仍然保持在 18% 左右）。这一时期的社会进步主要表现在：通过了一些新的立法，解决了公证结婚（离婚）等社会焦点议题，以及赋予女性在社会各领域以平等权，社会工资水平有所提高，社会保障有所改善。

然而，在 1985 年大选中，由于泛希社运执行了更加具有灵活性、针对性的选举策略，如提前大选以阻止新民主党有时间进行党的重组，反对卡拉曼利斯连任总统以争取党内左派的支持，加之主要反对党新民主党的领导人有历史污点，社会声望不高等因素影响，泛希社运以 46% 的支持率和 161 个议席数再次成为大选赢家。

1985 年大选后，泛希社运作为体制内主流政党的地位更加稳固。此后直至欧洲主权债务危机爆发之初的近 30 年间，泛希社运与新民主党轮流执政，成为希腊两党体制中的核心政党。从其成立直至整个 20 世纪 80 年代的发展进程来看，泛希社运经历了一个明显的去激进化过程：从最初以反对帝国主义为理论核心、将支持某种形式的第三世界社会主义与凯恩斯经济学及其民粹主义实践和激进言论相结合的左翼激进主义政党，到后来专注于对政权的追逐，通过不断调整党的纲领政策（如对外政策的温和化），意识形态逐渐弱化，最终彻底转向社会民主主义。到 20 世纪 90 年代后，泛希社运进行所谓现代化改革，在意识形态上进一步"右转"，彻底抛弃了初期秉持的激进思想范式，从社会民主主义转向

---

① Nickolas M. Limberes, "The Greek Election of June 1985: A Socialist Entrenchment", *West European Politics*, Vol. 4, Issue 3, 1985.

社会自由主义，进而全面拥抱新自由主义哲学和价值观。①

三　希腊共产党：寻求议会政治突破的战略抉择

1974年实现合法化后的十几年间，希腊共产党尝试在议会制框架内寻求党的发展。而与其他左翼政治力量，尤其是希共（国内派）以及泛希社运的合作与竞争，成为这一时期希共政治活动的显著特征。

首先是与希共（国内派）的选举合作与竞争。1968年希共分裂后，希腊的两支共产主义力量分道扬镳，各自秉持不同的意识形态和战略策略，在许多重要观点上差异显著。比如，希共（国内派）虽然仍自称是马列主义政党，但越来越倾向改良主义立场和政治话语，实际上已经毫无保留地接受了议会原则和多元民主，即并不主张改变资本主义制度，而只是提出实现更大程度的民主、社会正义以及经济共决或自决等要求。在政治上，公开抛弃了无产阶级专政原则，承认建立社会党多数政府的可能性。在经济上，主张去集中化，民主的经济计划，只对主要银行以及对国民经济发展具有关键意义的垄断部门实行国有化。在对外关系上，虽然呼吁变革"资本的欧洲"为"人民的欧洲"，但强调希腊进入欧共体的不可避免性；虽然支持希腊退出北约，但也认为在美、苏军事集团长期存在的条件下，只有接受与北约的特殊关系。

与之相反，希共表现出更多传统共产主义的鲜明特征。比如，它强调党的阶级性，自视为无产阶级政党，是希腊工人阶级的先锋队和最高组织代表，承诺实现无产阶级专政、严格执行民主集中制，主张以苏联模式为样板建立希腊未来的经济和社会结构，反对北约和欧共体，谴责美国在希腊建立军事基地等。

显然，是否认同苏联社会主义，选择忠诚和依赖于苏联还是接

---

① Yiannos Katsourides, *Radical Left Parties in Government: The Case of Syriza and AKEL*, Palgrave, 2016, pp. 49–50.

纳"欧洲共产主义"思想，造成了两党根深蒂固的分歧。① 尽管如此，为了参加1974年选举（这是希共自1936年后第一次以合法身份参加的选举），两个共产党及其他左翼小党共同组建了一个选举联盟——联合左翼（the United Left）。在这次选举中，联合左翼获得9.4%的选票和8个议席，其中希共占据了5个席位，而希共（国内派）仅得到2个席位。两个共产党的合作与结盟关系，在此次选举后很快破裂。1977年，希共独自参加议会选举，而希共（国内派）则再次与其他一些左翼小党缔结了选举协议。希共在选举中获得9%的支持率和11个议席，而希共（国内派）延续了低迷状态，只得到了1个议席，希共在两党竞争中的优势地位得到进一步巩固。此后，1977—1985年，希共的选举支持率在9%—11%波动，而希共（国内派）的支持率一直未能超过3%。同时，希共在党的组织方面也彰显了巨大优势。据统计，到1987年时，希共党员数在10万—12万人，而希共（国内派）仅有1.2万—1.4万人。

对于党的选举失败，希共（国内派）早在1978年4月召开的第二次全国代表大会上就曾进行过深刻反思，并讨论重新调整政策方向，建立一个广泛左翼联盟的可能性。但因为与希共存在难以弥和的立场观点差异，加之其在希腊政治舞台上的弱势地位，希共（国内派）的左翼联盟主张没有得到任何响应。20世纪80年代中期，希共占据了共产党的传统政治空间，而泛希社运的兴起进一步削弱了希共（国内派）在知识分子、艺术界等受教育程度较高人群中的影响力。因此，1986年，在希共（国内派）第四次全国代表大会上，多数代表（54%）决定不再使用"共产党"的称谓，而代之以新名称——"希腊左翼"（Greek Left，E. AR，1987年1月正式更名）。"希腊左翼"彻底抛弃了共产党秉持的一些重要概念，如马克思列宁主义、无产阶级国际主义、民主集中制等。在实践中，这一决定造成了党的分裂。一些反对改变党的

---

① Geoffrey Pridham （ed.）, *The New Mediterranean Democracies*: *Regime Transition in Spain, Greece and Portugal*, Franc Cass, 1984, p. 114.

名称的党员，脱离出来建立了一个新党——希共国内派—改良左翼①，党的共青团组织（Rigas Feraios）加入其中。

其次是与泛希社运的合作与斗争。1981年泛希社运赢得大选胜利并上台执政。这对希共而言是一把双刃剑，既给希共带来了冲击和挑战，也为希共提供了发展机遇。一方面，泛希社运的成功打破了共产党对希腊左翼政治空间的垄断；但另一方面，泛希社运的执政也令希共及其对外政策目标变得更加合法化。泛希社运领导人多次在公开场合评价希共为一支"民主力量"、一种"进步因素"以及实现"变革"的重要推动力量②，并大力推动"全国和解政策"，正式承认在第二次世界大战时打击轴心国的抵抗运动组织，允许内战时流亡到东欧的政治难民（主要是共产党人）返回希腊。同时其政治纲领中的诸多激进诉求，如反对欧共体、北约以及拆除美军在希腊的军事基地等，也与希共的政治主张不谋而合。面对这种局势，希共选择与泛希社运在中央与地方层面进行有条件的合作。

在20世纪80年代前半期，希共总体上一直与泛希社运保持着策略性的合作关系。比如，在希腊议会的许多重要议题上支持泛希社运的立场，在全国劳工总会中与泛希社运采取联合行动，等等。1985年，由于希共公开支持泛希社运的宪法改革以及泛希社运的总统候选人赫里斯托斯·萨采塔基斯（Christos Sartzetakis）③，这种策略性合作达到顶点。在此之前，尽管两党间存在立场观点的摩擦，比如希共批评泛希社运的"变革"停留在口头上，没有迅速推进经济和社会的结构性改革，在北约、共同市场以及美军基地等问题上也未能兑现其选举承诺等，强调"要根据在民族独立问题上的决定性抗争，经济发展有利于工人以及实现实质性的民主化"

---

① 该党在20世纪90年代后一直未能在选举政治中产生影响，2000年后加入"激进左翼联盟"，成为其创始党。

② Roy C. Macridis, *Greek Politics at a Crossroads: What Kind of Socialism?* Hoover Institution Press, 1984, p.53.

③ 如果没有希共的支持，萨采塔基斯将不能当选。

来决定党对泛希社运的立场①，并为此发起了一些游行示威活动，但实际上希共并没有进行大规模和强有力的反政府动员②，这一时期希共对待泛希社运政府主要采取了一种"建设性"方法。

1985年6月全国议会选举后，希共战略策略发生转变。其原因主要有两个，一是在这次选举中希共选民流失，支持率下降到10%以下；二是泛希社运领导下的希腊经济状况持续恶化，通货膨胀率高达25%。为削减累积的财政赤字和巨额外债，泛希社运政府推行了严苛的经济紧缩计划。希共利用这一时机，通过其领导下的工会发起了持续性、大规模的抗议运动。

两党关系的转折出现在随后的希腊地方选举中。1986年10月12日和19日，希腊举行了两轮地方选举。在第一轮选举后，泛希社运政府拒绝了希共提出的在全国选举中引入简单比例代表制的要求。作为回应，希共呼吁其支持者在雅典市第二轮的投票中不再支持泛希社运的候选人。这一呼吁的溢出效应蔓延至比雷埃弗斯、塞萨洛尼基等地，造成泛希社运候选人在这三个最重要的城市选举失败，以及保守派新民主党在经历连续两个选举周期的败北后，出人意料地实现了政治复苏。在这次选举中，希共的议席数也有所提升，在总共303个议席中占据53席（1982年为43席）③。此后，希共更加猛烈地抨击泛希社运政府的国内外政策，与泛希社运的关系越来越疏远。

四 希腊激进左翼再结盟

1986年泛希社运在地方选举中的失败，令希共看到了打破两党体制的希望。为此，希共开始深入反思党的战略策略，并重新

---

① KKE, "The Eleventh Congress", Dec. 14–19, 1982, http://interold.kke.gr/about/history/overview-congress/overview13/index.html.

② Stathus N. Kalyvas and Niko Marantzidis, "Greek Communism, 1968–2001", *East European Politics and Societies*, Vol. 16, No. 3, 2002.

③ Vassilis Kapetanyannis, "Greek Communists: Dilemmas and Opportunities Following the Local Elections", *Journal of Communist Studies*, 3: 1, 1987.

思考选举政治中的合作与结盟对象问题。

1987年5月，希共召开第十二次全国代表大会。会议从希腊社会的新发展和新形势出发，提出了希共的战略选择以及建立左翼与进步力量联盟的重要任务。会议政治决议指出，希共"面临两种替代选择。一种是两党政治体制的道路，这一道路将社会政治生活牢牢地钉在统治阶级政策之上，使国家与人民的命运臣服于依赖大资本和欧共体跨国机构的力量。另一种是左翼的道路，这是实现社会主义的新型发展道路，它将通过与垄断统治体制的决裂来实现"。同时，会议着重讨论了变革力量的社会政治结盟问题，宣称需要一个"能够推动和支持变革政府的新的人民多数"，呼吁在共同纲领基础上，建立一个将泛希社运排除在外的左翼与进步力量联盟。[1]

而与更名为"希腊左翼"的希共（国内派）合作，成为希共不可避免的选择。在实践中，由于"希腊左翼"已经彻底放弃了对"共产主义"的信仰，不再与希共争夺作为共产党的正统性地位，为这种合作开辟了巨大的可能性。影响二者合作的一个主要障碍，来自希共对于欧共体的反对立场和态度。在当时的希腊政坛，包括新民主党、泛希社运、"希腊左翼"在内的主要政党都支持希腊加入欧共体以及实现更加深入的欧洲一体化。在这一议题上，希共是长期秉持坚决反对立场的例外。它认为，加入欧共体会把希腊与帝国主义阵营永久联系在一起，从而阻碍希腊社会主义的实现。即便是1981年希腊正式加入欧共体后，希共仍然继续抨击欧洲一体化，通过在议会中抵制讨论希腊—欧共体议题等方式，表达其反对单一市场的立场。"希腊左翼"的欧洲一体化政策，一直被希共拒斥为"毫无希望的改良主义"。[2] 而继承了希共

---

[1] KKE, "The Twelfth Congress", May, 1987, http://interold.kke.gr/about/history/overview-congress/overview14/index.html.

[2] Susannah Verney, "The New Red Book of the KKE: The Renewal that Never Was", *Journal of Communist Studies*, 4: 4, 1988.

（国内派）社会主义道路理论的"希腊左翼"，也强调在希共现有的欧洲政策框架下不会考虑与其达成纲领性协议。

到1987年初时，随着欧共体与经互会关系缓解①，希共对欧共体的态度开始有所松动。1987年希共第十二次全国代表大会明确提出，在欧共体问题上的不同观点，并不必然构成其广泛左翼联合路线的障碍。1988年3月，针对欧洲委员会发表的一份"白皮书"（其中对1992年欧盟单一市场实现后可能产生的影响进行了预测），希共中央委员会回应以一份"红皮书"，即《1992论纲》。当时希腊媒体的通栏标题，视之为希共与欧共体间"迟到的浪漫插曲"，宣称共产党最终已经转向支持欧共体。这一说法有过于武断之嫌，但不可否认，希共在欧共体问题上的确出现了实质性转变。在论纲中，希共至少已经不再彻底拒绝欧洲一体化，不再将希腊国内的经济困难归咎于参加欧共体。希共甚至进一步指出，欧共体不再是希腊左翼力量分裂的托词。反对1992年欧盟单一市场的斗争，能够为左翼联盟提供共同的议程，这个先前的"祸根"（这里指欧共体问题）现在将成为团结的基础。②

《1992论纲》移除了左翼团结的主要障碍，左翼联盟进入加速创建阶段。③ 1988年5月，时任希共总书记弗洛拉基斯（Harilaos Florakis）邀请其老对手、"希腊左翼"领导人克尔克斯（Leonidas Kyrkos）会晤。随后，两党执行机构代表频繁接触。7月，"希腊左翼"提议的"左翼计划"以及希共的回复意见公开发表，表明两党在一些重要观点上仍然存在分歧。希共希望能够在协商过程中，就建立长期联盟的基础达成共识，以创建一个能够推翻两极

---

① 1988年6月，欧共体与经互会及其成员国先后建交，双方长期互不承认和互不往来的局面有所改善。

② Susannah Verney, "The New Red Book of the KKE: The Renewal that Never Was", *Journal of Communist Studies*, 4: 4, 1988.

③ 左翼联盟建立过程，主要参见 Susannah Verney, "'Compromesso Storico': Reunion and Renewal on the Greek Left", *Journal of Communist Studies*, 5: 4, 1989。

体制的强大的左翼。而"希腊左翼"则认为，两党力量的简单相加，并不足以建立一个强大左翼。迫切需要的，是提出一个能够将形形色色社会力量集结起来的新纲领。它主张两党进行公开对话，推动希共纲领更新，以作为联盟的前提条件。由于两党的双边谈判未能达成共识，联盟进程一度被迫中止。

1988年，希腊的经济形势持续恶化。同时，泛希社运政府也出现了民众信任危机。其原因一方面来自安德烈亚斯·帕潘德里欧本人，尽管遭受严重的心脏病困扰，但他仍然拒绝辞职，其政府因而被反对派称作是"传真政府"（因其只能通过传真处理政事）。另一方面，泛希社运党内爆出希腊战后最大经济丑闻，因由希腊裔美国人科斯科塔斯（George Koskotas）高达2亿多美元的银行贪污案，造成包括安德烈亚斯·帕潘德里欧在内的数名泛希社运高级官员的贪污腐败行为曝光，对希腊政界形成了巨大冲击。这一形势令希共和"希腊左翼"领导人看到了"进行合作打倒强大的共同敌人"，以夺回左翼话语、社会基础和政治领地的机会①，因而开始对合作进行重新评估。10月，两党总书记进行私人会晤，重新开启对话渠道。12月初，来自两党中央委员会的五名代表②组成工作组，就作为联盟基础的《共同声明》进行协商。希共的整体立场在《共同声明》中发生逆转，最终接受了多元议会制以及希腊的欧共体成员地位，并开始呼吁建立更广泛的左翼联盟，以与欧洲保守力量作斗争，推动欧共体朝着进步方向发展。

1989年1月，在《共同声明》基础上，希共、"希腊左翼"以及其他左翼小党和政治力量最终建立了一个广泛的左翼联盟组织——"左翼与进步力量联盟"。这是一个充满异质性的联盟。不仅各党派间观点主张存在分歧，甚至各主要政党组织内

---

① Stathus N. Kalyvas and Niko Marantzidis, "Greek Communism, 1968 – 2001", *East European Politics and Societies*, Vol. 16, No. 3, 2002.

② 希共的代表主要来自支持进行党内民主化和纲领更新的派别。

也呈现分化和对立。在20世纪80年代末90年代初国际政治风云变幻、剧烈动荡的背景下,左翼联盟很快分崩离析。希腊左翼和社会主义运动步入了两个激进左翼政党并立与分野的新的发展时期。

第二章　同源异轨：希腊社会主义运动走向分化

苏联解体、东欧剧变是世界社会主义运动的分水岭，也是希腊社会主义运动的一个重要发展节点。在苏东社会主义国家剧变的直接冲击下，希腊社会主义运动内部长期累积的矛盾激烈迸发。希腊共产党分裂，左翼联盟重新分解组合，希腊社会主义运动彻底分化，走上两条迥然相异的发展道路。自20世纪90年代初直至欧洲主权债务危机爆发的20年间，希腊共产党意识形态统一、政治目标明确，形成了一套"特立独行"的思想理论模式，在希腊政治光谱中占据着自己特定的"小生境"。左翼联盟则经历了一个明显的由弱至强的发展过程。尤其在与其他小党组建激进左翼联盟后，在组织上逐渐统一起来，政治影响力日益提升，为债务危机后登上执政舞台奠定了基础。

第一节　苏东剧变与希腊社会主义运动的危机

作为战后希共参与的唯——次左翼联合实践，左翼联盟并未沿着希共预期的走向发展，其两度政府合作均以失败而告终。同一时期，苏东剧变的发生以及党的再次分裂，也给希共造成沉重打击。因此，在整个20世纪90年代，希共陷入发展低潮。实践困境引发理论反思。希共积极总结经验教训，消除思想混乱，在全党重建为社会主义而奋斗的信心。在这一过程中，"反帝、反垄断民主斗争阵线"思想的提出，为希共的未来发展指明了方向。

一 "历史性妥协"：左翼联盟两度参与政府

左翼联盟建立后，被希腊激进左翼力量寄予厚望，期待联盟能够助推其在议会政治内实现飞跃式发展。但联盟与生俱来的异质性和潜在分裂倾向，使之成为不可能完成的任务。

实际上，围绕是否应该成立联盟，一些党内存在巨大分歧，并因而造成了党的分裂。比如围绕《共同声明》中所阐释的联盟性质、发展方向等问题，"希腊左翼"内部的矛盾冲突充分暴露出来。1988年12月，"希腊左翼"中央委员会会议尽管以58票赞成、26票反对、1票弃权的结果批准了作为联盟基础的《共同声明》，但党内的质疑、担忧声一直未曾止息。投票反对《共同声明》的中央委员，多数都把西欧绿色运动作为其发展样板，致力于建立一支能够挑战现存主要政党的政治力量。他们明确反对《共同声明》，认为其代表着"希腊左翼"的纲领（尤其是在欧洲一体化问题上）的重要倒退。虽然参加联盟的各党在"联盟不会回归统一的政党结构"问题上已经形成共识，但"希腊左翼"执行局中的4名成员仍然表示担心联盟最终将被纳入希腊共产党的政治框架之中。其中两人连同其他16名中央委员因而宣布建立一个与联盟相对立的独立派别。在联盟第一次全国代表大会上，近80%的代表采取了支持态度，来自青年运动中央委员会的33名代表辞职，此后"希腊左翼"中央委员会的多名成员以及生态工作部的多数成员宣布脱党。

除了希共和"希腊左翼"这两个主要政党外，左翼联盟集结了各色小党，比如民主社会主义党（KODISO）、民主联盟等。其中实力较强的，是1986年希腊共产党（国内派）更名时脱党建立的希共国内派——改良左翼，但其独立参加议会选举的倾向非常明显。此外，联盟还接纳了一些脱离泛希社运的独立人士，如因批评帕潘德里欧而辞去国防部副部长职位的吉奥塔斯（Stathis Giotas）等。总体上看，左翼联盟的组成力量庞杂多元，组织极其松散、缺乏凝聚力。希腊激进左翼凭借左翼联盟实现迅速崛起的愿望在这一时期并未能够实现。

这主要表现在 1989 年 6 月举行的欧洲议会和全国议会选举中，左翼联盟的支持率远远低于领导层的预期。在欧洲议会选举中，左翼联盟仅获得 14.3% 的选票，低于上次选举中希共与希腊共产党（国内派）的得票率之和。尽管有三个自称为绿党的小党分散了联盟选票的影响，但有观点认为，这一时期希腊民众中亲欧倾向有所升温，左翼联盟在欧洲一体化问题上的暧昧立场降低了其对民众的吸引力。[①] 在全国选举中，左翼联盟 13.1% 的支持率较之 1985 年希共与希腊共产党（国内派）所获得的 11.9% 的支持率稍稍有所提高。左翼联盟显然未能在政治光谱中扩大影响力，但这毕竟是后独裁统治以来希腊左翼所取得的最好选举战绩。同时，由于选举体制的重新调整，左翼联盟在议会中共获得了 28 个议席，是 1985 年选举左翼政党得票率的两倍，从而大大提升了激进左翼的影响力，成为两大主流政党——新民主党和泛希社运的选举制衡力量。

表 2.1　　1989—2000 年全国议会选举结果，支持率与议席数占比（%）

时间 \ 组织	希腊共产党	左翼联盟
1989（6 月）	—	13.1（9.3）*
1989（11 月）	—	11.0（7.0）*
1990	—	10.2（6.6）*
1993	4.5（3.0）	2.9（0）
1996	5.6（3.6）	5.1（3.3）
2000	5.5（3.6）	3.2（2.0）

注：*1989 年和 1990 年两党通过左翼联盟共同参与选举。
资料来源：Stathus N. Kalyvas and Niko Marantzidis, "Greek Communism, 1968-2001", *East European Politics and Societies*, Vol. 16, No. 3, 2002.

---

① Susannah Verney, " 'Compromesso Storico': Reunion and Renewal on the Greek Left", *Journal of Communist Studies*, 5：4, 1989.

1989年6月大选，由于帕潘德里欧政府事先制定了更为纯粹的比例代表制，虽然受执政不利和经济丑闻影响，泛希社运并未彻底崩溃，支持率虽下降6.7个百分点，但仍获得近40%的支持率，得到125个议席。新民主党获得44.3%的支持率和144个议席，成为议会内最大党，但比过半数所需的议席少7席。由于没有任何政党能够取得绝对多数，希腊自1974年民主政治重建后第一次面临需要各党进行协商组建政府的局面，而掌握关键议席数的左翼联盟的抉择对最终结果具有决定性意义。

希腊1986年《宪法》第37条具体规定了这种情况下的运作程序：如果没有任何政党能够取得绝对多数，那么总统将为三个主要政党提供各72小时的"试探权"；如果谈判失败，那么将进入第四轮，即总统主持的三党领导人会议；如果仍然未能成功组阁，总统将组建多党临时政府以启动新一轮大选。这一既定程序对新民主党和左翼联盟尤其形成巨大压力。因为根据军事独裁时期通过的限制性规定，针对部长的犯罪诉讼，随着议会的解散而被取消，这一法律上的限制成为两党合作的重要诱因。

而政治合法性也是左翼联盟选择合作伙伴首先要考虑的问题。尽管就意识形态倾向而言，与泛希社运结盟似乎具有必然性，但左翼联盟从一开始就拒绝了这种可能性。时任左翼联盟主席的弗洛拉基斯①指出，当前最重要的议题是"净化公共生活"，泛希社运—左翼联盟政府不能得到民众的信任。有学者也指出，对左翼联盟而言，与新民主党合作至少有如下两个好处：一方面，合作表明右翼政党也承认了左翼联盟的合法性；另一方面，左翼联盟可以利用经济丑闻来赢得不满的泛希社运选民的支持。②

左翼联盟最终选择了与新民主党共同组建临时政府。新民主党

---

① 弗洛拉基斯1972—1989年担任希腊共产党总书记，1989年7月从党的领导职位上退下来，开始担任左翼联盟主席。1991年左翼联盟分裂后，弗洛拉基斯重新回归希腊共产党，担任名誉党主席职务。

② Geoffrey Pridham and Susannah Verney, "The Coalitions of 1989–90 in Greece: Inter-Party Relations and Democratic Consolidation", *West European Politics*, Vol. 14, No. 4, 1991.

温和派察内塔斯基（Tzannis Tzannetakis）被任命为总理，内阁中有 21 名部长来自新民主党，来自左翼联盟的部长有两名（占据"净化公共生活"运动的两个关键职位，即司法部长和内务部长）。左翼联盟这样评价与新民主党的合作：

> 这不是左翼与右翼建立的一个联盟，因为二者间并没有共同纲领。我们只是拥有共同的具体目标，即净化公共生活以及制度运作的民主化。因此，这是一个为实现有限目标而建立的临时性的政府，不会超过 3—4 个月。这不是有人指责的那种毫无原则的合作，因为我们之间的分歧将会一直存在下去。①

尽管如此，希共与新民主党的这次合作，开创了非战时状态下希腊左、右翼政治力量首次联合执政的先河。两党合作的主要目的是开启对泛希社运经济腐败案的调查，因此任何可能引起争论的议题，比如重新签订美军驻希腊军事基地协定等都被暂时性"冻结"。7 月 19 日，希腊议会宣布组成由来自新民主党、左翼联盟、泛希社运的 12 人调查委员会，对帕潘德里欧及 4 名前部长涉嫌受贿案进行调查。案件调查通过公开辩论、电视直播等方式进行，引发民众的普遍关注。10 月，由议会任命的 12 名高级法官组成特别法庭开庭审理此案。帕潘德里欧既不出庭，也不请律师辩护，宣称这是一场针对其个人和泛希社运的"政治阴谋"，并试图借此大做文章，进而反制新政府。左翼联盟虽力主彻底清查腐败案，但开庭后其内部出现分歧，部分人认为自己被"新民主党所利用"。加之联合政府成立后，希腊经济并未有起色，临时政府于 10 月初宣告解散。

11 月，希腊再次启动新一轮大选。新民主党获得 46.2% 的支持率和 148 个议席，尽管这是自 1974 年卡拉曼利斯大选获胜后最

---

① Geoffrey Pridham and Susannah Verney, "The Coalitions of 1989–90 in Greece: Inter-Party Relations and Democratic Consolidation", *West European Politics*, Vol. 14, No. 4, 1991.

好的选举结果，但仍以1个多百分点之差而未能获得绝对多数。由于腐败诉讼未能够提供帕潘德里欧犯罪的充分证据，泛希社运支持率反而上涨1个多百分点，达到41%，获得128个议席。受与新民主党联合执政的影响，左翼联盟成为唯一得票率下降的政党，从几个月前的13.1%降至11%，议席数也从28个下降至21个，不少在此前选举中曾支持左翼联盟的选民转而把选票投给了泛希社运。显然，在左—右翼分野鲜明的希腊政治文化中，与右翼结盟的战略并未获得民众的普遍认同。①

这样，希腊主要政党再次需要相互协商组建政府。由于与新民主党在关键议题上存在冲突，以及此前结盟选择产生的破坏性影响，左翼联盟拒绝与新民主党再次合作。而泛希社运组建"进步民主力量"联盟的倡议（如果泛希社运、左翼联盟以及生态党合作，将获得151个议席），也因生态党的反对而未能实现。组建三党联合政府因而成为唯一选择。经过为期两周的协商谈判之后，以新民主党人佐洛塔斯（Xenophon Zolotas）为总理、三党合作的临时性"大联合政府"最终建立起来，其中新民主党获得10个内阁职位，泛希社运和左翼联盟分别获得7个和4个职位。

由于这一时期希腊经济形势进一步恶化，尤其是公共赤字上扬、通货膨胀加剧，导致新政府把主要精力放在了解决经济问题上。尽管三党都承认采取果断措施的必要性，但在具体解决方案上相互冲突。如新民主党主张提高物价，采取紧缩措施；而左翼联盟则提议对个人财产和银行存款征税。同时，一些反危机措施的实行，如物价上涨，也不可避免地造成了左翼联盟及其支持者之间的对立。左翼联盟竭力反对削减工作岗位和工人工资等措施，并公开指责政府令联盟规则声誉扫地。甚至新民主党也不支持政府政策。在政府成立几个星期后，新民主党领导人就宣称联盟不能解决希腊的问题，并在政府准备执行更严厉的逃税议案时，撤

---

① Stathus N. Kalyvas and Niko Marantzidis, "Greek Communism, 1968–2001", *East European Politics and Societies*, Vol. 16, No. 3, 2002.

回了该党的几名部长。"在危机面前人们对曾经燃起巨大希望的大联合政府越来越失望"①,这个在战后希腊史无前例的联合执政实践最终以失败收场。1990年4月,在不到一年时间里,希腊又一次举行大选。新民主党如愿以微弱多数上台执政,米佐塔基斯（Konstantinos Mitsotakis）出任总理,希腊重新回到新民主党与泛希社运两党轮流执政的"两极化"政党体系。

20 世纪 80 年代末 90 年代初,是希腊共产党历史上一段特殊的发展时期。以与"希腊左翼"缔结选举联盟和两度参与联合政府为标志,希腊共产党的政策主张明显从长期秉持的激进立场转向温和化。这与国际共运形势的剧烈变动不无关系,尤其是戈尔巴乔夫的"改革与新思维"对当时希共的政治路线形成了巨大冲击,希共一些年轻干部在其影响下开始寻求包括党内民主化、党的纲领更新在内的新的发展方向,在希共内部形成了一股"革新派"力量,包括总书记法拉科斯（Grigoris Farakos）② 在内的近半数中央委员都是"革新派"成员。"革新派"主张全面否定马列主义和党的基本原则,企图取消党,把党与其他左翼组织相融合,与坚持马列主义意识形态和党在左翼联盟中独立地位的"传统派"针锋相对。1989 年 11 月,柏林墙倒塌,苏东社会主义国家相继发生剧变。如同欧洲其他共产党一样,苏东剧变也在希腊共产党内部引发了巨大冲击波。长期潜存的矛盾迅速爆发出来,"革新派"与"传统派"在党的第十三次全国代表大会上进行了激烈斗争,造成了希腊共产党历史上又一次重大分裂。

二 希腊共产党第十三次全国代表大会与左翼联盟分裂

20 世纪 90 年代初,世界形势风云突变。在国际层面,东欧社会主义国家剧变、西欧共产主义衰落、最大的社会主义国家苏联解体,

---

① Ilias Nicolacopoulos, "Elections and Voters, 1974 – 2004: Old Cleavages and New Issues", *West European Politics*, Vol. 28, No. 2, 2005.

② 1989 年 7 月接替弗洛拉基斯担任希共总书记,1991 年十三大后退出希共。

世界社会主义运动陷入低潮。在希腊国内，伴随1989年6月泛希社运选举失败而带来的左翼复兴的希望破灭，无论是与右翼新民主党合作，还是随后参与三方大联合政府，希共都未能达到预定目标：既没有扩大选民基础，实现支持率的突破，也未能冲破传统两党政治体制的藩篱，成为新的政治替代者。在希共党内，不同意见分歧越来越尖锐。1989年秋，大量不赞成希共与右翼结盟以及参与大联合政府的希共党员脱党，建立了一个新的组织——"新左翼潮流"（New Left Current）。因此，第十三次全国代表大会是希共历史上极具关键意义的一次会议，它成为希共在特殊历史条件下确立自身的政治定位，以及寻求新的战略策略和发展方向的转折点。

希共十三大于1991年2月19—24日在雅典举行。① 共有来自各地方组织的1273名代表，以及660名观察员参加了此次会议。依据意识形态不同，这些代表被划分成"传统派"和"革新派"。此外还有少数人持中立立场，在两派之间保持着微妙的平衡。

"传统派"主要包括中央委员会和政治局中的"老人"，尤其是那些曾经在东欧和苏联流亡的希共成员以及一些工会成员。他们坚持传统路线，即坚持马列主义、民主集中制、阶级斗争理论和强烈的反美立场等。"革新派"主要由数量可观的希共青年干部组成，大多是在希腊独裁政权覆亡后入党的新党员（其中有不少知识分子）。他们认为拥有72年历史的希共正处于一个决定性的时刻。尤其具有显著意义的是自1987年以来，党员人数已经下降了几乎20%，而希腊青年团几乎处于瘫痪状态，党在产业工人、科学家和知识分子中的影响持续下降。尽管在代表大会前进行了广泛而热烈的讨论，但只有70%的党员参与其中，因此他们呼吁在不分裂党的情况下解决党的危机。

"革新派"的倡议主要包括两个方面：一是进行党的内部重组。核心主张就是实现党内自由化和放弃民主集中制，认为不这

---

① 关于希共十三大的情况，主要参见 George Doukas, "The Thirteenth Congress of KKE: Defeat of the Renovators", *Journal of Communist Studies*, Vol. 7, No. 3, 1991.

样做就不能成为一个将组织民主与最大有效性结合起来的"成员党"。在代表大会第二天的讲话中,"革新派"领导人安德罗拉基斯(Mimis Androulakis)把这一吁求归结为"将不同立场团结起来",要求党抛弃现存党章中的整体性逻辑。二是强调左翼联盟的建立是后独裁时期希腊左翼历史发展的转折点,在革新基础上加强左翼各部分的合作具有决定性意义。因此,希共应该改变盛气凌人的做法,寻求共同基础,与其他左翼力量加强合作,以实现左翼联盟的自治。

两派的斗争主要体现在围绕纲领宣言的争论上。在代表大会正式召开之前,中央委员会任命了一个工作小组,负责《提纲草案》的制定。"革新派"在工作小组中占据了主导地位。由其制定的"草案",挑战马列主义作为党的指导思想地位、反对将民主集中制作为党的组织原则,并对苏联模式大加鞭挞,这份文件被时任党主席弗洛拉基斯指责为"科学改良主义的范例"。与此同时,"传统派"也提交了一份"中央委员会提纲"。提纲坚持党的思想传统,强调社会主义和共产主义代替资本主义的历史规律不会改变,坚持"共产党的名称"和"镰刀锤子的标志"不能变、不能丢。这份文件得到了绝大多数领导层的支持。最后形成的"纲领宣言",整体上是两份文件内容的综合,尽管"革新派"的部分建议也被采纳其中,但在事关意识形态的关键问题上坚持了"传统派"的主张。

在中央委员会的选举中,"传统派"最终取得了决定性胜利。在新选举的总共 111 名中央委员会委员中,有 59 人都属于"传统派"。坚持传统路线的阿莱卡·帕帕莉卡(Aleka Papariga),也在党主席弗洛拉基斯的支持下,以 57∶53 的优势取代"革新派"的法拉科斯当选党的总书记。

希共十三大后,虽然达成了表面上的一致,但内部的严重思想分歧并未消除,"革新派"与"传统派"的对立和斗争仍在继续。在此次大会后,"革新派"利用他们把持的宣传工具,不断进行与党中央不一致的宣传活动。从1991年3月开始，两派之间展开了一场争夺党中央机关报《激进者报》领导权的激烈斗争。

与此同时，希共的内部争论也逐渐蔓延到左翼联盟。在左翼联盟中，希共"革新派"联合受民主社会主义思潮影响的其他力量，试图从更新左翼联盟纲领和选举领导机构问题入手，全面改变联盟性质，试图将其变成一个"统一、自主、多派别"的政党。希共"传统派"对上述主张进行了坚决抵制，努力捍卫党在左翼联盟中的独立地位和领导权。1991年6月，左翼联盟召开全国代表大会，"革新派"在会议中占了上风。此次会议后，希共公开分裂，有将近一半的中央委员和2/5的党员离党而去，其中主要是一些青年党员和最积极的活动分子，甚至"一些本来有希望接替保守派的最突出且充满活力的干部"也加入左翼联盟之中，希共的党员数迅即下降到3万多人。[①] 而左翼联盟也在随后组建为一个统一的政党，其主要成员包括前希共（国内派）成员，以及脱离希共的一些党员干部。这样，经过多次分分合合之后，希腊的两支激进左翼力量正式分道扬镳。在此后20年间，希共与左翼联盟再未进行过任何有效合作，二者间的竞争与斗争主导着整个希腊激进左翼生态。

就希共而言，经过1991年分裂，无论党员数还是整体实力都遭到极大削弱。但从另一方面看，党内各种异见却也通过这次分裂被排除出党，从而造就了一个意识形态高度统一、组织纪律极其严密、政治行动快速高效的希腊共产党。在之后的发展历程中，除了2000年，希腊议会副议长米索·科斯特波洛（Mitso Kostopoulos）和欧洲议会议员雅尼·特奥纳斯（Yannis Theonas）被开除出党外，希共再也没有发生重要的意识形态分歧和分裂。[②] 希共也因而能够一以贯之地塑造并执行一套迥异于其他共产党的理论和战略，成为整个

[①] Stathus N. Kalyvas and Niko Marantzidis, "Greek Communism, 1968–2001", *East European Politics and Societies*, Vol. 16, No. 3, 2002.

[②] Julian Marioulas, "The Greek Left", in Birgit Daiber, Cornelia Hildebrandt and Anna Striethorst (ed.), *From Revolution to Coalition-Radical Left Parties in Europe*, Rosa-Luxemburg Foundation, 2012.

欧洲共产主义运动乃至激进左翼政治光谱中最独特的存在。

三 希腊共产党的理论战略重塑

苏联解体、东欧剧变，使欧洲共产主义运动遭遇严重冲击，许多党放弃了马克思主义，自行解散或改变名称。比如，拥有80年历史的荷兰共产党（CPN）解散，放弃了争取社会主义的斗争；而有70年历史的英国共产党（CPGB）也改名为民主左翼党，公开放弃了马克思主义。特别是原来占西欧地区共产党总人数一半和2/3选票的意大利共产党，放弃了共产党的名称，更名为左翼民主党，蜕变为民主社会主义性质的政党。其党首奥凯托（Achille Occhetto）竭力渲染自己的"新道路"理论，在指导思想上，宣称"共产主义运动已经失败"，必须"彻底摆脱陈旧的意识形态躯壳"，认为马克思主义传统的阶级和阶级分析观点已不符合当代资本主义的社会阶级结构和阶级关系的新变化，社会主义不再是一种制度和历史规律。在政治上，不再以超越资本主义制度作为党的目标，宣称只能在"民主范围内"以非暴力的、民主的、改良主义的手段"和平长入社会主义"。还有一些原共产党主要领导人也公开放弃了共产主义立场。比如，前西班牙共产党总书记卡里略（Santiago Carrillo）就鼓惑说，他们宁愿进入左翼的"共同大厦"，而不愿意固守共产党的"小茅棚"。

在这一片喧嚣鼓噪声中，初步战胜了党内分裂的希腊共产党，致力于坚定社会主义信念，积极消除党内的思想混乱，克服"革新派"分裂造成的危机。1990年12月18—22日，希共提前召开了党的第十四次全国代表大会。这是承前启后的一次会议，从理论上深刻分析了苏东剧变的原因，以消除党内思想混乱，在马列主义基础上统一全党认识，振奋全党为社会主义而奋斗的信心，同时希共也提出了党的重建和发展任务，研究了加入左翼联盟的党的干部社会民主主义化的原因，并讨论了具体的发展战略和斗争目标。

希共十四大第一次针对苏东剧变发表了正式声明。希共以一种自我批判的方式对苏东剧变的因果关系进行了分析，指出在20世纪社会主义建设过程中，希共未能避免对社会主义认识的理想化，低估了所看到的问题，将其主要归咎于客观因素；将其视为社会主义发展中出现的问题，而事实证明其中许多问题并非是对社会现实的正确回应；低估了斗争的复杂性，高估了社会主义的发展进程，低估了国际帝国主义体系的顽固性。[1] 希共强调，苏东剧变的发展本身恰恰证明马列主义的社会革命理论至今仍然是具有生命力的。在社会主义建立过程中违背、歪曲马列主义基本原则，在改革时期抛弃这些原则，是苏东社会主义国家发生悲剧的主要原因。希共认为，现在比以往任何时候都有必要对苏东剧变进行全面而深刻的分析，呼吁国际共产主义和进步运动共同努力完成这一重要任务。[2]

围绕20世纪80年代以来党在左翼联合中出现的问题，希共进行了深刻反思，指出："在联盟政策方面，左翼联盟发展的整个过程及其结果为我们提供了深刻教训，这些教训必须引起我们的重视。"[3] 希共将这些教训具体总结为这样几个方面：（1）党的自我存在是联盟的首要条件和不断追求；（2）逐渐削弱意识形态和政治差异，并缺乏与之抗衡的有效阵线，是希共在联盟中所犯的严重错误，从而导致了出人意料的负面后果；（3）联盟中的党代表必须从那些有能力并始终如一坚持党的路线的人中选拔，他们通过领导机构和党的各部门发挥监督作用必须是系统性和实质性的；（4）政治和社会联盟中的辩证关系必须认真思考。希共强调，联盟政策是一种极具战略价值的政策，是共产党应持续关注的问题。不能因为联盟中的困难、错误和失败而拒绝这一政策，必须使之更加创造性地、有

---

[1] KKE, "Resolution of the 18th Congress of KKE", http://www.thebellforum.com/showthread.php?t=59293.

[2] KKE, "The Fourteenth Congress", http://interold.kke.gr/about/history/overview-congress/overview16/index.html.

[3] KKE, "The Fourteenth Congress", http://interold.kke.gr/about/history/overview-congress/overview16/index.html.

效地应用。但其基本前提是，联盟政策必须对党的力量的加强作出持续性、系统性的回应。也正是在这一认识的基础上，希共在党的十五大上提出了建立"反帝、反垄断民主斗争阵线"的倡议，并成为此后20多年间希共一以贯之坚持的核心战略主张。

1996年5月22—26日召开的希共第十五次全国代表大会被称为一次"纲领性"会议（因为这次会议通过了希共新的党纲和党章）。会议从苏东剧变后世界发展新形势，以及《马斯特里赫特条约》签署后欧洲政治的新变化出发，详尽阐释了党的战略策略、革命性质以及革命力量需遵循的政治路线。①

关于革命的性质，希共认为，只有当工人阶级及其盟友开展社会主义革命，并推进社会主义和共产主义建设时，希腊人民才能摆脱资本主义剥削、帝国主义压迫和依附。希腊国内发展以及20世纪80年代末90年代初资本主义体系的变化，促进社会主义实现的物质条件很快将会成熟。希共强调，当前时代是从资本主义向社会主义过渡的时代，阶级斗争的目标是解决劳资间的基本矛盾，希腊的革命性变革最终将推动实现社会主义。希共主张，工人阶级是社会主义革命的主导力量，半无产阶级、贫农、多数被剥夺的城市小资产阶级和下层阶级民众则是革命的重要驱动力量。希共的迫切任务，是推进社会主义革命的主观条件的形成和成熟。反帝、反垄断斗争将致力于摆脱资本进攻的绝大多数人民集结在一起。这一斗争为工人阶级及其盟友夺取政权创造了先决条件，极大促进了向社会主义的过渡。

以这一认识为基础，希共十五大正式提出了建立"反帝、反垄断民主斗争阵线"的政策主张，并视之为党在当前的政治责任。②希共对"反帝、反垄断民主斗争阵线"的社会政治特征、建立和发展过程、组成力量、合作方式等进行了详细界定，指出"反帝、

---

① KKE, "The Fifteenth Congress", http://interold.kke.gr/about/history/overview-congress/overview17/index.html.

② Programme of KKE, "Nature of the Revolution the Anti-Imperialist Anti-Monoply Democratic Front of Struggle and the Transition to Socialism", http://interold.kke.gr/Documents/docprogr/docprogr5/index.html.

反垄断民主斗争阵线"客观上表达了更为广泛的社会基础，即遭受跨国公司及希腊参与帝国主义组织等行动影响的绝大多数人民的利益，表达了工人阶级、农民、城市中间阶层以及致力于支持民主权利、反对帝国主义危害人民利益与和平之计划的社会运动的利益。它将文化与科学部门的人民集结起来，反对亚文化、商业化和对人民的操纵。

阵线的建立是通过围绕攸关人民和国家的重要问题的斗争，如与垄断寡头、各种形式的国家运行机制等进行政治和意识形态对抗来实现的。阵线的力量来自工人阶级及其政党的领导作用，来自同旨在进行反帝、反垄断斗争的各社会阶层的团结行动和联盟。阵线将经历前后相继的两个阶段：在最初阶段，阵线主要是围绕反帝、反垄断吁求和目标，以及围绕动员工人阶级各部分结成团结的人民运动的"局部"阵线斗争而建立社会力量联盟。随着工人组织的发展及其政治经验的丰富，以及阶级斗争的发展，反帝、反垄断阵线在政治力量对比中有可能出现相应变化。

希共的合作对象较为广泛，包括所有接受反对帝国主义和跨国垄断资本、捍卫工人权利和国家主权与独立的政治力量，主要采取在特定具体问题上的通力合作与共同行动等形式。希共也指出，合作对象的选择，不只以其纲领、宣言和目标为基础，而要视其对工人利益的捍卫以及对工人斗争的支持而定。政治合作的稳定有赖于现存的社会过程以及不同社会力量间的联盟。

希共重视国际团结对反帝、反垄断斗争的重要性，主张反帝、反垄断斗争必须同时扩展到地区和欧洲的更广泛框架，在国际层面的协调行动必将沉重打击帝国主义中心，同时增强工人阶级的国际团结、乐观精神，动员和吸引新的工人阶级和人民力量。

四　希腊政治的新自由主义转向与希腊共产党的发展困境

20世纪90年代见证了整个希腊政治的新自由主义转型。

到90年代初时，希腊经济仍然处于极度困难状态：通货膨胀高达20%、单位劳动成本上扬、偿债压力巨大、税收不断下降。

而苏东社会主义国家的剧变，为新自由主义作为一种"正确的"政府政策工具的推行铺平了道路。重返执政舞台的新民主党政府明确提出了一份新自由主义的"中期经济复兴纲领"，旨在减少公共支出和公共部门就业，试图通过打击避税等方式来增加税收收入，以及通过国有企业私有化和出售共有土地等方式，到1993年末削减通货膨胀至9.9%。1991—1992年，新民主党的紧缩计划及其带来的私有化威胁，引发了公共雇员工会领导的大规模罢工浪潮。同时，困扰帕潘德里欧政府的腐败问题，同样也成为米佐塔基斯政府的"软肋"。其中最著名的是围绕赫拉克勒斯水泥公司售卖引发的腐败丑闻以及窃听政治对手事件。受制于经济政治上的双重困扰，到1993年末时，新民主党政府已经摇摇欲坠。而彼时党内两大元老米佐塔基斯与萨马拉斯（Antonis Samaras）在马其顿问题上的争论已趋白热化，萨马拉斯于1993年6月脱党建立了一个新党——"政治之春"（Politiki Anixi，PA）。随后，萨马拉斯在议会中的盟友撤销对新民主党的支持，新民主党政府微弱多数地位终结，被迫提前举行大选。

1993年10月，经过一场相互倾轧、相互贬低的选举运动，泛希社运以47%的支持率和170个议席数再次回归政坛主导地位，帕潘德里欧领衔组建新政府。在这次选举中，新成立的"政治之春"分流了新民主党的大量选票，有近75%的"政治之春"支持者在1990年曾投票支持新民主党，从而造成新民主党的支持率直线回落，重新沦为在野党。

表2.2 **希腊主要政党议会选举结果（1993—2009年）**

时间 政党	1993		1996		2000		2004		2007		2009	
	百分比（%）	议席（个）	百分比（%）	议席（个）	百分比（%）	议席（个）	百分比（%）	议席（个）	百分比（%）	议席（个）	百分比（%）	议席（个）
新民主党	39.3	111	38.1	108	42.7	125	45.4	165	41.8	152	33.5	91
泛希社运	46.8	170	41.5	162	43.7	158	40.5	117	38.1	102	43.9	160
希共	4.5	9	5.6	11	5.5	11	5.9	12	8.2	22	7.5	21

续表

时间 政党	1993		1996		2000		2004		2007		2009	
	百分比(%)	议席(个)	百分比(%)	议席(个)	百分比(%)	议席(个)	百分比(%)	议席(个)	百分比(%)	议席(个)	百分比(%)	议席(个)
左翼联盟/激进左翼	2.9	—	5.1	10	3.2	6	3.3	6	5.0	14	4.6	13
人民正统集会									3.8	10	5.6	15

资料来源：参见 Michalis Spourdalakis,"2007 Greek Elections：Signs of Major Political Realignment, Challenges and Hopes for the Left", *Studies in Political Economy* 82, Autumn 2008；2009 年参见 https：//www.electoralgeography.com/new/en/countries/g/greece/greece-legislative-election-2009.html。

20 世纪 90 年代后，泛希社运的政策主张愈益温和化。在泛希社运 1993 年的竞选宣言"为了希腊的重生，为了希腊精神的重生"中，尽管依然能够看到其民族独立理论的影子，比如强调解决各国间经济不平等的必要性，但 20 世纪 80 年代的一些激进话语已经消失殆尽了。"社会主义"已经不再是泛希社运标志性的语言表述。其竞选宣言明确指出希腊的战略立场在欧洲，尤其强调希腊通过由国家支持的私营资本在巴尔干地区获得政治存在。显然，泛希社运承认私营资本的重要性，同时也主张希腊在欧盟一体化过程中发挥重要作用。

这样，1993 年泛希社运上台后，整个政治议程围绕希腊发展成为欧盟的中坚力量展开。在这一框架下，其经济政策专注于推动实现欧洲导向的需要。但与新民主党主张国有企业私有化不同，泛希社运政府提供了一个私人持股 49% 的替代政策方案，而且更加强调竞争力、缩减公共部门赤字、降低通货膨胀、确保工人实际收入、减少失业等。①

1996 年 1 月，安德烈亚斯·帕潘德里欧因健康问题辞职（同

---

① Chrisanthos D. Tassis, "Transformation of Policies and Politics in Greece Towards and Inside the European Union 1950 – 2012", *Review of History and Political Science*, Vol. 3, No. 2, 2015.

年6月去世),西米蒂斯(Costas Simitis)接替其担任总理。1996年9月,在被称为"缺乏富于魅力之竞选者"①的希腊大选中,西米蒂斯领导泛希社运以41.5%的支持率和163个议席数再次击败新民主党,获得连续执政地位。西米蒂斯领导下的泛希社运,不再寻求帕潘德里欧的"变革"道路,而是转向"现代化"发展的"第三条道路",全面拥抱新自由主义模式。②这一时期西米蒂斯政府的唯一目标就是加入欧洲经济货币联盟,而国有企业私有化则成为其基本的政策工具。西米蒂斯政府通过一系列具体政策废除了国家对重要经济部门,如电信、能源、金融和航空的控制权,同时也接纳了一些国际组织如经合组织、国际货币基金组织等。这样,在1996—2004年,几乎所有基础性国有企业都通过股票市场部分或完全私有化。在泛希社运主导下,2000年6月希腊被批准正式加入欧元区,2001年采用欧元作为国家货币。

20世纪90年代,希共围绕在群众中提高党的威信、坚持社会主义前途等问题,进行了诸多有益的探索,从政治、组织和思想上重建因分裂而削弱的党,积极发展新党员,创新性地提出了反帝、反垄断民主斗争阵线战略,并将这一战略付诸实践。

一方面,大力倡扬反北约和反美主义。希共是反战运动中最激烈的抗议者,1999年北约轰炸南联盟后,希共组织了各种游行和示威活动。另一方面,希共也利用自己相对严密的组织体系发起或支持各种形式的社会抗议运动。为扩大党在工人运动中的影响,1999年4月3日,希共发起成立了附属工会组织"全国工人斗争阵线"(PAME),组织罢工斗争,反对政府立场和资产阶级工会的领导权。③除工人运动外,希共还为农民和学生运动提供了大量人

---

① Kevin Featherstone and George Kazamias, "In the Absence of Charisma: The Greek Election of September 1996", *West European Politics*, Vol. 20, No. 2, 1997.

② John S. Koliopoulos and Thanos M. Veremis, *Modern Greece:A History since 1821*, Wiley-Blackwell, 2009, pp. 194 – 195.

③ PAME, "What Is PAME", http://www.pamehellas.gr/index.php/en/2012 – 10 – 02 – 15 – 03 – 11/2012 – 10 – 02 – 14 – 44 – 37.

力、物力支持，发起反法西斯主义、反种族主义和反排外主义倡议，提升了党的社会存在感。

尽管如此，希腊共产党并未能够很快走出因社会主义国家解体和党的分裂带来的困境。在整个20世纪90年代，希共一直处于发展低潮。这首先反映在一系列政治选举中。1993年全国选举，希共只获得4.5%的支持率和9个议席，成为自1936年后希共取得的最糟糕的选举结果。在1996年举行的全国选举中，希共的得票数有所增加，达到5.6%，占据议会的11个席位，但仍与此前存在较大的差距。

与此同时，希共的整体社会影响也有所回落。一是在地方政治中的影响力下滑。20世纪80年代时，希共在地方公共生活中拥有非常重要的影响力。在许多城市，比如塞萨洛尼基、比雷埃弗斯和拉里萨，希共都曾成功地获得并长期保持政治存在，能够提出候选人和地方事务管理者、组建联盟以保证掌控地方权力等。在不少人看来，希共甚至就是理所当然的地方管理者。但到20世纪90年代，希共这一优势逐渐丧失。所谓"都市共产主义"地区，即希共的传统"票仓"，数量急剧减少。希共掌控的7000人以上的大城市，1990年、1998年、2002年和2006年分别为8个、3个、2个和1个。二是党报发行量迅速减少。希共《激进者报》的销售量从1986年的53000份，到21世纪初下降到仅有不到1万份（参见表2.3）。

表2.3 希共《激进者报》的销售数量（1980—2006年）

时间	《激进者报》销售数量（份）
1980	21000
1986	53000
2001	7000—8000

续表

时间	《激进者报》销售数量（份）
2005	6000—7000
2006	8000—9000

资料来源：Nikos Marantzidis,"The Communist Party of Greece after the Collapse of Communism (1989 – 2006)", in Uwe Backes and Partrick Moreau, *Communist and Post-Communist Parties in Europe*, Vandenhoeck & Ruprecht, 2008, p. 257.

第二节　21世纪初希腊共产党的政治实践和理论主张

进入21世纪后，希腊政治的新自由主义化已然定型，新民主党和泛希社运两党长期轮流执政。希共为捍卫工人阶级和劳动群众的基本权利，在议会内外展开了反对新自由主义统治的斗争。在这一时期，希共的思想理论也日趋成熟完善，形成了关于社会主义革命和斗争的一系列独具特色的观点。

一　21世纪头十年希腊的社会经济形势与政治轮替

2000年4月举行的提前大选，是希腊独裁统治终结后的第十次全国议会选举。选举主要围绕希腊加入欧元区展开。尽管两大政党都支持加入欧元区，但新民主党指责泛希社运政府在寻求实现这一目标过程中伪造账目。同时，在失业、税收、对外事务，尤其是希腊与土耳其关系问题上，两党进行了激烈争论。最终，泛希社运以43.7%的支持率和158个议席数再次蝉联执政地位。①

21世纪初希腊进入欧元区后，为达到《马斯特里赫特条约》所规定的欧元区成员标准，希腊的主要经济指标的确出现了很大改善。比如，通货膨胀从20世纪90年代初的超过20%降至不足

---

① G. Kazamias and D. Papadinitriou, "The Elections in Greece: April 2000", *Electoral Studies*, 21 (2002).

10%，而随着贷款率的下降，GDP迅速提升，希腊经济似乎呈现一片繁荣景象。然而，所谓"希腊模式"的成功是建立在虚幻的泡沫，即大规模举借外债基础上的。21世纪初叶，希腊外债急速增长，实现低附加值服务业转型的希腊经济动荡不安。与此同时，失业率仍然居高不下（自1992年后一直维持在8%以上的高位），实际工资停滞不前，20%的希腊人生活在贫困线以下。此外，西安蒂斯政府在第二个政府任期内并未继续深化其"现代化"计划，社会安全保障体系、公共医疗和教育服务方面的改革进展缓慢，政府缺乏效率，官僚腐败仍然充斥着政治社会生活。

在这种情况下，执政的泛希社运政府支持率急剧下降。2004年1月，西安蒂斯宣布提前举行大选，并辞去党主席职务，推举乔治·帕潘德里欧[①]（Gorge Papanderou）担任新一任党主席。在这次希腊大选中，泛希社运重复运用1996年的选举策略，大打新人"帕潘德里欧牌"。新民主党采取同样策略，围绕党的领袖卡拉曼利斯做文章，因此这次选举也被视为希腊历史上最具个人色彩的一次选举。[②] 在大选中，新民主党质疑泛希社运的执政实践，利用泛希社运官僚统治（如腐败）带来的负效应以及民众的反政治情绪，呼吁其党员和支持者"谦恭虚心"，展现了试图走中间道路的中间政党的新形象。最终，新民主党赢得45.4%的支持率和165个议席，泛希社运得到40.5%的支持率和117个议席，新民主党上台执政，泛希社运在连续执政八年后下野。

新民主党在2004年竞选纲领中提出了一个详尽的经济、行政和宪法改革纲领，承诺反对价格上涨、打击腐败以及重建希腊国家。执政后，新民主党政府继续推进新自由主义进程，主要目标是通过私有化和消除腐败的温床来恢复"透明与诚信"，进而使公共财政回归正常轨道；通过包括精简行政在内的重建国家战略来提高公

---

① 与其祖父、前总理乔治·帕潘德里欧同名，此为小帕潘德里欧。
② George Kassimeris, "The 2004 Greek Election: PASOK's Monopoly Ends", *West European Politics*, Vol. 27, No. 5, 2004.

共部门效率；引入建立在广泛社会对话和协商基础上的新的决策体系；对作为国家最高法律的宪法进行强化与确保自由化和私有化精神的宪法改革等。在经济方面，新民主党政府的政策围绕削减企业税率（从35%下降到25%）和小企业税率（从25%下降到20%），以及国有金融部门（如希腊商业银行、邮政银行等）的私有化展开。[1] 2005年，新民主党政府开始实行1%的附加税政策，这加剧了希腊的通货膨胀。同时，由于推行大学私有化改革，导致2006年和2007年希腊爆发了大规模学生抗议运动，极大损害了新民主党的形象。为挽回颓势，卡拉曼利斯呼吁提前举行大选。

2007年9月进行的希腊大选，引入了强化比例代表制的新选举体制。[2] 总共300名议员中的260人在全国范围内通过比例代表制选举产生，剩余40个议席分配给主要政党。新选举法实施的最重要后果，是主要政党很难获得绝对优势地位。与以往不同，获得绝对多数不是依靠相对于第二大党的优势，而是所有在议会中拥有代表的政党的实力。这次选举是1974年后希腊最匆忙的选举，留给各党组织和准备的时间不足一个月。在选举中，新民主党大力宣传过去三年间政府的宏观经济指标，包括失业、公共赤字和增长率等。而泛希社运则集中火力攻击"透明国际"曝光的政府腐败问题。选举运动因8月间希腊突发森林大火而一度中断。这场火灾造成65人死伤，近50万亩森林被毁。新民主党政府采取紧急善后措施，利用电视等媒体展现卡拉曼利斯的"仁爱"形象。因此，尽管这一突发事件造成选票向诸多小党分流，但新民主党最终仍以152票的微弱多数胜出，连续获得执政地位。

直到2009年，始于2007年8月美国次贷危机的国际金融危机

---

[1] Michalis Spourdalakis, "2007 Greek Elections: Signs of Major Political Realignment, Challenges and Hopes for the Left", *Studies in Political Economy* 82, Autumn 2008.

[2] 为满足执政党的利益需要，对选举法进行修改已成为希腊政治的惯例。自1974年独裁统治终结后至2009年，希腊的选举规则已经更改七次，2007年大选规则是在2004年大选前议会通过的，2007年大选时第一次使用，2009年大选再次使用该规则。参见 Iosif Kovras, "The Parliamentary Election in Greece, October 2009", *Electoral Studies*, June 2010。

并未对希腊两党轮流执政的政党体制产生实质性影响，左右希腊政局的仍然主要是希腊国内的政治经济问题。新民主党在执政两年后，鉴于自身在议会中的微弱多数地位，以及公众对政府不满情绪的激增（主要源于政府一连串的腐败丑闻及其对2009年夏天雅典森林大火应对不力），决定提前举行大选。选举争论主要围绕经济问题和机构改革展开。新民主党强调希腊面对的一些关键性决策，以及未来两年新政府为复兴希腊经济需采取的"痛苦"措施。泛希社运也主张推动经济改革，但对相关议题抱有一种更乐观的态度，承诺更慷慨地救济"不满者"，提出要提供30亿欧元刺激经济，提高教育支出达到GDP的5%以及缉拿逃税者等。在这次选举中，泛希社运以43.9%的支持率和160个议席的成绩，取得了超过新民主党（仅获得33.5%的支持率和91个议席，相比此前选举损失了超过1/3的议席数，这是新民主党史无前例的失败）10个百分点的压倒性胜利，时隔5年再次获得执政地位。

二　希腊共产党在议会内和议会外的斗争

21世纪后，希共议会斗争的关注点直指两大主要政党极具争议性的执政实践，指责其违背选举承诺，从制度层面解析希腊社会问题的实质。比如在2004年选举中，希共指出，在过去二十多年，泛希社运和新民主党的轮流执政给希腊带来的一直是"假曙光"，希腊问题的根源在于"人民创造的财富被资本侵吞"。希共指责两大党试图掩盖一触即发的经济衰退威胁，"没有任何一种资本主义经济能够摆脱资本主义危机"，而危机意味着"失业率将直线上升，公共收入将急剧下降，农民和自雇者将破产"。[①]

同时，希共在选举中坚持明确的社会基础定位，把包括工人阶级在内的下层阶级视为自己主要的社会基础，以鲜明的意识形态和激进的政策主张吸引其关注和支持。比如，在2004年选举中，

[①] George Kassimeris, "The 2004 Greek Election: PASOK's Monopoly Ends", *West European Politics*, Vol. 27, No. 5, 2004.

希共提出了最低工资 1100 欧元、每周 35 小时工作制、工作 35 年（重体力行业 30 年）退休、移民工人权利平等以及为雇员及其家庭成员建立公共社会保障体系等。在 2009 年选举中，希共则提出了 1300 欧元每月最低工资、1050 欧元每月最低养老金，女性 55 岁退休，男性 60 岁退休，失业救济达到最低工资的 80%，免费儿童看护和公共服务，四口之家家庭年收入 30000 欧元以下免税，免除基本必需品和食物的间接税，建设公共住房等主张。在希共的竞选纲领中，很少谈环境保护、女权等议题，而只是笼统地提出"所有森林国家控制、建立环境监测机构以及废除欧盟的排放交易计划"，呼吁温室气体排放水平等。① 但相对集中的经济议题帮助希共在失业者、工人和私营经济部门雇员中获得了较为固定的支持者②，比如 2007 年支持希共的选民中，到 2009 年议会选举时仍有 80% 支持希共。③

在对外政策方面，希共秉持坚定的反美主义（或者说是反西方主义）和反北约战略，较为充分地利用了普遍的民族主义情绪。比如在 2004 年选举中，希共明确倡议撤回海外驻军、关闭美国在克里特岛苏达湾的海军基地、希腊停止参与北约的任何行动，等等。

以这一系列鲜明的政策主张为支撑，希共在 21 世纪头十年的四次选举中支持率不断提升，分别达到 5.5%、5.9%、8.1% 和 7.5%，获得 11 个、12 个、22 个、21 个议席。在泛希社运和新民主党占主导地位的政党体系中，希共稳固地保持着自己的政治"小生境"，牢牢占据第三大党的位置。

---

① Julian Marioulas, "The Greek Left", in Birgit Daiber, Cornelia Hildebrandt and Anna Striethorst (ed.), *From Revolution to Coalition-Radical Left Parties in Europe*, Rosa-Luxemburg Foundation, 2012.

② Anna Striethorst, *Members and Electorates of Left Parties in Europe*, Rosa Luxemburg Stiftung, Buro Brussel, 2010.

③ Julian Marioulas, "The Greek Left", in Birgit Daiber, Cornelia Hildebrandt and Anna Striethorst (ed.), *From Revolution to Coalition-Radical Left Parties in Europe*, Rosa-Luxemburg Foundation, 2012.

在议会外运动中，希共积极进行反对霸权主义和国际垄断资本主义的斗争，捍卫希腊人民的利益。21世纪以来，希腊国内主要的反战运动，如反对伊拉克战争、支持库尔德工人党的斗争等，主要都是由希共发起和推动的。同时，希共在希腊的各种社会抗议斗争，尤其是通过其阶级工会——"全国工人斗争阵线"组织的各种罢工斗争中继续扮演重要角色。"全国工人斗争阵线"自成立后力量不断增强。据其网站显示，到2005年时"全国工人斗争阵线"已拥有415000名会员。而到2012年时，其附属工会成员达到850000人。[①] 希共通过其青年组织——"希腊共产主义青年团"，在学生运动中也发挥了重要作用。[②] 此外，在21世纪初的反全球化运动，比如2001年热那亚的反全球化游行示威中，希共曾动员了不少党员参与其中。而希腊的反种族主义和反排外主义斗争，如"驱逐种族主义"和"周日移民学校"运动，以及反法西斯主义斗争等，主要也都是由希共倡议的。

三　希腊共产党的核心观点与政治主张

进入21世纪直至欧债危机爆发前，希共先后召开了三次代表大会（2000年12月的十六大，2005年2月的十七大，2009年2月的十八大）。从几次大会通过的决议以及这一期间公开发表的文件、声明可以看出，坚持马列主义基本原理、社会主义的奋斗目标和党的共产主义性质，主张同国内外资本主义势力展开斗争，是希共的基本观点。从这些文件也可以发现，希共的理论战略也在不断进行调整。从理论政策的具体内容来看，无论是对马克思主义基本理论的认识和对当代资本主义的评判，对苏东剧变的评价和未来社会主义的前景勾画，还是对党的建设和左翼团结问题，

---

① PAME, "What Is PAME", http：//www.pamehellas.gr/index.php/en/2012–10–02–15–03–11/2012–10–02–14–44–37.

② The Statute of KNE, "Our Organization", http：//int.kne.gr/index.php/about/110-our-organization.

希共都在根据社会形势和斗争实践的发展变化，进行更加深入的理论反思和探讨，提出了一系列具有自身鲜明特色的理论见解和观点。总之，经过21世纪最初十年的努力，希共已经形成了较为完整、成熟的理论和政策主张。欧债危机爆发后，希共对上述问题的认识既有连续性，也有拓展和深化。为了表述的方便，本部分在论及相关问题时可能延伸至希共最新的观点阐释与实践发展。

（一）对苏东剧变的评价

希共对苏东剧变问题的认识是逐渐拓展和深化的。其十六大报告指出，苏联、东欧社会主义国家的失败既有客观原因，也有主观原因，是主客观原因和内外部因素综合作用的结果。从外部原因来看，自社会主义国家诞生伊始，帝国主义就在通过封锁、包围、孤立以及"冷战"和宣扬"共产主义威胁论"等手段，遏制社会主义国家的发展，它们从未放弃使用"和平演变"策略来达到促使社会主义国家改变性质的目的。

从主观内部原因来看，苏东剧变也是由于社会主义国家自身出现的问题和失误造成的恶果。在战略总目标和具体策略的制定上，它们忽视了帝国主义的侵略性，片面执行"和平共处"的对外路线，实行阶级调和、意识形态调和政策。同时，它们也未能正确把握对民主社会主义的态度，未能正确处理与社会党的关系，没有看到社会党在所谓"人权"运动中反社会主义的一面；在对社会基本矛盾的认识和处理上，苏东社会主义国家忽视了工农业发展不平衡的严峻状况，忽视了唯物辩证法的生产力、生产关系相互作用的需要，导致了社会生产和消费、个人和社会利益之间的激烈冲突；在执政党建设上，民主集中制遭到践踏，组织松散无力，党群关系松弛，党的原则、行动准则和干部提拔政策不再有效，创造性的思想政治工作和政府研究工作被削弱，共产党逐渐丧失了先锋领导作用；在20世纪80年代的"改革"过程中，苏共领导层借口对社会主义进行更新和调整，打着"民主"和"公开性"的旗号，肆意推行复辟资本主义的政策。他们夸大苏联社会存在的问题，抹杀社会主义的历史性贡献，试图变生产资料公有制为资本主义私有制，废除社会主义计划经济和分配制度，强制实行资本主义的市场经济。这一反革命的"改革"，是造成苏联社会主义失败的最直接原因。希共认为，虽然苏东社会主义的演变给国际共产主义运动造成了巨大损失，但这并不意味着社会主义国家和共产主义思想的最终失败。面对帝国主义的疯狂进攻，各国共产党和工人党必须在马列主义和无产阶级国际主义的基础上加强团结斗争，就共同关心的问题进行经常性的对话和交流。希共将竭尽所能地支持和参与国际无产阶级的团结行动。

在 2007 年纪念十月革命 90 周年讲话中，希共进一步指出，社会主义制度的剧变是一场反革命，它不仅造成苏联和其他欧洲社会主义国家的社会倒退，而且使资本主义国家劳动人民获得的权益也产生极大的倒退。希共反对社会主义制度"垮台"的论断，认为这把反革命过程看作是一种必然，掩盖了社会冲突以及社会冲突演变为一种公开的阶级斗争所需的前提条件。[①] 总之，希共强调苏东社会主义国家最终失败的主要因素包括：忽略了社会主义社会生产力和生产关系之间的辩证关系；社会主义经济机制僵化、所有制和分配制度等社会主义因素弱化；"党—苏维埃—人民"三者之间的辩证统一关系的内在优势未能发挥出来，特别是执政的共产党逐渐丧失先锋领导作用；党的政治工作和创造性的社会主义意识形态工作被削弱并出现偏差；忽视了社会主义社会由于城乡差别、劳动分工、历史传统、地方特点等因素引起的阶级斗争问题；科技革命成果在各个领域的全面应用被耽搁；苏东社会主义国家在战略目标和具体策略的制定上忽视了帝国主义的侵略性本质，也忽略了社会党支持资本主义制度和反社会主义的一面，同时无产阶级国际主义原

---

① KKE, "On the 90th Anniversary of the Great October Socialist Revolution in Russia", May 25, 2007, http://inter.kke.gr/.

则被严重削弱了。①

（二）对社会主义认识的丰富和发展

在第十八次全国代表大会决议中，希共完整阐释了党的社会主义观。希共认为，社会主义是共产主义社会经济形态的第一个阶段，不是一种独立的社会经济形态，而是不成熟、不发达的共产主义。在这一阶段，共产主义生产关系在生产发展和分配中尚未占据主导地位。共产主义生产关系的最终建立，需要克服其低级阶段，即社会主义的不成熟特征。在社会主义条件下，仍然采取个人和集体所有制形式，集体所有制是私人所有制和社会所有制间的过渡形式，而非共产主义生产关系的不成熟形式，分配方式采取"按劳分配与按能力分配相结合"。由于经济不成熟，社会主义仍然存在社会不平等、社会分层以及城乡、知识工作者与体力劳动者、技术工人与非技术工人间的显著差异和矛盾。社会革命不能仅局限于夺取政权和建立社会主义发展的经济基础，而要扩展到整个社会层面。因此，阶级斗争在整个社会主义发展过程中仍然继续存在。

在希共看来，社会主义建设是一个连续的过程。其间可能会出现向资本主义的反复和倒退，但希共也强调，存在一个资本主义生产关系与社会主义生产关系共存的显著"过渡社会"的主张是错误的。过渡时期并非独立于社会主义建设过程，因而在其过程中共产主义社会的发展基础已经确立起来。将一些社会现象和矛盾局限于过渡时期也是错误的。这种方法把社会主义视为无阶级社会，强调社会主义阶段国家将会消亡，无产阶级专政不再存在，从而背离了阶级方法，低估了主观因素在社会主义发展中的作用。

希共还构设了希腊社会主义未来发展的基本框架，强调近年来高度的垄断为生产方式的社会化准备了物质条件。在社会化基础

---

① 王喜满：《苏东剧变后希腊共产党对社会主义发展道路的探索》，《当代世界与社会主义》2010年第1期。

上，医疗、社会保障、教育等部门的私有商业行为将被废除。建立在生产方式社会所有制基础上的经济中央计划，是一种共产主义的生产关系。中央计划将由统一的国家机构按地区和产业部门来组织。其中生产合作社将得到发展，从而为所有经济部门共产主义生产关系的拓展创造前提条件。而科学技术的新成就也将得到广泛应用，以缩减劳动时间。部分社会产品将按需分配。国有的社会基础设施将建立起来并提供高质量的社会服务，如儿童的免费学前教育、免费的公共医疗和福利体系等。随着国有计划的实施，商品货币关系将受到限制，将根据个人劳动对整个社会劳动的贡献，即劳动时间决定其所获得的社会产品。从中长期看，中央计划的目的是发展从事特殊劳动的能力，以及改变劳动的技术分工、实现劳动生产率的全面发展、缩短劳动时间等。

在希共看来，社会主义建设与参与欧盟、北约等帝国主义组织不相容。革命的国家政权将寻求发展互利的国家间关系。它将寻求与现存每个帝国主义阵线的决裂来捍卫和加强革命与社会主义。革命的工人阶级国家政权，即无产阶级专政，有责任建立一个废除了人剥削人关系的新社会。其功能不仅仅是镇压，也是建设性的，即在党的领导下进行政治、文化、教育和国防建设。民主集中制是社会主义国家在发展社会主义民主和管理生产单位中的基本原则。资产阶级议会制度将被工人阶级政权的新制度所取代。国家政权的核心是生产和工厂等基本组织单位。国家政权机构的工人代表将从这些生产单位中选举产生。国家的最高权力机构是一个工作组织，它既是立法也是执行机构。它不是议会，其代表不是永久性的，可以被召回，也不与生产脱钩，在其任期内可以请假，他们没有任何经济特权。

希共负责领导完成向共产主义生产关系的转型。其先锋作用将通过不断发展马列主义理论、吸收当代科学成就等得到加强。在每一阶段，确保党的无产阶级构成是非常重要的。党的领导作用产生于其激发工人参与和控制生产单位和社会服务的能力。

（三）关于党的指导思想、性质与组织原则

希共一以贯之地把马列主义作为党的指导思想，强调马克思列宁主义是超越时空限制的科学理论和世界观，是被实践证明的分析、认识和革命性变革社会的不可替代的理论工具。在希共十七大的政治决议[①]以及纪念"十月革命胜利90周年"[②]和"《共产党宣言》发表160周年"[③]等一系列讲话中，希共多次强调，马列主义关于社会主义和共产主义社会必将胜利的论断，关于社会主义革命的理论，不但没有过时，而且随着时间的推移，将被证明是继续有效和富有生命力的。当代资本主义所面临的深刻危机，劳资矛盾的激化，帝国主义的压迫，科学技术的飞速发展，生产力的巨大进步，将不能容忍资本主义剥削关系存在。资本活动的国际化，从民族的、国家垄断的调节向多国调节的发展，充分体现了资本主义生产力和生产关系之间的矛盾。在当今世界历史的进程中，生产力已超越了资本主义界限，社会主义的必然性在客观上已经成熟。虽然苏东国家的社会主义失败了，但人类社会的发展进程将决不会单单取决于某个具体时期。如果正确看待社会主义的失败，应当得出暂时的失败是为胜利做准备的结论。反革命的复辟不能改变时代的性质。现阶段的世界革命运动的确面临着低潮和倒退，但这只是暂时的现象。一个新的历史阶段正在激烈的阶级斗争中、在国际工人阶级的反抗斗争中发展和孕育。希共强调，马克思列宁主义"为工人阶级的斗争开启了一个新的时代""它们在当代仍然富有生命力"。20世纪社会主义的历史教训表明，希共必须坚定不移地秉持"马克思列宁主义意识形态"，并"根据现代形势发展的需要，推动意识形态方面的理论发展"。

---

① KKE, "Political Resolution", Feb. 2005, http：//inter. kke. gr/ Documents/17cong/polit-resolut-17thcong/.

② KKE, "On the 90th Anniversary of the Great October Socialist Revolution in Russia (1917)", Jul. 30, 2007, http：//inter. kke. gr/TheSocial/.

③ KKE, "160 Years of the Communist Manifesto：Its Importance for the Contemporary Revolutionary Strategy", Apr. 6, 2008, http：//inter. kke. gr/TheSocial/.

在党的性质上，希共继续坚持自己是工人阶级先进的、有觉悟的、有组织的队伍，但同时也强调社会主义建设不单是执掌政权的革命先锋队的事业，共产党必须依靠工人阶级和全体人民。在党的组织原则上，希共提出要坚决贯彻民主集中制原则，认为苏联东欧共产党垮台的一个重要原因，是共产党组织松散无力，党的组织原则和行动准则已经失灵，民主集中制遭到践踏，直接民主制和代议民主制之间的关系遭到歪曲，从而导致党丧失了领导作用。根据这些教训，希共强调，"民主集中制是社会主义国家赖以建立和运转的基本原则，是发展社会主义民主的基本原则，是每一生产单位和社会服务单位管理的基本原则"。① 但在坚定贯彻民主集中制原则的前提下，希共也强调要加强党内民主和集体决策与运作。希共始终关注党的集体领导和党内民主生活的发展，主张培养和充分利用非党组织的主动性，有效地进行自上而下尤其是自下而上的监督，坚持党内的批评和自我批评。

（四）对全球资本主义的分析

总体上看，希共并不认为当前资本主义的特征是"新自由主义"，而强调正处于列宁所说的资本主义发展最后阶段——帝国主义阶段。在十六大决议中，希共对帝国主义的发展态势进行了深入探讨，指出21世纪初的国际局势，主要表现为"野蛮、非人道的帝国主义正在将其'新世界秩序'强加给全球人民"。② 帝国主义在经济、劳动关系、社会政策、政治体系、意识文化等领域实行了一系列侵略政策，使当前人类社会陷入至暗时刻。帝国主义上层建筑在这一时期愈益表现出反动本性：帝国主义势力围绕市场分配进行愈益激烈、公开的干预和竞争，从而导致一些国家成为新的附属国，导致新的热点和地区战争的出现；垄断行为伴随着对工人权利的史无前例的进攻，通过新的雇佣体系、扩

---

① KKE, "Theses of the CC on Socialism", Feb. 18 – 22, 2009, http://inter.kke.gr.

② KKE, "Resolution of the 16th Congress of the CPG: the Anti-imperialist, Anti-monopoly Democratic Front", Dec. 2000, http://www.kke.gr.

大的私有化以及社会安全、健康、教育、体育和文化的商业化，为进一步剥削劳动力创造了更为残酷的新条件；生产力尤其是人类资源遭到破坏，失业、饥饿、贫困和移民潮激增，社会犯罪、吸毒、种族主义、沙文主义和反共主义倾向以惊人的速度上升；数百万人正在忍受恶劣的天气、生态和环境灾难的威胁，而没有基本的防护措施和自卫能力。

希共指出，由科技进步所开启的发展社会福利的潜力，与资本主义剥削所形成的反差愈益明显。虽然资本主义极力推进能够在经济、政治和意识形态上强化剥削的科学技术的发展，但是对于能够提高人们物质和文化生活条件的科学发展及其应用，却表现出极大的冷漠。这种在不同国家和地区间，甚至在一国之内科技成就传播和应用的巨大差异，突出地展现了发展的阶级性，同时也表明资本主义体系正在走向衰落，正在经历深刻的危机。帝国主义现在看起来强大异常，但它绝非不可战胜。事实证明，当前这一状况正在发生改变。各种资本主义力量之间的关系不可能一成不变，资本主义体系既不是万能的，也不是永恒的。

希共甚至认为，由于一方面劳动的社会化达到了相当高的程度，而另一方面社会财富愈益集中在更少数人的手中，随着各地区帝国主义中心之间或其内部竞争和冲突的加剧，不久的将来人类可能经历一场全球性的危机。要平息这场危机，传统的解决方法已经不再奏效。希共提醒人们要提高警惕，因为爆发全球性冲突的危险有不断发展的趋势。

（五）对反帝、反垄断民主阵线认识的深化

继希共十五大提出建立反帝、反垄断民主斗争阵线概念之后，此后的代表大会尤其是十六大进一步丰富了阵线的纲领性内容。希共认为，反帝、反垄断的民主斗争阵线将建立在工人阶级和小资产阶级的社会联盟基础之上，包括社会地位、政治观点不尽相同的各种社会力量和政治力量，代表工人阶级、劳动人民、城市中间阶层和各种社会运动的利益。通过民主阵线的斗争，将有助于把人民团结起来捍卫自己的利益，将有助于改变希腊社会的力量对比，有助于创造条件使人民赢得政权。希共指出，从长远看，民主阵线将会呈现向上的发展态势，但阵线的发展也可能经历曲折，在阵线内部有可能产生反对倾向、犹疑不决甚或斗争危机。因此，阵线必须随着社会和政治形势的发展不断进行调整和重组。作为一个社会和政治联盟，阵线必须在所有行动中有效利用各种协调因素，以使各种力量实现最大可能的集中。在阵线内，任何关于战略和策略的不同意见，都可以通过对话、通过思想观点的交流和碰撞、通过相互尊重分歧的方式得到解决。希共强调党在阵线斗争中的独立性，认为党的独立与阵线的行动并不冲突，党的独立并未抵消党对阵线团结和保持内在凝聚力所应尽的责任，反而是实现这一目标的保障因素。

虽然创立民主斗争阵线是绝对必要的，但希共也指出，在当前阶段，建立阵线的时机和条件不很充分，如需要工会运动及其他运动的重建、需要现存重要的社会力量都加入斗争行列，等等。因此，希共目前所能做到的只能是建立一个"局部的阵线"（Partial Front），即与那些在某一具体问题上持反垄断帝国主义选择的力量进行联盟与合作。当然，围绕某些具体的反帝要求和目标的合作或联盟，并不能完全构建起民主阵线，但它们能够提供最终发展成为阵线的可能性。希共必须在一些具体领域推动"局部阵线"的发展，其中主要包括：在经济、劳动关系、社会政策和反私有化等领域，建立起反对资本主义重构的联盟；发展反对北约扩张、反对帝国主义干预、反对核武器的单一斗争阵线；支持建立捍卫民主自由、罢工和斗争权以及捍卫公民自由和团结的民主斗争阵线；在工人阶级、青年人、所有权运动以及知识分子中进行广泛动员，使国家的知识和文化环境发生改变；同反帝、反垄断的各种激进力量在地区和国际范围内展开协调与合作，等等。[1]

---

[1] KKE, "Resolution of the 16th Congress of the CPG: the Anti-imperialist, Anti-monopoly Democratic Front", Dec., 2000, http://www.kke.gr.

希共强调指出，反帝、反垄断阵线的斗争并不必然导致社会主义的实现。阵线的斗争可能呈现两种形式：在革命条件具备的情况下，阵线有可能推翻垄断资本主义的统治，建立起新的人民制度，组成由工人阶级及其联盟控制的革命政府；而在激进的社会变革尚未形成的情况下，则可能在议会基础上产生一个由反帝、反垄断力量组成的政府。阵线必须利用这种可能性，在政府中支持有利于人民利益的政治选择。

（六）关于"人民经济"与"人民统治"的构想

希共十六大提出了实现"人民经济"（people's economy）和"人民统治"（rule by the people）的新构想，并将其视为建立反帝、反垄断民主斗争阵线的目标。希共认为，垄断竞争和不平等发展在带来极大灾难的同时，也创造了集中化的生产方式、商业网、现代科技、高素质的工人队伍、工业化以及新经济部门，所有这些都为希腊社会塑造和发展"人民经济"创造了物质条件。所谓"人民经济"，就是为人民谋福利的经济。这一经济形式将把科技成果运用于服务工人阶级的目的，从而使人民的教育、健康、文化、休闲生活得以发展，使社会和自然环境得到保护。"人民经济"的构成要素包括：基础性生产如能源、通信、交通等，归社会和国家所有；教育、健康、福利和社会安全部门是完全公共的免费系统；中央计划调控的经济机制将动员起全社会的劳动力和资源；在互利的基础上利用一切可能开展建设性的国际经济合作；"人民经济"要求希腊必须与国际帝国主义组织如欧盟和北约脱离一切政治联系。只有与洲际的资本主义组织真正决裂，只有在经济、商贸和文化领域建立起地区合作，只有以反对主要的帝国主义力量为目标的联盟得以形成，一种更高的、社会主义的国际化形式才能在国家间、在欧洲甚至在世界发展起来。

为实现"人民经济"，必须有相应的政治管理形式作保障。这种政治形式必须从属于人民的利益。当今的反帝、反垄断斗争已经成为反资本主义斗争的有机组成部分，就其实质而言，它必须摧毁垄断资本主义社会的统治基础。虽然这一斗争将经过许多阶段和曲折，但其最终目标是实现"人民统治"。"人民统治"与垄断主义和帝国主义完全不同，它表达了工人阶级及其联盟的利益，根本特征是创造人民经济、社会所有权以及劳动的社会控制。它将推行独立于国际帝国主义组织的政策，将使人民摆脱帝国主义的压迫。当然，为了使阵线能够形成并在最大限度上实现阵线的团结，希共认为对于"人民统治"的不同理解并不是加入阵线的条件。阵线并非建立在对社会主义看法一致的基础上。每一支加入阵线的力量都可以坚持自己关于政权性质的立场，并在阵线内外发展各自的观点。

在现实经济政策上，希共主张充分就业、增加工资和养老金、每周35小时工作制、建立在需要而非工人相互间竞争基础上的工资、外国工人平等权、失业保障、免费医疗、创建农业合作社、移民合法化、免费教育体系等。这些主张与其对社会主义和人民统治的追求存在着密切联系，是建立在"实现社会主义转型而非增量改革基础之上的"。①

（七）关于阶级斗争的基本观点

坚持社会主义传统理论代表的希腊共产党，是马克思主义阶级和阶级斗争理论的坚定捍卫者。在《共产党宣言》发表160周年的纪念文章中，希共高度赞扬马克思、恩格斯和列宁在阶级、阶级斗争理论上的历史贡献，批驳当代阶级界定标准庸俗化的各种"冒牌理论"，指出"工人阶级终结""科技发展消除资本主义私人占有制""后工业和非物质社会"等理论，实质上试图以"正在兴起的大众和青年"取代"工人阶级"作为"革命主体"，进而反对阶级运动和阶级斗争。在希共看来，这种认识与将资本主义的问题视为新自由主义管理的后果，并将新自由主义而非资本主义制度视为斗争目标；与将所谓调控全球市场作为解决资本主义危

---

① Dan Keith and Giorgos Charalambous, "On the (non) Distinctiveness of Marxism-Leninism: The Portuguese and Greek Communist Parties Compared", *Communist and Post-Communist Studies*, Issue 49, 2016.

机的替代政策；与以全球化为借口逃避进行国内斗争等行为是一致的。在激进运动和被压迫人民的反抗日益发展的当代希腊社会，这种倾向非常危险，将导致进步力量的妥协。① 希共强调自己九十多年的发展史就是阶级斗争的历史，希共在2008年资本主义经济危机后组织的几十次总罢工，都是通过阶级工会"全国工人斗争阵线"将阶级导向的社会力量组织起来进行的。希共致力于成为一个"全天候政党"，其前提就是坚持自己的阶级基础，要与工人和人民建立起密切联系。②

（八）在欧洲一体化及洲际左翼团结问题上的立场

相对于希腊其他政党，希共能够较为充分地利用普遍的民族主义情绪，这主要表现为不妥协的反欧盟立场。与西欧共产党大都转向选择性支持欧盟一体化（表现为反对欧盟的新自由主义议程，但接受能够使欧盟民主化或渐进的一体化，比如法国共产党和塞浦路斯劳动人民进步党的主张）或温和的疑欧主义（表现为更加乐观、积极地看待欧盟未来的发展前景，比如意大利重建共产党和西班牙共产党③的主张）不同④，希共是彻底的欧洲拒绝论者，自20世纪90年代后一直坚持主张欧盟和欧洲一体化的帝国主义、非民主和反革命性。

与这种立场相一致，希共对欧盟层面的各种政党组织和超国家主义行动持怀疑态度，反对"欧洲各党"在欧盟条约内的制度化。

---

① D. Koutsoumpas, "160 Years of the Communist Manifesto: Its Importance for the Contemporary Revolutionary Strategy", http://interold.kke.gr/TheSocial/News/2008news/2008-06-arthro-koutsoumpas/index.html.

② KKE, "95 Years of KKE's Class Struggle", http://inter.kke.gr/en/articles/95-years-of-the-KKEs-class-struggle/.

③ 2016年4月第二十次全国代表大会第一阶段会议后，西班牙共产党在欧洲一体化问题上从温和转向激进，已经发生"颠覆式"变化，明确主张西班牙退出"欧元区"，与欧盟决裂。参见"El PCE celebra la 1o Fase de su XX Congreso donde plantea la ruptura con el régimen frente a la reforma, para un nuevo país", 06 abr 16, http://www.pce.es/xxcongreso/pl.php?id=5916。

④ Giorgos Charalambous, "All the Shades of Red: Examining the Radical Left's Euroscepticism", *Contemporary Politics*, Vol. 17, No. 3, Sept., 2011.

比如针对欧洲左翼党，希共认为其建立过程中存在严重的"导向"问题，可能造成不同政党在欧洲联合左翼党团以及其他多元行动中的合作出现问题。希共尤其关注身份以及党的主权问题，强调要坚持党的共产主义身份特征，指出，"主要问题不是组织问题，而是意识形态—理论问题……国际共产主义运动的意识形态团结一直受到困扰，现在需要重新恢复。所有共产党的基本责任，是保证工人阶级先锋队组织开展反对资本主义剥削的斗争，而不是与之妥协"。为此，希共明确反对欧洲左翼党，认为：

> 左翼党的建立代表了左翼力量合作的负面发展趋向。从其主观选择和发表的宣言看，它犯了一个致命性错误：接受了资产阶级合法性的局限。左翼党拒绝科学社会主义理论、共产主义传统和20世纪社会主义革命经验。放弃共产主义身份，融入欧盟结构，它选择了危险的死胡同，破坏了共产党、工人党及其他左翼政党在反对欧洲帝国主义中心和世界资本主义体系中的协调与平等合作。①

希共强调，欧洲左翼党是继"欧洲共产主义"之后的又一股修正主义和机会主义潮流，它利用和煽动了现存一些共产党的弱点、缺陷，通过与欧盟等帝国主义中心的联盟来与美帝国主义抗衡。因而，国际共产主义运动及其复兴需要意识形态和战略的重构。②

正是基于这一认识，希共既没有加入欧洲左翼党，也没有成为其观察员党。相反，作为将自己的社会主义理念和国际主义理论付诸实践的结果，在希共的提议下，一些激进左翼政党于2013年

---

① KKE, "Resolution Concerning the Situation in the International Communist Movement", Feb. 9-12, 2005, http://interold.kke.gr/Documents/17cong/inter-resol-17cong/elinterres ol17cong/index.html.

② Eleni Mpellou, "Thoughts on a New International", http://inter.kke.gr/en/articles/Thoughts-on-a-new-International/.

10月1日建立了一个新的欧洲范围内的跨国性政党联合组织——共产党和工人党"倡议"（INITIATIVE），包括英国新共产党、丹麦共产党、挪威共产党、瑞典共产党、西班牙人民共产党在内的来自欧盟和其他欧洲国家的29个共产党和工人党加入其中。

其成立宣言指出，"倡议"建立的目的是研究和阐释欧洲议题，以及协调各成员党的行动。①"倡议"的意识形态基础是科学社会主义，各党联合起来的目标是建立一个没有人剥削人，没有贫困、社会不公和帝国主义战争的社会。在"倡议"看来，欧盟是资本的选择。它推行了诸多有利于垄断和资本集中的措施，强化了其作为与工人阶级和民众阶层相对立的帝国主义经济、政治和军事集团特征，加剧了军备、专制倾向和政府镇压，限制了国家主权。"倡议"认为，欧盟是欧洲的帝国主义中心，它与美国和北约联合起来，支持反人民的侵略性计划，而军国主义是其结构性要素。"倡议"主张另一种有利于人民的发展道路。而另一个欧洲的观点、人民的繁荣、社会的进步、民主权利、平等合作、和平与社会主义，都是通过工人斗争来实现的。它相信，所有人都有权选择本国的发展道路，包括摆脱对欧盟和北约的多层面依附，以及选择社会主义的权利。"倡议"对欧洲左翼党持强烈否定态度。它强调，欧洲左翼党支持欧盟及其基本的战略立场，它所支持的是一个愈益反动和危险的资本联盟，贬斥马列主义基本原理和世界观，因此"倡议"各党不会选择加入其中。"倡议"成立后，围绕移民、乌克兰问题、欧洲国家的反共行动、空客集团裁员等问题发表了系列声明，阐明了联盟的立场观点。

在洲际范围内，希共最初曾参加欧洲议会，加入主要由共产党和一些激进左翼政党组成的"欧洲联合左翼—北欧绿色左翼"党团，其理由：一是为了促进党的政策纲领、共产主义理想和群众性反帝斗争的发展；二是揭露欧盟的帝国主义和剥削性质；三是

---

① KKE, "The Initiative of Communist and Workers' Parties of Europe Was Founded", http://inter.kke.gr/en/articles/The-INITIATIVE-of-Communist-and-Workers-Parties-of-Europe-was-founded/.

促进有利于欧盟解体的协调行动和斗争。① 但在2014年6月欧洲议会选举后,由于与党团中其他党产生分歧,希共宣布退出新一届"欧洲联合左翼—北欧绿色左翼"党团。而之所以作出退出决定,希共宣称主要出于以下考虑:第一,欧洲左翼党建立后,在重要问题上与希共存在分歧,且一直尝试在党团内推行建立在其共同纲领基础上的单一路线,用左翼党的政治立场替代党团的立场,从而使得"欧洲联合左翼—北欧绿色左翼"的邦联性质发生了显著改变,希共不再能够保持意识形态的独立性及对相关问题的平等协商;第二,党团一直在美化和支持欧盟,与希共反欧盟的宗旨彻底背离,甚至出现了歪曲、掩盖希共立场的情况;第三,党团试图与社会党、绿党党团组成"左翼集团",甚至与欧洲人民党和自由党党团签署联合动议;第四,党团内的一些力量比如德国左翼党,参与了欧盟的反共行动,等等。

(九)关于国际联合的观点与实践

苏东剧变后,希腊共产党一直强调国际联合的重要性,主张重建国际共运团结,加强共产党和工人党的联合行动。希共认为,苏联和东欧的演变使国际共产主义运动陷入深重的危机,加之面对帝国主义嚣张的反动气焰,如果共产主义运动组织上和思想上涣散,反帝斗争和争取社会主义的斗争就不可能取得实质性成功。为摆脱危机和倒退,国际共产主义运动需在马克思列宁主义、无产阶级国际主义和统一战略基础上恢复团结。②

希共十七大通过了一个《关于国际共产主义运动形势的决议》,分析了国际共产主义运动的形势,强调共产党和工人运动加强协调与合作的必要性,并提出了希共推动国际团结的指导原则。③ 希共指

---

① KKE, "Electoral Manifesto of the Central Committee of the KKE for the Elections for the European Parliament", 2004, http://www.inter.kke.gr/News.

② KKE, "Theses of the CC for the 18th Congress", Feb. 18 – 22, 2009, http://inter.kke.gr/.

③ KKE, "Resolution Concerning the Situation in the International Communist Movement", Feb. 9 – 12, 2005, http://interold.kke.gr/Documents/17cong/inter-resol-17cong/1interresol17congr/index.html.

出，21世纪以来，国际共产主义运动总体上有所恢复，但仍处于危机之中，在组织和意识形态上呈现碎片化状态，革命的共产主义观与改良和机会主义观的斗争仍在继续，"抵抗—断裂"与"适应—吸纳"进入帝国主义体系间的路线斗争仍在继续。斗争的核心是对社会主义的认识以及苏东剧变的原因；马列主义在当代是否仍具有相关性；在反革命取得暂时胜利条件下如何发展党的理论；共产党的特征；帝国主义的特征；国内与国际层面斗争的关系；等等。面对这一形势，希共强调各共产党必须在相互尊重主权基础上，加强集体协作。

那么，应该如何推进国际联合？希共认为，一是要继续发展迄今已经存在的、各共产党和工人党间的国际性、地区性和多边会议，通过理论议题的讨论和观点交流丰富相互合作，并在会议中形成具体的行动计划和共同议题。二是要重视共产党和工人阶级为实现政治、经济和社会解放斗争中的一些具有里程碑意义的纪念日和历史事件，如巴黎公社起义、五一劳动节、十月革命、反法西斯战争胜利、斯大林格勒保卫战胜利等，不仅将其作为对帝国主义试图歪曲历史的回答，也作为展现当代工人阶级斗争精神的时机。三是必须加强与在非法条件下坚持斗争的共产党的团结。[①]

因此在实践中，希共加强了相应的行动，如通过经验交流、理论议题讨论、共同斗争中的合作、同更多政党接触等方式，继续发展与各国共产党和工人党间的双边与多边关系。其中，推动发展苏联曾经实践过的一年一度的"共产党和工人党国际会议"，是希共对国际共产主义运动团结作出的重要贡献。自1998年举行第一次共产党和工人党国际会议至今（截至2022年底）已经召开的22次会议中，有9次是由希共在希腊主办的。会议围绕资本主义的发展变化、国际形势、全球化、工人政党的任务等进行深入探

---

① KKE, "Resolution Concerning the Situation in the International Communist Movement", Feb. 9 – 12, 2005, http://interold.kke.gr/Documents/17cong/inter-resol-17cong/1interresol17congr/index.html.

讨，对于推进各国共产党工人党间的信息交流和沟通及其联合行动产生了一定成效。

但不可否认，在共产党和工人党国际会议的整个发展进程中，一直存在不同立场观点的碰撞和交锋。而作为矛盾分歧一方的核心，就是坚持激进理论立场的希腊共产党。到2013年第十五次会议召开时，内部争论甚至演化成公开对立，以希腊共产党为代表的部分共产党，与参会多数党的矛盾分歧公开化。其主要标志，是会议并未按照一直以来的惯例发表《共同声明》，只发布了一个《共同或一致行动指南》①，而主办会议的葡萄牙共产党以及持异见的希腊共产党则分别发表了完全不同版本的《新闻公报》。② 有学者将第十五次会议希共与其他党的分歧总结为关于帝国主义概念、经济危机的本质、社会联盟等十一个方面的问题。③ 希共后来在探讨共产党国际团结的一篇声明中，将这些分歧简化为需要解决的四个社会主义理论问题：第一，社会主义革命和建设的规律是否有效？第二，工人阶级是否应该掌握政权？第三，在明显面临困难的环境和条件下，共产党及其联盟是否应该争取实现生产方式社会化？第四，工人阶级政权是否应该实施中央计划？④

2014年11月在厄瓜多尔召开第十六次共产党和工人党国际会议前夕，希共连续发文宣称会议的讨论框架过于程式化和单一化，呼吁各共产党围绕上述四个问题进行"实质性"的理论研究、讨

---

① 15 IMCWP, "Guidelines for Common or Convergent Action", Nov. 14, 2013, http://www.solidnet.org/15-imcwp/15-imcwp-guidelines-for-common-or-convergent-action-en-pt.

② Press Statement of KKE, "On the Discussion and the Results of the 15th International Meeting of Communist and Workers' Parties", Nov. 18, 2013, http://www.solidnet.org/greece-communist-party-of-greece/cp-of-greece-press-statement-of-the-kke-on-the-discussion- and-the-results-of-the-15-imcwp-en-ru-sp-ar; 15 IMCWP, Press Release by Portuguese CP, Nov. 14, 2013, http://www.solidnet.org/15-imcwp/15-imcwp-press-release-by-portuguese-cp-en-pt.

③ 聂运麟、余维海：《共产党和工人党国际会议中的分歧与我们的应对》，《马克思主义研究》2014年第3期。

④ KKE, "Some Questions on the Unity of the International Communist Movement", http://inter.kke.gr/en/articles/Some-questions-on-the-unity-of-the-international-communist-movement/.

论和经验交流。① 但从希共仍然与主办会议的厄瓜多尔共产党平行发布了一个独立新闻公报的结果看，根本性矛盾分歧并未消除。当然，希共也展现了一种缓和与协商性姿态，强调关于重要议题的不同方法需要进一步深入讨论，且不妨碍各国共产党采取共同一致的行动，并表达了接下来将继续支持为争取工人劳动、社会和民主权而进行斗争，以及反对反共进攻和帝国主义战争的决心。2018年在雅典主办的第二十次共产党和工人党国际会议上，尽管以希共为代表的反对社会主义阶段论和参与资本主义政府的共产党，与其他一些强调革命过程复杂性的共产党之间存在重要分歧，但大会仍然在诸多联合行动问题上达成共识。近年，尤其是新冠疫情暴发后，共产党和工人党国际会议的分歧呈进一步扩大化态势（参见第五章第三节）。从长期看，围绕社会主义重大理论、共产党国际联合是否需要构建统一的革命战略等方面的分歧和矛盾，将成为制约"会议"发挥更大作用的主要障碍。

第三节　从左翼联盟到激进左翼联盟
——组织派别、发展阶段与理论观点

在与希腊共产党分裂后，左翼联盟转型为独立政党。作为政党的左翼联盟，呈现分散化、派别化等组织特点。在政治战略上，左翼联盟经历了从民主社会主义向激进左翼转型的明显过程，其意识形态与政治战略展现出21世纪欧洲新左翼政党的鲜明特征。

一　左翼联盟的组织结构与派别制度化

1991年"左翼联盟"分裂后，被开除出希共的改良派共产党人以及"左翼联盟"中剩余的成员，酝酿成立一个统一的政党。

---

① "On the Necessity of the Joint Struggle of the Communist Parties with a Revolutionary Strategy", "Discussions-Debates Must Be Conducted on the Basis of Arguments", "Some Questions on the Unity of the International Communist Movement", http://inter.kke.gr.

1992年1月，联盟内部进行投票表决，一致决定将联盟转型为单一政党。6月，左翼联盟党成立大会召开。会议通过了党的基本意识形态和组织原则。大会决议积极支持欧洲一体化和市场经济，强调左翼联盟与社会民主主义以及"社会主义极权主义"的区别，并表达了与女权运动和生态运动等各种社会运动相互交流、互动的愿望。

左翼联盟成立后，逐步设立了从上至下相对完善的组织结构，主要包括中央、地区和地方三个层级（参见图2.1）。[①] 1992年，左翼联盟在中央层面主要包括：由全国代表大会选举产生的中央政治委员会，该委员会由正式建党前协调联盟行动的执行委员会代表组成，负责指导代表大会决议的实施；由中央政治委员会选举产生的政治秘书处，负责组织中央政治委员会会议并决定其议程；以及由中央政治委员会选举产生的党主席。左翼联盟第一任党主席是前希共党员玛利亚·达曼纳奇（Maria Damanaki）。1993年特别代表大会选举尼克斯·康斯坦托普洛斯（Nikos Konstantopoulos）担任新领导人之后，党主席的地位有所提高。1996年第二次全国代表大会后，康斯坦托普洛斯直接由全国代表大会选举连任。2004年阿拉瓦诺斯（Alekos Alavanos）成为党的领导人后，引入了更为复杂的领导层组织模式。2005年左翼联盟通过新党章，在党主席之外，又新设立了中央政治委员会书记一职。

在地方层面，左翼联盟主要通过地方分支机构——党员政治运动组织起来。在地区层面，主要通过地区委员会协调辖区内地方分支机构的活动。同时，还设立了一些平行的分支机构，如职业组织、社会运动和青年组织。在地方选举中，尤其是市镇选举的候选人选择程序方面，党的地方分支机构拥有相对自治权，可以依据每一辖区或市镇的独特性来决定党的立场。而在选举中是否

---

① 关于左翼联盟组织结构的情况，主要参见 Costas Eleftheriou, "The Uneasy 'Symbiosis': Factionalism and Radical Politics in Synapismos", Paper Prepared for Presentation at the 4th Hellenic Observatory PhD Symposium。

需要采取联盟战略（如是否支持泛希社运的候选人），主要依据三个方面的因素：一是地方分支机构自身的能力，即是否能提出自己的候选人并赢得选举胜利；二是地方政治的发展状况；三是党在选举中的总体战略。在一些具有政治重要性的市镇和辖区，则由党的领导层根据地方领导人的意见决定候选人。

在决策方面，左翼联盟党章明确鼓励党员和地方组织直接参与党的政策制定、决策和相关候选人的选择；党的中央政治委员会及其部门会议向党员开放，邀请感兴趣的党员参与政策制定；党员有权拥有自己的倾向，以促进意见表达自由、党内多元主义和争论；重要议题进行党内公决等。

左翼联盟在组织上具有一个重要特点，即党内派别的正式存在或所谓"制度化的宗派之争"。这表现为组织上的极度碎片化，其党内派别甚至"达到了特定的组织水平，党内竞争往往是两极化的，建立在派别冲突基础之上"。① 在左翼联盟党内，派别是一种合法性存在。其1992年党章在党内派别问题上是这样界定的：尽管各种派别并不必然是永久存在的组织，"它们不是拥有水平组织结构或自己的纪律的党的微缩模型"，但各种派别和潮流的存在对党内民主的发展具有重要意义。党的组织原则就是"多样性中求团结"。建党之初，各组成派别在党的领导层都按比例拥有一定数量的代表，并拥有各自的报纸、杂志、俱乐部等等，实质上形成了"党中有党"的局面。在很长一段时间里，这些不同派别形成了两股相对立的倾向，即在欧洲一体化问题上持批判立场的"左翼派"，以及更倾向与泛希腊社会主义运动结盟、参与政府的"更新派"。在2004年加入激进左翼联盟之前，左翼联盟内存在四个主要派别，他们在社会和政治联盟、党的纲领及特征、党的领导人等问题上进行激烈争论，围绕上述两种倾向集结起来。

---

① Costas Eleftheriou, "The Uneasy 'Symbiosis': Factionalism and Radical Politics in Synapismos", Paper Prepared for Presentation at the 4th Hellenic Observatory PhD Symposium.

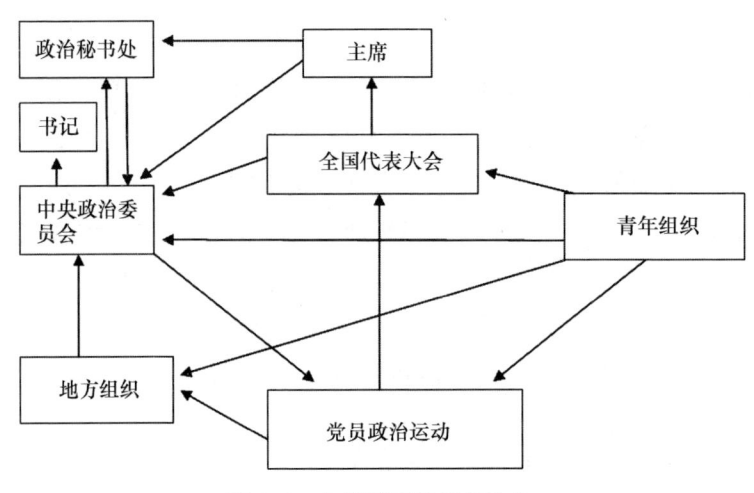

图 2.1　左翼联盟的组织结构

资料来源：Costas Eleftheriou, "The Uneasy 'Symbiosis': Factionalism and Radical Politics in Synapismos", Paper Prepared for Presentation at the 4th Hellenic Observatory PhD Symposium.

第一个派别是"聚集派"（Syspeirosi）。这是左翼联盟中最古老的一个派别，在1992年党的第一次全国代表大会期间形成，主要由前"希腊左翼"成员组成。1993年后，这一派别公开的名称是"论坛"，具有强烈的欧洲一体化和生态导向。在第二次全国代表大会上，这个派别自称为"欧洲激进和生态左翼"（EROIKA）。聚集派总体上支持与泛希社运合作，因此后来有许多成员脱党加入泛希社运。第二个派别是"更新倡议派"（Ananeotiki Protovoulia）。这个派别在欧洲一体化问题上赞同"聚集派"的观点，寻求与具有类似思想观点的政治力量提出共同的联盟纲领，但对泛希社运持批判态度。1996年后，"更新倡议派"逐渐与"聚集派"合而为一。第三个派别是"干预派"（Paremvasi）。这一派别由改良派希腊左翼成员以及前希共党员组成，在1993年第二次全国代表大会期间形成。在这次大会上，他们与"聚集派"共同支持康斯坦托普洛斯担任党主席。"干预派"反对前两个派别中左翼的意识形态导向，试图建立一个更加温和化的中间主义政党。这三个派别共同组成了左翼联盟中的"更新派"(Ananeotiki Pteryga)(具体发展演进参见下文)。

左翼联盟中还有一个弱势派别,即"左翼潮流派"(Aristero Revma)。这一派别的核心组成部分,是前希共党员以及希共(国内派)中的左派。在左翼联盟未转型成政党前,"左翼潮流派"曾经是能够对左翼联盟绝大多数成员产生影响的潮流,其组织文化更富有纪律性、集中性,组织结构也更具有凝聚力。其政策主张包括温和疑欧论、强调国家在经济发展中的作用以及反对与泛希社运合作等。但自左翼联盟一大之后,"左翼潮流派"逐渐丧失了意识形态上的主导地位。1993年特别代表大会前,"左翼潮流派"成为正式支持阿拉瓦诺斯的组织派别。康斯坦托普洛斯担任党主席后,尤其是1996年二大上,由于他们激烈反对西米蒂斯的政治主张,试图避免康斯坦托普洛斯权力的强化,在"更新派"的压力下,其多数成员被迫离开中央政治委员会。其后,与"更新派"的斗争逐渐开始出现偏向于左派的变化。进入21世纪后,受一系列有利因素的影响(参见下文),"左翼潮流派"逐渐成为占主导地位的派别,到2010年初时,包括党主席齐普拉斯(Alexis Tsipras)在内超过60%的左翼联盟成员都支持"左翼潮流派",而"更新派"只占约30%。

二 左翼联盟的演进与激进左翼联盟勃兴

总的来看,左翼联盟党的建立,是意识形态迥然相异的两个创始组织相互妥协的结果。前希共成员与前"希腊左翼"成员以及其他小组织具有不同的起源和意识形态特征,这使得左翼联盟从一开始就不能成为稳固的政党组织,而更类似于一个各种派别、倾向和运动的保护伞组织。各种党内派别的正式存在及其不断龃龉冲突,尤其是相互间主从地位的变化,构成了左翼联盟发展演变的特征和主要线索。

综观左翼联盟的发展进程,可以分为以下几个主要阶段。①

第一阶段涵盖左翼联盟从1992年6月建立到1993年12月在全国议会选举中未能获得任何议席的一年多时间。在发展初期,左翼联盟是一个典型的中左翼政党,改良派(主要是前"希腊左翼"成员)占据主导地位。左翼联盟接受《马斯特里赫特条约》,提出了一个最初版本的"进步现代化"纲领作为与泛希社运建立联合政府的基础。在这一时期,联盟策略问题(前希共的党员主张有必要将左翼联盟建设成为一个自治的政党,而前"希腊左翼"的党员则主张在可能的情况下与泛希社运进行合作)成为诱发大量党内冲突的核心问题。

第二阶段始于1994年尼克斯·康斯坦托普洛斯担任党的最高领导人,终于2004年阿拉瓦诺斯接任党主席。这一阶段进一步又可以划分为两个时期:1994—2000年是左翼联盟发展进程的过渡时期,改良派逐渐丧失优势地位,而激进的左翼派崛起。在1996年党的第二次全国代表大会上,左翼联盟指责《马斯特里赫特条约》的新自由主义性质,试图放弃对《马斯特里赫特条约》的支持,并反对与泛希社运进行任何合作。1997年,左翼联盟投票否决了《阿姆斯特丹条约》。1998—2000年,鉴于糟糕的选举成绩,左翼联盟与泛希社运进行合作的设想在实践中破产。此后,包括16位中央政治委员会成员在内的大量重要人物脱党,在2000年建立了一个名为"左翼更新现代化运动"(AEKA)的新组织,继续执行与泛希社运合作的政策。这些发展造成了左翼联盟主导性构成发生变化。在第三次全国代表大会上,"左翼潮流派"当选46名中央委员会委员。显然,随着与泛希社运合作战略的失败,左翼联盟明显开始从中左翼立场向"左"转,明确强调通过建立一个"现代、民主和激进的左翼政党",来实现希腊社会主义转型的战略目标。

---

① 左翼联盟的发展阶段划分,主要参见 Yiannos Katsourides, *Radical Left Parties in Government: The Case of SYRIZA and AKEL*, Palgrave Macmillan, 2016, pp. 52 – 55。

2000—2004年，左翼联盟的政治导向和战略出现了几个重要变化。一是与反全球化运动的联系加强。左翼联盟参加了2000年9月和2001年7月在布拉格、热那亚举行的游行示威，以及在巴西阿雷格里港举行的世界社会论坛活动。2003年2月，左翼联盟与其他激进左翼组织和运动共同创建了"希腊社会论坛"。

二是与其他左翼激进组织组建联盟。2000年9月，在左翼联盟的倡议下，包括共产主义者—生态派左翼革新派（Communist and Ecological Left Renewal）、理论评论杂志《论点》（Theses）和一些激进左翼人士，创立了一份名为"宣言"（Manifesto）的月刊，旨在成为议会内外整个左派唯一的、国际主义的、激进倾向的研究论坛。随后不久，建立起一个联系网——"左翼对话和共同行动空间"，该组织在国内外开展了一系列共同行动，旨在反对新自由主义。

三是参与创建欧洲左翼党，同时也成为"反资本主义左翼"的观察员党。

从党内发展看，左翼联盟也出现了明显的"左转"动向。一方面，2003年召开的修改党纲的代表大会，决定将党重新命名为"左翼、运动与生态联盟"（Coalition of Left, Movements and Ecology）。在新党纲中，左翼联盟试图重构党的激进左翼身份特征，强调美国霸权主导下的全球化对欧洲社会的影响，批评泛希社运政府的新自由主义转向，关注经济政策、就业等物质性议题。另一方面，党内左派的地位得到巩固。其重要表现是新纲领得到80%的代表的支持，而党的名称改变也得到60%的代表的支持。

为参加2004年大选并达到3%的议会门槛，2003年12月，在"左翼对话和共同行动空间"的基础上，左翼联盟、"更新派、共产主义和生态左翼"（AKOA）、毛派的"希腊共产主义组织"（KOE）、托派的"国际工人左派"（DEA）以及其他小组织和独立人士，共同建立了"激进左翼联盟"（SYRIZA）。围绕激进左翼联盟的作用和发展方向的争论，成为此后几年间左翼联盟的主要议程。

第三阶段从 2004 年至 2010 年，左翼联盟在这一阶段进一步向"左"转。在 2004 年第四次党代会上，党内左派阿拉瓦诺斯战胜"更新派"候选人担任党的最高领导人。而代表大会通过的政治决议，在立场和意识形态表述上也明确展现了与过去决裂的倾向，比如谴责资本主义，批判欧盟建立在阶级基础上的新自由主义政策，抨击希腊精英以及泛希社运的新自由主义转型等等。在中央政治委员会选举中，左派代表从 46 人增加到 61 人，成为党内的主导力量。其后几年，随着激进左翼联盟力量的增强，以及左翼联盟连续参与了一系列抗议行动，比如 2006 年的教师罢工运动和学生运动，党的左转倾向继续加强。在政治实践中，左翼联盟将青年人作为自己新的目标群体，在议会中积极表达学生运动的诉求，并选择年富力强的齐普拉斯作为党在雅典地方选举的候选人。

2005 年前后，左翼联盟党内的派别发展逐渐制度化。为适应社会环境变化尤其是社会运动新发展的需要，2005 年 4 月左翼联盟召开了修订党章代表大会。会议公开承认，党内各种派别/倾向并非只是一种思想潮流，而是拥有各自运作程序和立场的政治群体。在实践中，为了应对左派崛起的挑战，左翼联盟内三个主张更新者的派别也逐渐融合起来，合并为一个单一派别——"更新派"。2007 年代表大会期间，11 名来自"更新派"的中央委员会成员提出解散激进左翼联盟的建议，但未获成功。同年 6 月，"更新派"正式统一起来，召开了第一次泛希腊会议。

在 2007 年全国大选中，激进左翼联盟的支持率大幅提高（从 2003 年获得 3.3% 支持率和 6 个议席，增加到 2007 年的 5% 支持率和 14 个议席），从而坚定了领导层继续坚持现有战略的信心。在 2008 年 2 月左翼联盟第五次全国代表大会上，阿拉瓦诺斯辞职，并建议齐普拉斯作为其继任者。齐普拉斯以 70.6% 的高支持率当选左翼联盟新领导人，左派也在中央政治委员会选举中获得了 76 个席位，从而进一步强化了左派的主导地位以及党的激进左翼发展方向。而"更新派"明确表达了支持欧洲一体化的发展方向、与泛希社运合作及其对党的战略的不满，批评党的转型是将党变为一个墨守成规、不关心核心政治议题、回归新共产主义观点和实践的单一性抗议力量。这两个派别间的紧张关系在此后几年间一直难以弥合。"更新派"甚至公开背离党的立场，其4名议员拒绝反对希腊议会批准《里斯本条约》。此后，"更新派"被逐渐边缘化。在2010年6月左翼联盟第六次全国代表大会上，"更新派"脱党建立了一个新党——民主左派党。

然而，左翼联盟与激进左翼联盟的共存，不仅在联盟内经常造成各派别间的紧张关系，而且在普通选民和党的支持者间也形成了认识混乱。因此，2012年大选激进左翼联盟取得突飞猛进式发展之后，建立统一的政党已成必然趋势。

三 左翼联盟/激进左翼联盟的意识形态与政治战略

左翼联盟/激进左翼联盟的意识形态，展现出明显的多元化与多样性特点，这与其作为"联盟"的形成背景是分不开的。左翼联盟自成立伊始就是一个极具异质性的组织：在建党之初的总共22791名党员中，来自前希共的成员约占70%，前"希腊左翼"的成员约占20%，其他左翼小组织和独立人士占10%。[①] 这些不同组织和党员的意识形态复杂多样，涵盖各种马克思主义和左翼传统，如倾向列宁主义、毛主义、托派等，也包括那些致力于克服资本主义弊病的具有激进民主主义和生态导向的力量，以及一些要求发展民主和强调民族自决权的进步人士。不同组织对马克思主义有各自不同的解读，围绕卢森堡、葛兰西、普兰查斯甚至奈格里和哈特的政治理论存在争论，但没有任何一种意识形态占据主导地位。左翼联盟/激进左翼联盟经常在党内或公开组织各种会议和研讨会，围绕世界社会主义运动的核心议题，比如左翼与

---

① Yiannos Katsourides, *Radical Left Parties in Government: The Case of SYRIZA and AKEL*, Palgrave Macmillan, 2016, p.55.

欧洲、全球化、改良与左翼、左翼及其理论、左翼与民主等进行广泛讨论，并在其党报《黎明》（Avghi）上刊登。这种意识形态的多样化成为一把双刃剑，一方面使得党内生活中各种新思想、新实践层出不穷，如派别的制度化、政治运动间的水平联系、党内公决等等，极大促进了党内民主的发展；但另一方面在实践中也形成了一种高度多元化、分散化的政党组织模式，党内派别大量存在，造成了党在政治上的分裂、争论和冲突，陷入不断内耗，限制了党的政治吸引力。

　　作为多样性意识形态的直接反映，左翼联盟的政治定位是既非共产党也非社会民主党的民主社会主义多元左翼政党。它支持混合经济，尤其强调女权主义、民主权利和环境保护等"新政治议题"。[①]后来激进左翼联盟在成立大会上明确地自我界定为一个"民主和激进的左翼政党，致力于为希腊独立、民主和劳工运动、反法西斯主义运动而斗争"，并尤其强调自己是"民主、多倾向的群众性政党"，"党的构成中含有多种不同的意识形态潮流和左翼文化"，"其身份基石建构在生态、女权和其他新社会运动的价值观之上"。这种政治定位从其"红、绿、紫"三色党旗上也可见一斑。

　　对于马克思主义，左翼联盟/激进左翼联盟的基本观点是，马克思主义"是左翼理论的核心，但并非唯一的参考点。马克思的著作，与人类其他著作一样，并不能解决社会运动已经或仍将面临的所有问题。这正是许多'马克思主义'不得不被发展的原因"。显然，在左翼联盟/激进左翼联盟看来，马克思主义仍然是核心理论，但其他现代思想家的理论著作同等重要。它认为，深受新自由主义政治和经济思想影响的全球化过程，是任何新思想都需要面对的现实。"与国际化的专制资本主义相反，社会团结和负有生态责任的新的全球化正在发展起来"。这种替代全球化的发

---

① S. Kalyvas and N. Marantzidis, "Greek Communism, 1968–2001", *East European Politics and Societies*, Vol. 16, No. 3, 2002.

展，将使越来越多的人意识到财富再分配的必要性。同时，越来越多的人也将认识到，恰恰资本主义才是所有邪恶之源。而这种意识的觉醒，将带来对颠覆资本主义世界秩序以及重建民主与自由社会主义的迫切需求。① 为此，左翼联盟/激进左翼联盟提出了在希腊和欧洲实现"21世纪的社会主义"的战略目标，即生产方式社会化以及国家依据参与民主原则运转，同时致力于完成战后社会民主主义未能完成的任务，在社会主义和民主基础上实现整个欧洲的激进社会转型，并强调人民的欧洲是通向社会主义的唯一道路。但从根本上说，左翼联盟/激进左翼联盟的"21世纪的社会主义"，与希腊共产党更具激进色彩的社会主义理论是存在明显差异的。它既不倡导革命，也不主张推翻资本主义。"21世纪的社会主义"的提法形似激进，但既无具体制度设计，也无特定内容架构，更多只是一种鼓舞士气的口号。其后来在经济危机下提出的"纲领目标""计划""规划"等等，基本也都是制度框架内的设计，是针对经济危机的应对方案以及中近期发展目标，并未提出任何长期性制度替代构想。

从党员和选民基础看，虽然左翼联盟创立时的相关文件呼吁"有工作和文化的男女性、青年人和被排除者"加入其中，但却绝非阶级性吁求。左翼联盟/激进左翼联盟是一个典型的"兼容型"政党，致力存在于"希腊社会的每一角落和缝隙间"。同时，它也对受性别不平等和环境恶化影响的各社会群体明确发出了跨阶级呼吁。② 尽管如此，左翼联盟/激进左翼联盟的党员和选民仍然比较集中于特定阶层。就党员构成而言，在资本主义危机前左翼联盟/激进左翼联盟稳定存在的约16000名党员中，所占份额最大的

---

① Nikolaos Nikolakakis, "Syriza's Stance vis-à-vis the European Union Following the Financial Crisis: the Persistence of Left Europeanism and the Role of the European Left Party", *European Politics and Society*, Vol. 18, Issue 2, 2017.

② Nikolaos Nikolakakis, "Syriza's Stance vis-à-vis the European Union Following the Financial Crisis: the Persistence of Left Europeanism and the Role of the European Left Party", *European Politics and Society*, Vol. 18, Issue 2, 2017.

是教师等公共部门从业者；其次是雇主和自雇者；再次是私营部门员工。从选民构成看，其支持者主要来自青年学生、私营部门员工和公共服务从业者以及自雇者。显然，左翼联盟/激进左翼联盟对于左翼传统的产业工人选民缺乏吸引力，工人支持率甚至低于各党平均水平。[①]

从其整个演进过程看，左翼联盟/激进左翼联盟实际上一直试图在共产主义和社会民主主义之间寻找一个合适的定位。最初，它较为倾向民主社会主义。其提出的"进步现代化"命题，与泛希社运政府的政治主张相契合，比如需要终结造成了严重社会和经济赤字与运转不良的国家庇护主义实践，取消导致国家税收锐减的非法经济，重组国家基础设施，鼓励和促进私有化，等等。在整个20世纪90年代，"新政治"议程中的诸多关键议题一直是左翼联盟的关注重点，比如支持政教分离、世俗洗礼和丧葬、同性婚姻、移民地位、软性毒品合法化，反对在公共领域使用摄像头等。左翼联盟是唯一将这些议题提交议会讨论的政党，并尤其将生态和环境保护放在诸项议程的首位。在2001年更改党的名称时，左翼联盟甚至将"生态"一词纳入其中，在实践中也与各种生态运动积极进行各层级的选举合作。同时，左翼联盟/激进左翼联盟也支持通过公共对话、游行示威等来推动改善生活质量，反对战争、民族主义、种族主义和警察暴力，以及保护人权等议题。此外，坚持捍卫和保护全体公民的民主和人权，推动社会的民主化，也是左翼联盟/激进左翼联盟意识形态话语的一个重要组成部分。

进入21世纪后，随着"左翼派"取代"更新派"成为党内占主导地位的派别，左翼联盟整体上"向左转"，其在政党政治光谱上的"左"向偏移非常明显。这体现在政策主张上：一是更加关注青年、服务业部门的不稳定就业工人，以及在政治上未被充分

[①] Anna Striethorst, *Members and Electorates of Left Parties in Europe*, Rosa Luxemburg Stiftung, Buro Brussel, 2010.

代表的社会群体。二是其2003年纲领展现出鲜明的激进性。比如公开宣称不再与泛希社运合作，提出泛希社运政府代表着"一种自愿的新自由主义"，当前世界形势是新自由主义的资本主义全球化为主导，美国占据绝对统治地位。其发展后果必然是民主和社会收益被剥夺、国际法和联合国遭到忽视、资本主义体系现存矛盾日益加剧并扩大至日常生活各领域，等等。三是认为各种新形式的抗议和抵抗运动，如萨帕塔运动、反峰会运动、世界社会论坛、和平运动等正在迅速发展起来。所有这些运动将弱势阶级和各种出身的少数族裔集结在一起。面对全球资本的进攻，左翼联盟/激进左翼联盟强调新的全球性的、多层面的左翼的崛起，将为建立一个不同的世界带来新的希望。

在与市民社会的关系方面，左翼联盟/激进左翼联盟受倡导相互性原则的意大利左翼传统的影响较大：它们认为党的作用不是引导而是参与运动，在尝试引导运动的同时，也要从社会运动中汲取经验。同时，左翼联盟虽然也致力于发展与工会组织的联系，比如在2002年和2007年分别建立了"自治干预"和"激进左翼联盟工会成员网"，旨在扩大党在希腊两大主要工会"全国劳工总会"和"全国公职协会"中的影响，以及加强对出版、电信、计算机等新行业工会的水平协调，2014年还建立了新工会——"激进工人/雇员阶级颠覆"（META），但多元、分散的组织模式令其不能像希腊共产党和泛希社运那样与工会建立起一种紧密联系，左翼联盟/激进左翼联盟在工会中的影响非常有限。相反，在社会运动领域，左翼联盟/激进左翼联盟积极参加并尝试影响各种新社会运动，致力于加强与青年一代运动参与者的联系。其青年组织"左翼青年联合会"最初规模非常小，成员仅局限于雅典地区的大学。但在1999年齐普拉斯担任其首任领导者之后，通过联合会重组和参与反全球化运动，"左翼青年联合会"迅速发展起来。尤其在21世纪头十年末发起反对高等教育私有化的一系列斗争后，

"左翼青年联合会"成为具有实质性影响的重要组织。①

同时,左翼联盟/激进左翼联盟也是欧洲左翼力量联合的重要推动力量。1994年,它在重建欧洲议会的联合左翼党团过程中发挥了主要作用。为加强激进左翼政党相互间的交流和沟通,还举办了一系列的国际会议。2004年,左翼联盟/激进左翼联盟参加了欧洲左翼党在罗马召开的成立大会,并在2005年主办了欧洲左翼党第一次全国代表大会。同时,左翼联盟/激进左翼联盟还与各种社会运动加强联系,为世界社会论坛的发展作出了重要贡献。

总之,从左翼联盟建党到欧债危机爆发前的这一段时期,由于客观环境(比如存在明显缺陷、面临民众反对,但却难以撼动的两党统治)和主观条件(比如缺乏政治凝聚力以及因此造成党的多次分裂)的限制,左翼联盟/激进左翼联盟长期拘囿于政治空间的一隅,未能获得实质性发展。史无前例的欧洲主权债务危机爆发,引爆了希腊政坛的大地震,传统左翼大党泛希社运轰然崩塌,激进左翼联盟强势崛起,进而连续两次上台执政,希腊进入激进左翼联盟时代。

---

① Myto Tsakatika and Costas Eleftheriou, "The Radical Left's Turn towards Civil Society in Greece: One Strategy, Two Paths", *South European Society and Politcs*, Jan 30, 2013.

第三章　欧债危机下希腊共产党与激进左翼联盟的新发展

主权债务危机发生后，希腊成为欧洲统治精英的新自由主义政策"实验室"。面对欧洲大国和国际机构施加的严厉紧缩政策，希腊爆发了大规模的反紧缩运动。从罢工示威到占领广场再到"社会团结倡议"，希腊民众用自己的实际行动反抗不公正待遇和新自由主义秩序。在这些反抗斗争中，希腊共产党和激进左翼联盟发挥了不同程度的作用。其中，激进左翼联盟利用债务危机的有利时机实现了自身的"大逆转"，一举打破危机重重的传统政治藩篱，跃升为主流政党。而希共未能把握利好形势，陷入议会政治的实践困境。

第一节　希腊主权债务危机与反紧缩运动

2010年希腊主权债务危机爆发后，"三驾马车"（指国际货币基金组织、欧洲央行和欧洲委员会）对希腊实施了史无前例的严厉紧缩政策，导致了二战以来发达经济体最大的财政整顿，希腊经济和社会随之陷入大萧条。作为受新自由主义政策影响最严重的国家，希腊成为欧洲反紧缩运动的桥头堡。

一　新自由主义"实验室"：希腊债务危机及紧缩政策

在2010年主权债务危机全面爆发之前，希腊经济总体上呈现虚假的"企稳"态势。为了达到《马斯特里赫特条约》所规定的作为欧元区成员的标准，希腊的主要经济指标表现非常"抢眼"：2000年后，通货膨胀率从20世纪90年代初的超过20%已经下降到不足10%；由于贷款利率下降，GDP迅速增长，增长率高于欧盟国家的平均水平；希腊银行和一些主要企业也不断在巴尔干和东南欧、地中海地区扩张业务。也正是这种看似"积极的"经济发展状况，令希腊的政治和经济精英在2008年美国次贷危机引发国际金融危机的初期阶段，仍然对希腊经济和社会充满信心。然而，这一所谓成功的"希腊模式"，是建立在大规模举借外债基础上的。这种因由债务加速推动的经济发展，实际上使得早已去工业化、以低附加值服务业为主导的希腊经济面临丧失稳定性的风险。① 一场史无前例的大规模主权债务危机已经一触即发。

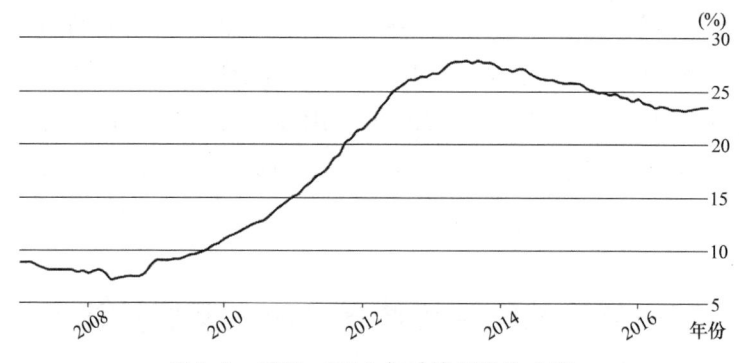

图3.1 2008—2016年希腊平均失业率

资料来源：Statista 数据统计资源网，https://www.statista.com/statistics/263698/unemployment-rate-in-greece/。

2009年10月，乔治·帕潘德里欧领衔的泛希社运政府上台伊始，就公开宣称希腊的公共赤字已达GDP的12.5%，远高于先前预期。随后全球三大信用评级机构惠誉、标准普尔和穆迪相继调低希腊主权信用评级，希腊债务危机正式拉开帷幕。2010年1月，

---

① Mihalis Panayiotakis, "The Radical Left in Greece", in Babak Amin (ed.), *The Radical Left in Europe in the Age of Austerity*, Routledge, 2016, p. 31.

欧盟报告指责希腊统计方法"严重失范"，希腊政府不得不提交了一项三年计划，提出通过缩减公共部门工资、改革税收计划和养老金等方式，到2012年将公共赤字减少到2.8%。"三驾马车"则给希腊提供了高达1100亿欧元的贷款，同时双方签署《合作备忘录》，迫使希腊在许多公共企业和实体部门实行广泛私有化、大规模缩减公共部门雇员数量、在劳动关系方面采取灵活性政策、提高退休年龄、将公营和私营部门的薪资和养老金减少30%—40%。4月，在希腊政府的要求下，"三驾马车"与希腊政府签署了一份为期四年的经济调整计划（2010—2013年），并在5月2日由欧洲委员会通过。6月，希腊议会通过了财政紧缩法案。7月7日，希腊议会通过养老金改革法案，提高女性的退休年龄至65岁，与男性相同。2011年6月19日，帕潘德里欧改组内阁，推动新一轮财政紧缩。6月29日，希腊为获得欧洲救助，通过第二轮紧缩方案，希腊国内多次发生反紧缩抗议。10月31日，帕潘德里欧宣布将就新救援方案进行全民公决，对此国内外反应强烈。11月初，帕潘德里欧迫于内外压力取消全民公决，同时寻求组建联合政府。经过冗长谈判，泛希社运与新民主党组建过渡政府，希腊央行前行长帕帕季莫斯（Lucas Papademos）出任临时总理。2011年末至2012年初，"三驾马车"与希腊政府签署第二轮经济调整计划。2012年3月，欧洲委员会通过该计划。计划最初覆盖2012—2014年，后来调整至2016年。这样，"三驾马车"对希腊的经济援助总额达到2400亿欧元，其中第一轮1100亿欧元，第二轮1300亿欧元。

经济援助计划的总体目标，是通过确保财政可持续性、保障金融体系稳定性以及促进增长和竞争来恢复投资者对希腊的信心。为了实现这一目标，计划涵盖了一整套相互强化的政策。比如，一系列财政调整政策，目标是到2014年实现1.5%的财政盈余，到2016年财政盈余达到GDP的4.5%；银行部门重构计划，包括给银行提供流动性支持、在不违背竞争规则的前提下对银行进行资金重组、建立希腊金融稳定基金等；经济调整计划，包括进行大量促进增长和竞争的结构性改革，如公共部门现代化、使产品和劳动市场更富效率和弹性，以及建立一个更加开放的国内外商业投资环境等。而公共部门私有化则被视为实现上述目标的必要步骤。

图 3.2　2008—2016 年希腊青年失业率

资料来源：全球经济指标数据网（Trading Economics），http://www.tradingeconomics.com/greece/youth-unemployment-rate。

然而，在推行这些措施多年之后，希腊经济和社会保障持续恶化。从经济社会发展指标看，2008—2015 年，希腊人均 GDP（通货膨胀调整后）下降了近 30%，从 30820 美元下降到 21570 美元。公共债务不降反升，从 2010 年占国内生产总值的 146% 提高到 2014 年的 175.5%（欧盟国家平均数为 90%）。失业率居高不下，从危机前的 10% 左右，在危机后直线上升，长期徘徊在 25% 以上，至 2014 年 10 月仍为 25.8%，其中 3/4 是不能获得任何失业救济的长期性失业，而 25 岁以下青年人失业率一直高达 50%—60%，希腊人最低工资从税前 710 欧元下降至 586 欧元（青年人为 511 欧元）。33% 的希腊人失去了社会保险和健康保险，32% 的希腊人生活在贫困线之下，18% 的希腊人难以负担基本的饮食需求。希腊社会自杀率急剧增加，无家可归成为一些大城市的普遍现象。而削减财政支出、增税等举措，甚至使中产阶层都面临生活窘境。据统计，在危机期间，约 30 万希腊人（其中多数为青年人）移民国外，其中 20 万人为高层次劳动者，如医生、工程师、程序员等。① 在紧缩政策实施多年后，希腊经济一直难以度过转型"阵痛期"，民众根本看不到"走出危机"的希望。

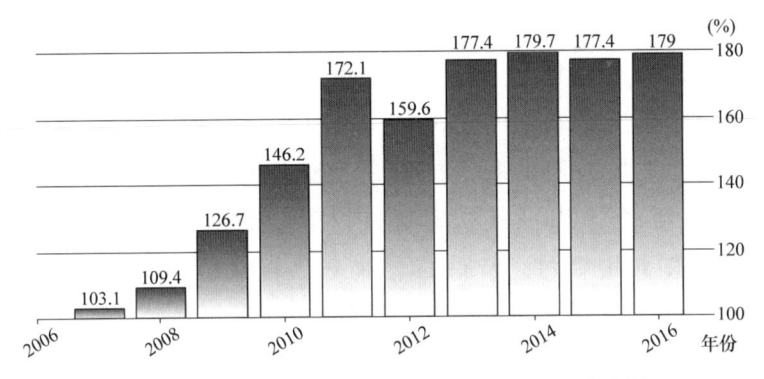

图 3.3　2006—2016 年希腊公共债务占 GDP 的比例

资料来源：全球经济指标数据网（Trading Economics），http://www.tradingeconomics.com/greece/government-debt-to-gdp。

在经济陷入灾难性困境的同时，希腊的收入不平等急剧攀升。国际货币基金组织的报告认为，希腊的收入不平等已经达到非常危险的水平。而皮尤研究中心的调查结果也显示，将不平等视为国家主要问题的希腊人远远高于其他经合组织国家。此外，资产阶级议会民主制的虚伪、欺骗性在危机下暴露无遗。警察滥用暴力成为危机下的突出现象，工人罢工被以各种理由强迫中止，新闻自由遭到侵犯，国家广播电视公司（ERT）被关闭，被寡头控制的、支持"三驾马车"立场的电视频道和报纸垄断了所有新闻报道。2009—2014 年，"记者无国界"公布的"新闻自由"排名中，希腊下降至第 99 位（下滑 56 位）。

在这一片经济社会的混乱中，希腊爆发了大规模的群众性抗议

---

① 希腊债务危机的发展，主要参见 Babak Amini, "A Chronology of the European Sovereign Debt Crisis", in Babak Amin (ed.), *The Radical Left in Europe in the Age of Austerity*, Routledge, 2016, pp. 166 – 178; Donatella della Porta etc. (ed.), *Late Neoliberalism and Its Discontents in the Economic Crisis*, Palgrave Macmillan, 2017, pp. 100 – 103。

示威运动，各种社会运动组织、左翼政党、工会和学生联合会以各种形式参与到反紧缩的政治动员中。被称作是反紧缩"抗议周期"①的希腊抗议运动，伴随危机的进程持续多年，成为经济危机下欧洲社会的一个标志性景观。

二 2008年青年运动与反紧缩"抗议周期"

开启希腊反紧缩"抗议周期"的示威行动始于2010年春。但在此前几年，反政府的政治抗议在希腊各地已经风起云涌，其中尤以2008年底至2009年初青年抗议运动的影响最为显著。实际上，在过去十几年间，希腊的失业率一直保持着相当高的水平，自1992年后从未降到8%以下。尤其在2004年奥运会后，青年人的就业机会愈益减少。工作不稳定成为一种常态，因而出现了所谓"700欧元一代"的说法，即受过良好教育的青年人陷入低收入和不稳定就业的困境，毫无希望上升成为"中产阶级"的一员。希腊青年的愤怒情绪蠢蠢欲动、一触即燃。

2008年12月6日，一个15岁的男孩在雅典市中心被警察射杀。随后，一场巨大的抗议浪潮迅速蔓延至整个雅典和其他希腊城市。夹杂着暴力行动的抗议一直持续到2009年1月末。仅在头十天，就有250名青年抗议者被捕，大量警察受伤，约500个店铺被毁。在整个过程中，青年学生冲击警察总部、推翻巡逻车、与防暴警察对抗、占领学校、在议会外和平抗议。后来，抗议演化成对希腊社会累积的社会问题，如经济停滞、（尤其是青年人）失业率高企、腐败以及政治和经济丑闻等的系统化表达。运动参与者来自各个社会阶层，既有希腊青年也有处于社会边缘地位的移民青年，他们团结起来，寻求自己的政治空间。②这场运动在希腊

---

① Michalis Psimitis, "The Protest Cycle of Spring 2010 in Greece", *Social Movement Studies*, Vol. 10, No. 2, 2011.

② 2008年事件的详细分析参见 Athanasia Batziou, "A Christmas Tree in Flames and Other-Visual-Stories: Looking at the Photojournalistic Coverage of the Greek Protests of December 2008", *Social Movement Studies*, Vol. 14, No. 1, 2015。

国内外产生了巨大影响,甚至得到了欧洲其他一些国家青年人的声援,被一些学者视为"希腊政治危机的起始点","尽管发生在欧债危机之前,但却是即将到来的灾难的预兆"。①

2010年初希腊主权债务危机全面爆发后,群众性的反紧缩动员也拉开了序幕。有学者依据组织特征和集体行动特点,将希腊民众的反紧缩斗争划分为四个主要阶段(从2010年至2014年底)。②

第一阶段是传统动员阶段(2010年初—2011年5月)。这一阶段的反紧缩斗争方式与此前并无二致,即采取总罢工、游行示威等传统手段。实际上,在政府宣布采取第一阶段紧缩措施之前(2010年3月2日),各种群众性抗议已经启动。2010年2月10日,希腊全国公职协会(ADEDY)发起了第一次重要的24小时公共部门罢工,达到史无前例的85%的参与率。2月24日,公共和私营部门总罢工爆发,仅在雅典市中心就有3万—4万名公务员参加游行,参加者分属两大工会,即全国劳工总会、全国公职协会,以及希腊共产党的"全国工人斗争阵线"。3月2日,第一轮紧缩政策宣布之后,希共、激进左翼联盟以及两大工会纷纷开始进行政治动员。4月,希腊掀起了一轮反紧缩"风暴",数十次罢工(其中多次为48小时罢工)和停工事件发生。5月,罢工数量虽然有所减少,但就政治动员的广度和深度而言,一些具有关键意义的罢工发生。其中5月5日在希腊许多城市进行的总罢工,是最大也最有影响力的罢工,雅典参与人数达到25万人。但当天的罢工游行最终演变成严重的暴力冲突,雅典街头出现抢劫和纵火现象,马芬大众银行(Marfin Egnatia)遭纵火,3名银行职员被烧死。受此事件影响,此后游行示威的参与率有所下降,但各种抗议行动仍在继续,直到2010年末至2011年初参与率才重新有所上升。

第二阶段是占领广场阶段(2011年5月—2011年8月)。在经

---

① Babak Amin (ed.), *The Radical Left in Europe in the Age of Austerity*, Routledge, 2016, p. 31.

② 参见 Donatella della Porta etc. (ed.), *Late Neoliberalism and Its Discontents in the Economic Crisis*, Palgrave Macmillan, 2017, pp. 106 – 113. 此处阶段划分主要基于该书观点,并作调整。

历了此前一年的反紧缩动员之后,运动组织者开始对传统的动员方式进行反思。在进行广泛争论之后,受"阿拉伯之春"尤其是西班牙"愤怒者运动"的影响,反紧缩参与者在塞萨洛尼基和雅典发起了"占领广场运动",并蔓延至其他几个希腊城市的主要广场。5月25日,通过脸书、电子邮件、博客、推特等网络工具的政治动员,分别有5万名和5000名希腊人聚集在雅典宪法广场和塞萨洛尼基的白塔广场进行抗议活动。后来随着运动的发展,参与人数越来越多。到5月末时,参与人数达到8万人;而到6月时,已有数十万人参与其中。据统计,2011年5—6月,20%的希腊人至少参与过一次占领行动。

运动参与者在各大广场上搭起帐篷,占据广场空间,进行示威抗议。运动沿袭了西班牙愤怒者运动参与民主的组织形式,日常会议成为运动参与者的主要组织和决策方式。在日常会议上,希望表达意见的人在纸上写下一个序号,然后进行抽签,被抽到的人进行发言。此外,同样承继自西班牙愤怒者运动的还有工作组的组织模式,工作组主要是在重新界定政治立场、提议刊发宣传册等方面负责向日常会议提供反馈。但与西班牙愤怒者运动不同的是,希腊广场运动通常分为两个层次。比如宪法广场的政治动员被划分为"上层广场"和"下层广场"两个部分。在广场上层,抗议者聚集在议会门前,挥舞希腊国旗,高喊反对政治家和"三驾马车"的口号;而在广场下层,2008年12月青年运动的参与者以及大量激进左派人士聚集在一起,组织日常会议,实践参与程序,邀请发言人围绕从经济到民主在内的广泛议题进行讨论。

希腊占领广场运动发展的高潮,是2011年6月28—29日的"保卫宪法广场之战"。数十万人参与到反对新一轮紧缩政策的抗议中。抗议者围绕紧缩措施展开激烈讨论和投票,希腊几乎所有社会运动组织、左翼政党、工会和专业组织都聚集在宪法广场周围,以实施日常会议通过的"议会封锁计划"。在为期两天的时间里,抗议者通过封锁街道、设立屏障等方式阻止议员进入议会投票。抗议者与防暴警察发生了激烈冲突,共造成800人受伤以及数百万欧元的经济损失。在占领广场运动发展的高潮期,希腊主要社会运动组织展现了高度的团结精神，但由于缺乏明确的、可实现的目标，并未达到此前政治动员的水平，到8月中旬时，运动逐渐衰落下去。

第三阶段是运动分散化发展的阶段（2011年9月至2012年6月）。这一阶段的反紧缩运动既有大量工人组织参与，也有各种社会组织通过"公民不服从"行动，比如拒绝支付新增加的税收、在公开场合抨击政治家等表达普遍的不满情绪。

在劳工运动方面，这一时期发生了多次由部门工会（如医生、律师和港口工人）组织的罢工。最具影响的，是2011年10月至2012年7月长达272天的希腊最大钢铁制造厂哈利沃尔吉亚（Halyvourghia）钢铁工人大罢工。

2011年10月19—20日以及2012年2月12日的大罢工，是这一阶段发生的两场最重要的总罢工，分别有约50万人参与其中。这两场罢工最终都引发了暴力事件，多处建筑物被毁，数十人受伤和被捕。其中，2012年2月12日大罢工被普遍视为这一时期最后一场主要的抗议事件。在这次罢工后的几个星期，帕帕季莫斯技术官僚政府辞职，希腊开启新一轮大选，反紧缩抗议斗争也进入了一个新的发展阶段。

第四阶段是运动的去激进化时期（2012年6月至2014年12月）。在这一阶段，反紧缩动员的集体行动和组织框架出现了根本性改变，即从此前的激进化转向去激进化。这一时期围绕劳工议题的反紧缩抗议大为减少。在2013年，只有地铁工人罢工和高校教师罢工的影响较大。2013年6月为履行与"三驾马车"的国有企业私有化协议，希腊政府宣布关闭国家广播电视公司并辞退所有员工，这引发了国家广播电视公司员工和声援民众约5万人到公司总部外示威。①

这一阶段突出的运动形式，是自2012年后在希腊各地蓬勃发展起来的"社会团结倡议"。② 倡议最初是对紧缩措施带来的人道

---

① 直到激进左翼联盟执政后，全国广播公司才恢复运营，所有工作人员重新上岗。
② 关于希腊社会团结运动的发展，参见 https://www.theguardian.com/world/2015/jan/23/greece-solidarity-movement-cooperatives-syriza。

主义问题的回应，并派生出多种多样的运动结构，如社会医院、药店、杂货店、流动厨房、电工等等。这些运动以民众的自愿参与为基础，致力于为受紧缩措施影响而致贫的移民和当地人提供食品和服务。"社会团结倡议"与此前带有激进反建制色彩的反紧缩行动区别明显，呈现去激进化的鲜明特点。比如，运动参与者认为其行动只是针对特殊状况，即希腊福利国家瓦解的一种应急回应，而非长期性发展举措，并倡导重建对弱势群体的社会关怀等等。

第二节　希腊共产党的反紧缩政治动员和战略主张

希腊共产党是反紧缩运动最积极的组织和参与者之一。尤其在罢工斗争中，希共通过其阶级工会发挥了重要的组织动员作用。希共从资本主义运行规律的本质层面对国际金融危机和欧债危机进行了深刻剖析，揭示了危机的制度根源。同时，针对群众性反紧缩斗争中出现的一些问题，希共也进行了反思，提出了自己的战略策略。其中，希共对占领广场运动等社会运动的认识，在西方共产主义和左翼运动中存有争议。

一　希腊共产党反紧缩的组织战略与斗争

自欧洲主权债务危机爆发后，作为危机风暴眼的希腊迅即成为欧洲激进左翼反资本主义斗争的主战场。在群众性反紧缩斗争中，希腊共产党一直站在斗争的最前线，引领民众掀起了一波又一波反抗斗争的高潮。危机下希腊共产党的反资本主义斗争，以组织领导抗议、罢工为主要手段，斗争矛头指向政府的反危机措施，斗争的对象是希腊政府、欧盟、北约以及各大经济垄断集团和组织。各种斗争行动主要通过党的阶级工会"全国工人斗争阵线"组织领导。"全国工人斗争阵线"协调党的各种附属工会和组织及其成员，如妇女、学生、农民组织等的行动，并与反紧缩运动中的其他组织建立起联系（参见图3.4）。这种突出"全国工人斗争阵线"作用的战略，促进了以工厂而非以地方为基础的基层组建设，强化了党的工人阶级身份特征。①

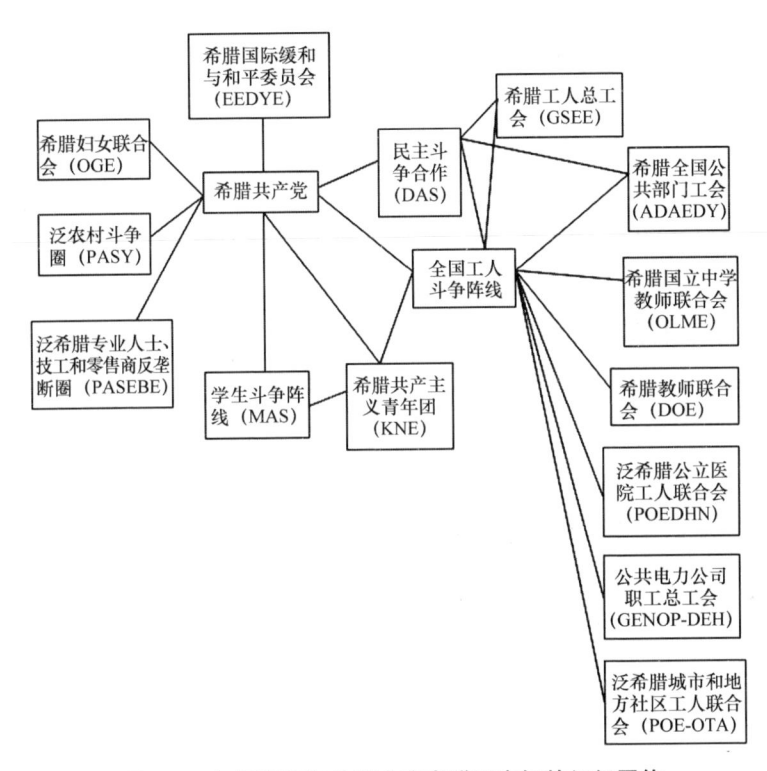

图3.4　危机期间与希腊共产党联系密切的组织网络

资料来源：Kostas Kanellopoulos etc., "Competing Modes of Coordination in the Greek Anti-austerity Campaign, 2010–2012", *Social Movement Studies*, Vol. 16, No. 1, 2017.

在整个危机期间，希共组织和参加了除占领广场运动之外所有大型的抗议行动。这里以2011年下半年至2012年初为时间节点，简单列举希共领导或支持的重要罢工和抗议示威运动。比如，2011年6月3日，希共的数百名抗议者封锁希腊财政部大楼②入口，并占据了该大楼。抗议者还在财政部大楼上挂出了巨幅海报，

---

① Costas Eleftheriou, "Greek Radical Left Responses to the Crisis: Three Types of Political Mobilisation, One Winner", Luke March and Daniel Keith (ed.), *Europe's Radical Left: From Marginality to the Mainstream?*, Rowman & Littlefield, 2016, p. 297.
② 这是希腊政府与欧盟、国际货币基金组织进行援助谈判的地点。

号召人们进行全国大罢工。6月15日,"全国工人斗争阵线"参与组织了24小时全国大罢工,数万民众在雅典市中心进行抗议示威,反对政府的紧缩政策。6月16日,希共在雅典等55个城市组织群众示威游行。6月28日,"全国工人斗争阵线"参与组织48小时全国大罢工,在国会就新的紧缩计划表决之际向政府施压。9月29日,希共在雅典组织数千人游行示威反对政府新的税收方案。10月5日,"全国工人斗争阵线"参与组织希腊国营和私营部门员工的24小时总罢工,抗议政府新的紧缩措施,参加罢工者包括地方政府、税务机关、公立医院、学校、机场等部门的员工。10月19—20日,"全国工人斗争阵线"参与组织48小时大罢工,抗议政府继续财政紧缩,反对增税、减少福利等措施,罢工民众打出"左翼政府下台"的旗帜,呼吁帕潘德里欧政府引咎辞职。2012年初,希共更加频繁地领导罢工抗议斗争。1月17日、2月7日和2月10—11日,"全国工人斗争阵线"连续组织罢工行动,抗议政府新的财政紧缩政策。在2月10日的罢工中,抗议者还占领了劳工部。在这一时期,希共在上文提到的哈利沃尔吉亚钢铁工人大罢工中发挥了重要作用,"全国工人斗争阵线"的附属工会——钢铁工人总工会通过各种方式,如发表决议、宣言以及为罢工工人家庭提供经济援助和募集食物积极支持罢工行动,在罢工工人中赢得了巨大声望。①

除此之外,希共还积极捍卫共产主义的历史和实践,围绕形形色色的反共行径展开反击斗争。比如,针对格鲁吉亚反共的"自由宪章"、斯洛伐克出台的反共措施以及欧洲议会议长马丁·舒尔茨(Martin Schulz)的反共言论,希共进行积极的批判和正面宣传。希共高度评价苏联等社会主义国家的历史成就,强调这些社会主义国家克服巨大困难完成了资本主义几个世纪没有完成的任务,解决了失业问题,劳动者权利得到保障,国家在医疗、教育、文化和体育建设上取得了历史性飞跃。尽管在社会主义建设过程

---

① "Athens Steel Strike Enters Fifth Month", Mar. 13, 2012, http://www.wsws.org/articles/2012/mar2012/gree-m13.shtml.

中，出现了这样或那样的错误和偏差，导致出现了反革命的逆转，但社会主义的建设成就不容抹杀。希共呼吁工人阶级、人民大众行动起来，研究社会主义建设经验和共产主义运动史，与反动力量将社会主义与法西斯主义相提并论及其采取的各种反共措施展开针锋相对的斗争。

二　希腊共产党的资本主义危机观

2008年国际金融危机爆发后，对于这场"前所未有""有史以来最严重"的危机，资本主义政府大多将其归咎为"金融市场上的投机活动失控""不良竞争"或"借贷过度"，并希望通过"规范"资本主义以达到解决危机、恢复繁荣的目的。与之不同，西方国家共产党既看到了监管缺位、金融政策不当、金融发展失衡等酿成这场危机的直接原因，又反对将经济和金融危机简单归结为金融生态出现了问题，认为危机的产生有其深刻的制度根源，危机标志着新自由主义的破产，是资本主义固有矛盾发展的必然结果。

在这类危机认识观中，希腊共产党的观点尤其具有代表性。自金融危机爆发尤其是希腊债务危机发生后，希共一直坚持认为，危机既不是"腐败的政治精英"对公共债务管理不善的偶然性结果，也不是国内外经济利益集团迫使希腊人民服从于具体国家紧缩要求而相互"勾结"的结果。相反，希腊危机是一场"资本生产过剩、积累过剩的总危机"。这也正是希共长期以来秉持的资本主义危机观。自1973年资本主义世界发生二战后第一场大危机，直到1998年亚洲金融危机爆发，希共就一直强调，不论危机以何种形式呈现，实质上都是资本过度积累的危机。早在1998年亚洲危机发生后，与资本主义精英试图通过必要的管理措施调整来加速走出危机相反，希共就曾预测，无论是以哪种形式走出衰退、复苏，甚或扩张性资本主义再生产进入新的上升阶段，最终都将导致较之此前更加深入而广泛的过度积累新危机的爆发。同时，希共也警告说，即使在资本主义经济增长阶段，这些国家工人阶级的工作条件、工资和生活条件也不会有所改善，反而将继续恶化。①

2008年后资本主义金融和主权债务危机的爆发，验证了希共的预测。希共继续从解析资本主义制度运行规律的层面来深刻剖析这场危机。希共伦敦支部成员伊莎贝拉·玛贾拉（Isabella Margara）撰文认为，希腊及所有资本主义国家面临的是一场生产过剩的危机。隐藏在生产过剩背后的是资本积累过度。现在主要经济部门的平均利润率是在下降的。为了开启新的积累过程，必然导致部分生产力破坏、工厂倒闭、通货膨胀和冗员。这与社民党或自由党对"体系"的管理无关，而是资本主义发展不可避免的结果。她进而指出，目前确实存在着国家赤字问题，但必须看到，在这些赤字背后是对大垄断集团的大幅减税、对大型银行的紧急援助、北约令人难以置信的军事支出和以发展资本主义为名施行的各种补贴。在希腊，显然存在着美国和欧盟，欧盟各国尤其是法、德两国之间的帝国主义竞争。愈益明显的是，希腊和欧洲的统治阶级正在利用赤字问题推动新的反劳动政策。这些措施实际上在《马斯特里赫特条约》签署后就一直存在，其目标不只是为了退出危机，而是为了在经济周期接下来的发展阶段实现资本的稳定和高利润。②

随着欧债危机的不断加剧，希共对相关危机以及债务问题的认识也在逐步深化。希共透过现象看本质，提出了与西方主流舆论截然不同的观点和主张，其基本看法包括以下几点。

第一，资产阶级对人民收入和权利史无前例的进攻，其目的不是解决公共债务问题，而是加强欧洲垄断集团在国际资本市场上的竞争力。接二连三的《备忘录》在所有欧盟成员国中推行，各国都充实了包含反人民承诺的国家改革计划和稳定协议，这直接

---

① Eleni Mpellou, "The International Economic Crisis and the Position of Greece", 2009, http://www.iccr.gr/en/news/The-international-economic-crisis-and-the-position-of-Greece.-The-theses-of-KKE/.

② Isabella Margara, "KKE: Interview with the Greek Communist Party", May 13, 2010, http://en.wikinews.org/wiki/KKE:_Interview_with_the_Greek_Communist_Party?dpl_id=183053.

细化了"欧洲协议"的内容,从而进一步加剧了资本的集中,导致人民面临相对或绝对贫困,为了谋生成为更为廉价的劳动力。

第二,不应该由工人来为公共债务埋单。资产阶级政权的宣传模糊了债务问题的真正原因。这些原因包括:(1)泛希社运政府的财政政策服务于后独裁时期希腊垄断集团的利益。其基本特征是为大资本合法减税、普遍的逃税以及国家的财富用于支持商业集团,也就是说国家通过对外借款来服务于资本收益的需要。(2)军费支出巨大,2009年达到 GDP 的 4%。(3)希腊经济融入欧盟和欧洲货币联盟,造成生产部门在欧盟国家强大的竞争压力下不断萎缩,而对欧盟的贸易赤字持续扩大以及进口的增长,对公共债务的激增也产生了相应影响。(4)借款条件,如利率、期限、偿还条件等,导致希腊的借款利息从 21 世纪初的每年 90 亿欧元增加到 2011 年的 150 亿欧元。(5)资本主义经济危机爆发后,由于经济活动减少造成税收下降,以及政府对银行和其他垄断集团提供一揽子资金支持,促进了公共赤字和债务的增加。

第三,在欧盟战略的推波助澜下,希腊资产阶级政权反人民的政治路线增加了国家的债务负担。债务危机爆发后,希腊的 GDP 直线下降,而公共债务却有增无减。2011 年第三季度末,希腊公共债务占 GDP 的比例从 2009 年的 127.1% 达到将近 160%。事实表明,资产阶级政权的更迭,没有也不可能创造一种偏向人民的危机解决方式。甚至资产阶级经济学家也承认,通过《备忘录》和紧缩措施来缩减债务,会导致出现公共债务增加和经济衰退的恶性循环。帝国主义中心担心的不是希腊的债务规模,而是难以控制其他国家,如西班牙和意大利等国出现连锁反应,从而危及欧元作为国际储备货币的地位以及整个欧元区的未来。

第四,虽然工人阶级已经倾家荡产,欧盟成员国和来自金融部门的大集团仍在协商操控濒临破产的希腊经济。它们围绕如何分配损失以及必要的资本折旧争论不休,但在开展反人民进攻方面却保持着高度一致。不同国家的计划虽然有所不同,但都建议国债持有者（银行、机构投资人等）接受延迟希腊还款时间，而希腊付出的代价是要偿付高利息，其目的是避免希腊马上破产给它们带来的损失。比如，法国银行联盟的债务重构计划，就建议将当前50%的债务契约改造为新的30年契约，而利率相应地从危机期间的5.5%提升至资本主义稳定发展阶段的8%。

第五，为了确保获得更廉价的劳动力、加快重构和私有化进程以及把公共财产廉价出售给垄断集团，统治阶级对人民的进攻将会继续升级。即使希腊的债务立即获得减免，也只会出现新的税收减免以及国家对大资本的支持，而非满足人民需要的措施。之后希腊将会再次面临一个债务增加的过程。其主要问题不在于希腊人民。国家的收入足够支付民众的薪金和养老金，但对希腊的债主们来说却是不够的。2009年和2010年希腊的预算总收入分别是485亿欧元和511亿欧元，而花费在薪金—养老金等社会保障上的补贴只需423亿欧元和379亿欧元。然而，需要支付的债务利息却高达123亿欧元和132亿欧元。希腊政府一边强调国家面临破产的危险，另一边却在继续给银行提供一揽子支持，继续扩大军费支出，缩减未分配的利润税。希腊公共部门在危机期间给银行提供的保证金高达1080亿欧元。工人阶级不要指望会出现偏向人民的解决办法，所有措施都将在"欧元协定"和"欧盟2020战略"的框架下制定，其目的是在欧盟中获得更加廉价的劳动力，强化国际市场中的竞争垄断。

三　希腊共产党论反资本主义斗争的策略

在反紧缩斗争中，希共批评群众性抗议行动中出现的一些问题，提出共产党在资本主义危机中应该采取的战略策略，明确表达了危机下希共对待议会斗争的态度。这些问题也是当前发达国家共产党以及工人运动、社会运动普遍需要面对、思考和解决的重要问题。

1. "占领广场运动"的问题与局限

2011年6月，希腊爆发了持续数个星期的"占领广场运动"。希共对"占领广场运动"持批评态度，是唯一没有参加这场群众性运动的希腊左翼政党。希共认为"占领广场运动""不是起源和扎根于工厂和产业中的反资本家阶级运动,没有持续发展的牢固基础",批评运动中提出的"左翼离开广场""政党离开广场""工会离开广场"等口号,对运动的民主性和斗争目标错置及其实际意义提出了质疑。希共指出,广场运动反对组织化的、具有阶级导向的工会运动,主张工会必须离开广场,但工会运动本身是非同质性的。组织罢工和群众集会的"全国工人斗争阵线",与支持采取疯狂紧缩措施的政府和雇主领导的工会没有任何关系。"政党离开广场"也是一种保守主义观点。政党是通过政治路线和意识形态来表达特定利益的组织。社会划分为不同阶级和阶层,不同政党代表着不同阶级和阶层的利益。"政党离开广场"把代表工人阶级利益的希共与资产阶级政党相提并论,从而掩盖了人民真正的敌人,即掌握政权的大垄断集团。

"占领广场运动"自我界定为"非政党联盟",并且提出了民主的口号,这受到资产阶级媒体的追捧,但事实证明这种说法是虚伪的。"占领广场运动"在模糊的反紧缩措施的主题下将民众集结在一起,而将工会、政党和左翼排除在运动之外,这种做法本身就表明了运动的非民主性。阻止工人在运动中表达自己的政治和意识形态观点,不仅与民主相悖,而且遏制了民主的发展。运动的斗争目标也有问题:运动虽然反对《备忘录》和紧缩措施,但并没有提出推翻政府、欧盟以及赞成紧缩政策的各种政治力量,因此斗争显而易见的倾向,是丧失了组织化特征、阻挠人民的参与,并且未能培育出一种反叛意识。在希共看来,"占领广场运动"不可能将工人从各种新、旧问题中解放出来,因为这场运动不是起源和扎根于工厂和产业中的反资本家阶级的运动,它没有持续发展的牢固基础。希共强调工厂斗争的意义,认为阶级斗争真正的领域是工厂。只有在那里,工人才能日复一日地同大企业主进行不妥协的斗争,并取得最终胜利。①

显然,希共对"占领广场运动"的这种认识,与其长期以来

---

① KKE, "Parties and Trade Unions Out or with the KKE and the Class Oriented Movement?", June 7, 2011, http://inter.kke.gr/News/news2011/2011-06-07-arthro-syntaksis.

对西方社会运动的批评态度是一致的。比如，对于20世纪末在西方社会产生了广泛影响的反全球化运动，希共就认为是一种机会主义形式，淡化了阶级斗争的意义。运动充斥着异质性元素，很容易被跨国公司和帝国主义国家所操纵。反全球化运动也回避了资本主义的核心问题，以全球化取代了阶级斗争，具有明显的改良主义指向。在希共看来，替代运动和实践、性别不平等、动物权利、环境议题等，相对于资本与劳动的矛盾是次要的，将随着资本主义的消亡而消失。

2．"与希腊人民团结起来"？

针对在欧洲一些国家发生的罢工游行中提出的"与希腊人民团结起来""我们都是希腊人"等口号，希共强调工人阶级不能被这些口号误导。到底需要团结哪一个希腊？是试图从欧盟和国际货币基金组织手中获取新贷款以强化大资本利益的资本家的希腊，还是承受着资本主义危机后果的工人阶级和普通民众的希腊？这些口号没有明确回答这个问题。之所以出现这种情况，一方面是因为一些特定的力量，主要是民主社会主义者、欧洲左翼党的机会主义者以及"绿党"在模糊地利用这些口号，来粉饰他们对《马斯特里赫特条约》和其他欧洲条约的支持，对反动的、绝不可能实现"民主化的"大资本的欧盟的支持；另一方面，这是有些人在别有用心地将希腊问题用于欧盟内外帝国主义间的竞争。希腊工人阶级当然希望与欧洲和全世界的工人团结起来，但应该是团结起来进行斗争和罢工，应该是支持希腊工人的激进诉求，支持具有阶级导向的工会运动，而非支持资本主义继续对工人进行剥削和压迫。希共中央委员会发表声明指出，欧洲工人没有必要"成为希腊人"，而是应该加入到争取当代工人阶级和劳苦大众权利的斗争中，在各国推翻大资本的独裁统治，实现垄断资本的社会化，退出欧盟和北约。现在需要提出的口号应该是："各国工人，联合起来！"①

---

① KKE, "Statement of the Political Bureau of the CC on the Capitalist Economic Crisis and the Debt", http：//inter.kke.gr/News/news2011/2011-09-06-pb-crisis/.

3. 国家主权还是人民主权？

面对欧盟解决希腊危机的第二轮援助方案，希腊国内的群众性抗议斗争中出现了一种观点，认为如果接受欧盟的援助条件，那么"政府就是在执行外国人的命令""外国人在操纵我们""我们将被外国人占领""希腊已经沦为受保护国""我们已经丧失了国家主权"，等等。希共反对这种貌似正确的观点，揭示其欺骗性，认为这种说法掩盖了当前危机真正的根源，即劳动与资本对立的资本主义固有矛盾，因而极易被资产阶级政客所利用。比如，时任希腊总理帕潘德里欧就宣称，由于债务危机的发生，希腊丧失了国家主权，因此工人群众应该支持紧缩措施，恢复经济，重新获得国家主权。① 同时，这种观点也没有科学揭示帝国主义框架内，以及作为国家主权丧失之结果的帝国主义联盟（如欧盟）中的依赖和相互依赖关系。各国资产阶级之所以参加这些联盟，不是因为它们背叛了国家，而是出于为其阶级利益服务的目的，是为了强化其阶级地位，利用这些联盟所拥有的各种镇压机制和工具来对付工人阶级。他们把国家主权让渡给各国家间机构，也是为了更好地参与同美、日、俄等垄断力量的竞争。这些依赖和相互依赖关系的废除，不是通过"帝国主义联盟"的人道化，比如欧盟机构的"民主"运作，而是需要建立工人阶级的人民权力，通过基本生产方式的社会化、经济的中央计划和工人控制来实现。②

4. 关于危机的神话及其应对

希共批评形形色色的危机解决方案，指出欧盟以及各成员国在2010年和2012年《备忘录》以及所谓中期计划中提出的"无痛的"危机退出设想，总的发展方向是不与垄断权力发生冲突和分裂；激进左翼联盟和反资本主义左翼阵线将退出欧元区和取消债

---

① KKE, "National or People's Sovereignty?", http：//inter.kke.gr/News/news2012/2012-02-15-video-kyriarxia/.

② KKE, "Regarding the Expressions of Solidarity with the Greek People", http：//inter.kke.gr/News/news2012/2012-02-17-allilleggi/.

务作为偏向人民的危机解决方案，一些"爱国"力量主张希腊退出欧元区但不脱离欧盟，实际上也都没有触及资本的权力。所有这些主张错误地把巨额公共债务和进入欧元区作为采取各种反动措施的主要原因。而在欧元区之外的国家，比如瑞典和英国，以及没有出现严峻债务问题的德国，工人权利被摧毁的主要原因则被归咎于资本主义的发展道路。当前斗争中的这些机会主义倾向，误导民众推翻国际货币基金组织以及"三驾马车"对希腊的占领，掩盖了希腊统治阶级在攻击人民权利和收入时的重要作用，掩盖了国家和国际大资本相互交织的关系。它们提出的各种危机退出方案，实质上是主张在资本主义体系框架内发展一种替代的管理形式，从而能够暂时性地恢复资本主义的收益率。

希共认为，这场危机是资本主义本身的危机，而非只是简单的债务危机。即使通过采取一定的措施使资本主义的发展得到恢复，也绝不会出现人民的繁荣。不在经济和政权层面进行根本变革，只要垄断资本主义仍然在欧盟各国占据统治地位，就不可能有偏向人民的危机解决方案。工人阶级的危机解决方案不能回到过去，回到国家层面上资本主义的经济保护主义，而是要朝着人民的权力，朝着社会主义前进。当前阶段必须发展具有阶级导向的劳工运动。工人阶级必须要展开反对垄断力量的经济统治，反对资本主义国家和帝国主义联盟如欧盟的斗争，而不应该陷入资本主义权力的僵局和困境之中。各方斗争力量应该协调行动，反对各种资产阶级管理形式，应该要求大资本来偿付社会保障基金，反对摧毁了劳动和社会保障权的政治路线。斗争的基本发展方向是推翻资本主义。解决危机的唯一出路是"用人民的权力脱离欧盟和取消多边债务"。①

5. 正确认识议会斗争

在大资本占据统治地位的当代资本主义条件下，很大程度上已

---

① KKE, "Statement of the Political Bureau of the CC on the Capitalist Economic Crisis and the Debt", http://inter.kke.gr/News/news2011/2011-09-06-pb-crisis/.

经边缘化的共产党应该如何认识自己的任务和使命,尤其是如何正确对待选举以及参与甚至组建联合政府等议会内斗争?是沉溺于议会权力争夺,满足于选票的增加和进入政府,还是坚持人民运动道路,致力于建立人民的政权?在这个问题上,希腊共产党是毫不妥协的议会路线反对派。2012年1月5日,在希腊ANT1电视台的早间节目中,希共总书记帕帕莉卡面对主持人的提问,明确表达了希共对待议会斗争的原则立场。帕帕莉卡指出,现阶段的希共不会谋求参与组建政府,参与执政不可能阻止危机的后果,也不可能解决人民的问题。在垄断力量存在的条件下,不可能建立任何进步的政府。那些所谓的激进左翼政府、中右翼或中左翼政府,在掌权后不久就着手安排更多的《备忘录》和贷款,巩固希腊企业联盟和雇主联盟。在当前条件下,希腊不可能拥有一个偏向人民的政府。在不改变现状的条件下,也不可能找到正确的危机解决方案。希共在危机下的任务,不是在资本主义体系框架下谋求组建政府,而是在整个希腊组织反资本主义的斗争。希共不排除激进地推翻现存体系的可能性,但也强调这一斗争不可能在一朝一夕间实现,人民需要通过获得一点一滴的斗争成果不断实现进步。希共不可能确定政治体系变革的确切时间表,一切取决于绝大多数人民的决定。[①]

第三节 两党制终结与激进左翼联盟兴起

进入21世纪,希腊政治体制不断遭受民众不满的冲击。在经历了长达十年的渐进式去合法化过程之后,史无前例的经济危机给希腊传统政治秩序以致命一击,建立在两党轮流执政基础上的政党体制土崩瓦解,希腊进入了政治再结盟与多元竞争的新时期。在这一过程中,激进左翼联盟顺势而起,以其激进的反紧缩言论

[①] KKE, "Within the Capitalist System There is no Pro-Peoples Way Out from the Crisis", http://inter.kke.gr/News/news2012/2012-01-06-syn-gs.

和主张获得民众支持，迅速上升为主流政党。

一 传统政治体制的去合法化及其崩溃

公众信任度是评判政府合法性的主要指标。在过去十多年间，希腊民众对政府的信任度持续下降，尤其在2009年后，更是呈现断崖式下跌态势。有西方学者以欧洲晴雨表的数据为分析蓝本，通过希腊民众对政府信任度的纵向比较，以及对希腊和欧盟的横向比较，全方位展示了希腊传统政治的去合法化过程。① 下文以其相关数据分析（参见图3.5—3.7）为线索，简要呈现这一发展进程。

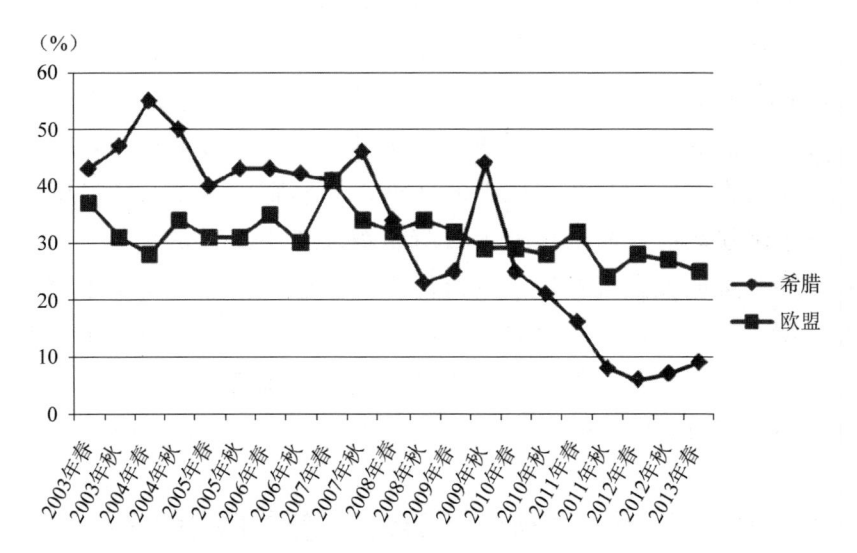

图 3.5 2003—2013 年希腊与欧盟各国（平均数）对本国政府的信任度

资料来源：Susannah Verney, "'Broken and Can't Be Fixed': The Impact of the Economic Crisis on the Greek Party System", *The International Spectator*, Vol. 49, No. 1, 2014.

21世纪初，希腊民众的政府信任度尚处于历史高位。其主要

---

① 以下相关分析主要参见 Susannah Verney, "'Broken and Can't Be Fixed': The Impact of the Economic Crisis on the Greek Party System", *The International Spectator*, Vol. 49, No. 1, 2014。

原因是随着希腊进入欧元区，民众对于希腊成为欧洲核心国家的信心高涨。同时，作为欧元区国家，希腊政府以较低代价获得了大量借款支持社会保障建设，使得民众的生活水平得到提高。2004年奥运会在希腊举行，大量新建基础设施投入运营，也令希腊的对外形象得到改善，民众的民族自信心极大提高。在这一背景下，民众对国家政治体制的认可度维持在较高水平，甚至高于欧盟国家的平均水平。比如2003年春时，分别有54%和43%的希腊受访者表示信任议会和政府，高于35%和31%的欧盟平均数。17%的民众选择信任政党，与欧盟平均数持平。

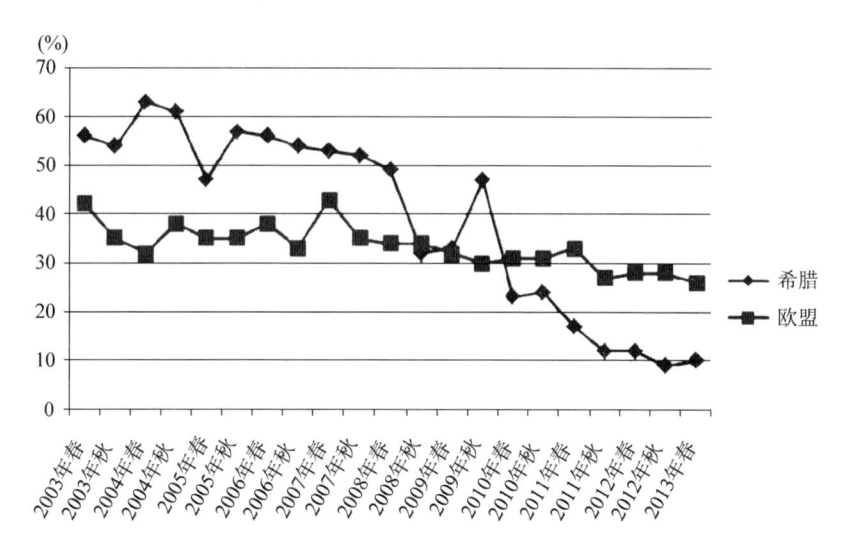

图 3.6　2003—2013 年希腊与欧盟各国（平均数）对本国议会的信任度

资料来源：Susannah Verney, "'Broken and Can't Be Fixed': The Impact of the Economic Crisis on the Greek Party System", *The International Spectator*, Vol. 49, No. 1, 2014.

但在十年之后，希腊政治体制的民众信任度不仅远远低于欧盟平均水平，而且不断创出历史新低。在欧盟层面，每四个受访者中就有一个信任政府和议会，而希腊仅为1∶10。与21世纪初相比，44%和34%的希腊人丧失了对议会和政府的信任，而欧盟国家仍然保持在30%的水平。希腊民众对政党的信任度更是下降到匪夷所思的4%，仅为欧盟国家平均水平（16%）的1/4。在除此之外的其他制度领域，希腊的民众信任度下降也非常迅速。比如，2003—2010年，27%的希腊人丧失对国家司法制度的信任，对警察机构的信任度也从67%下降到52%。显然，不只是希腊的政治体制，而是整个上层建筑都遭遇严峻的合法性危机。

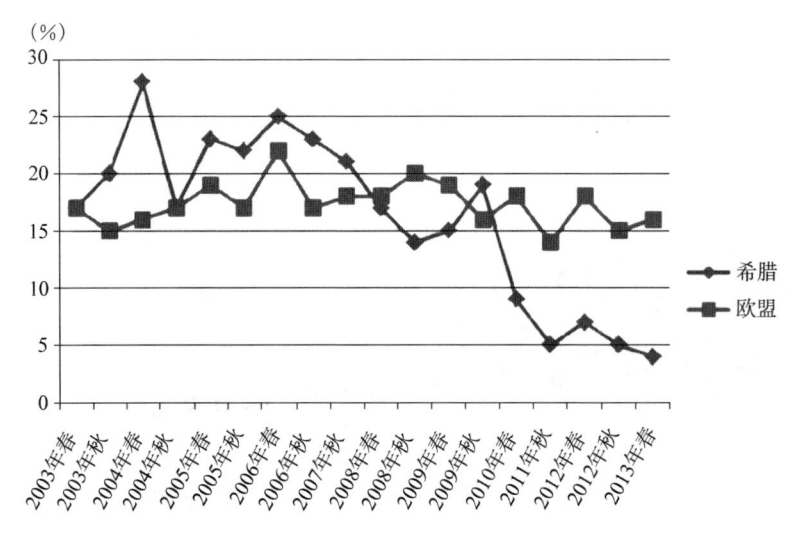

图 3.7　2003—2013年希腊与欧盟各国（平均数）对本国政党的信任度

资料来源：Susannah Verney, "'Broken and Can't Be Fixed': The Impact of the Economic Crisis on the Greek Party System", *The International Spectator*, Vol. 49, No. 1, 2014.

从整体上看，希腊民众对政治体制的信任度呈下降态势，但至少在2008年秋季之前，下降趋势并不十分急剧，部分时间段内甚至出现波浪式反复。这与希腊国内政治局势变化存在一定关系。比如2003年秋至2004年春，民众对政治体制信任度的提高，与人们寄希望于新民主党在2004年选举中取代此前22年间已断续执政18年且丑闻缠身的泛希社运政府关系密切。但新政府上台后随即宣布修正此前五年的预算赤字，新数字远高于欧盟成员国3%的准入标准,从而表明先前数字造假,使得政府信誉和民众的民族自信心备受打击。此后几年,一连串腐败事件曝光。其中最著名的是以高于市场的价格同时向16家社会保险基金购买2800亿欧元政府债券,并通过一系列对冲基金交易链,吸走数百万欧元。同时,德国西门子公司在过去20年间长期大规模贿赂政府,以获得公共建设工程契约,以及贿赂法官、教会卷入司法腐败、贩卖偷窃古董等丑闻频频爆出,极大影响了政府形象,造成这一时期民众对政治体制的信任度频繁波动。但无论如何,直到2007年底,民众信任度并未出现急剧下降,基本上回归2003年时的水平。

2008年是希腊政治发展的重要一年。在这一年,经年累积的社会矛盾已经成为希腊社会的不能承受之重。一方面,不公正弥漫整个希腊的政治空间。正如有学者指出的,"如果(希腊)存在一条永恒的分界线的话,那么其中一方是与政权拥有共生关系的独立社会阶层,而另一方则是被剥夺了与之任何特殊关系的社会阶层"。① 公共支出不平等分配,社会福利体系严重倾斜,部分人群能够获得特殊的养老津贴,但却未建立起(尤其是针对长期性失业者的)社会安全网。因此,整个社会充斥着对不断扩大的收入不平等以及相关法律规则的不满情绪。另一方面,受国际金融危机波及,2008年下半年希腊经济陷入衰退,青年人成为最大受害者。在由欧元区廉价借款所催生的长期"炫耀性消费"之后,青年尤其是受过高等教育的青年人失业率大幅提高,收入急剧下降,缺乏社会保障,庇护主义的国家运作模式令其完全看不到未来的希望。与此同时,腐败事件进一步蔓延,其中最著名的就是瓦托佩蒂修道院丑闻。在这起丑闻中,瓦托佩蒂修道院用评估为5500万欧元的湖泊,换取了政府价值10亿欧元的房地产,充分暴露了希腊政治运作的弊端和缺陷。

这种政治氛围促使希腊人对政治体制的不满大爆发。在2007

---

① Susannah Verney, "'Broken and Can't Be Fixed': The Impact of the Economic Crisis on the Greek Party System", *The International Spectator*, Vol. 49, No. 1, 2014.

年秋至2008年秋之间，民众对政府的信任度下降了一半（从46%到23%），对议会信任度下降了1/3（从52%到32%），对政党的信任度也从21%下降到14%，并在2008年末爆发了以青年人为主体、遍及全国的大规模抗议运动。

然而，2008年并未成为民众信任度的拐点。在此后一年间，民众对政府的信任度再次反弹。2009年秋，新泛希社运政府上台之后，民众对政治制度的信任度重新回到2008年前的水平。比如2009年春到2009年秋季，民众对政府的信任度从25%回升至44%，对议会的信任度从33%提高到47%，对政党的信任度从15%增加至19%，与欧洲的平均水平再次持平。

希腊政治体制的真正危机出现在2009年秋天之后。2009年末，泛希社运政府突然公布了政府公共财政真实状况，引发希腊的主权信用评级连续下降，国家濒临破产边缘。泛希社运政府放弃了扩张性经济政策，转而采取包括增税以及缩减公共部门支出和养老金的严厉紧缩政策，并在随后与"三驾马车"达成了一系列救助协议。2010年5月在协议签署之后，希腊民众对政治体制的信任度出现断崖式下跌：对议会和政党的信任度下降到2008年秋季水平之下，对政府的信任度下降到25%，仅略高于此前最低点。紧缩政策带来的负面效应显然是造成民众认同度下跌的直接原因。在这一背景下，到2011年秋季时，民众对政治体制的信任度再创历史新低。相比2010年秋天，民众对政治制度的信任度下降了几乎一半：对政府信任度从21%降到8%，对议会信任度从24%降到12%，对政党信任度从9%降到5%。但与此前不同，这次民众信任度下降是持续性和增量式的，此后再未显著恢复。2012年6月大选，新民主党、泛希社运和民主左派党组建联合政府之后，民众对政治体制的信任度仍然未能恢复。2013年春欧洲晴雨表的数据显示，只有10%的民众表示信任政府，11%的民众信任议会。①

---

① Andy Dabilis, "Greeks Don't Trust Their Government", Jul. 23, 2013, http://greece.greekreporter.com/2013/07/23/greeks-dont-trust-their-government/.

从最终选举结果看，2010年希腊债务危机大规模爆发之前，民众对政治体制的不信任并未直接对两党制形成挑战。希腊独裁政治终结后以两个主要政党——新民主党和泛希社运为核心的政党运作体制继续保持下来，政治体系中的诸多小党依然无足轻重，民众的不满情绪通过两个主要政党的轮替执政得以宣泄。比如，2004年政权从泛希社运转归新民主党，2009年又从新民主党回到泛希社运手中。值得一提的是，2007年新选举法的实行没有对传统体制产生实质性冲击。在1981年后的9次选举中，泛希社运和新民主党的得票率之和一直保持在83%以上（只有1996年是个例外）。在2007年选举中，二者之和首次降到80%之下，2009年又进一步降至77.4%。有分析家强调这两次选举结果具有重要意义，认为其预示着两极体制的终结。但从实践发展看，这两次选举对希腊政治体制的影响显然无法与2012年选举相比拟。

2012年开启了希腊选举政治的新时代。在这一年连续举行了两次议会选举。这两次选举充分体现了政治和经济危机的综合效应：选民背弃传统政党、先前的政党忠诚瓦解、旧的左右政治分裂基础坍塌，希腊两党政治进入迅速崩溃的快车道。这具体表现在：

第一，两大主要政党的支持率大幅下滑。主权债务危机彻底激化了民众长期酝酿的不满情绪。泛希社运和新民主党因对经济管理失当，致使希腊陷入危机而备受指责。两个传统政党成为多年经济增长和高福利后，民众不得不承受生活和福利保障水平急剧下降而积累的愤怒情绪的"出气筒"。希腊选民不再固定在两个主要政党之间选择其一，选票出现了向其他政党的大量分流。从数据看，在2012年5月的选举中①，新民主党和泛希社运两党总共获得的选票仅为32%，较之此前减少了近50%。由于没有任何政党获得议会多数，且未能通过谈判组建联合政府，在2012年6月希腊再次举行了新一轮选举。在这次选举中，新民主党和泛希社运

---

① 帕帕季莫斯过渡政府最初宣布在2012年2月举行全国大选，但为了通过紧缩措施，推迟到5月。

两党的支持率之和回升到42%，但较之此前也减少了将近一半。选举结果尤其对泛希社运造成了毁灭性打击，两次选举支持率分别只有13.2%和12.3%。

第二，参与投票的选民大幅度减少。据统计，2009年大选时尚有70.9%的民众参与投票，但到2012年6月时，参加投票的希腊民众下降到史无前例的62.5%。换言之，紧缩政策实施后的两年间，有80万选民放弃了对希腊政党体制的认同。①

第三，新兴政党迅速崛起，并占据政治空间。2000—2006年，希腊只有4个政党，即新民主党、泛希社运、共产党和激进左翼联盟能够获得议席进入议会。在2007年大选中，右翼政党"人民正统集会"（Laos）成为议会第五大党，获得3.8%的支持率和10个议席。2009年，生态绿党尽管未能达到3%的议会门槛，但获得了一个欧洲议会席位。2012年大选，长期处于边缘或在危机中新生的左、右政治力量爆发式崛起。民主左派党2012年5月首次参加议会选举就获得了6.1%的支持率和19个议席，6月再次获得6.3%的支持率和17个议席。2008年12月青年运动后建立的希腊反资本主义左翼阵线，是一个激进左翼的组织联盟，集结了激进左翼阵线、联合反资本主义左翼等涵盖前希共、希共（国内派）、毛派、托派等不同政治倾向的左翼力量。在2012年5月选举中，反资本主义左翼阵线获得了史无前例的1.2%的支持率。同时，"人民正统集会"虽然未能达到议会门槛，但两个新兴右翼政党迅速填补了因其衰落而形成的空白地带。其一是因反对与国际债权人提出的条款妥协，在第二轮紧急援助投票后脱离新民主党建立的独立希腊人党（Independent Greeks，ANEL）。其二是因极端反移民而闻名的新纳粹主义政党金色黎明党（Golden Dawn）。这三个右翼政党在2012年5月大选中的选票之和（20.5%）甚至超过了新民主党（18.9%）。在6月选举中，虽然受到选举体制的限制，三

---

① Takis S. Pappas, *Populism and Crisis Politics in Greece*, Palgrave Macmillan, 2014, p.102.

党仍然获得了16%的支持率。有学者认为，在缺乏极右翼传统的希腊，尤其是金色黎明党的兴起，其本身就表明危机的侵蚀效应。[①] 但显而易见，在所有这些新兴政党中，没有任何一个党的成就能够与激进左翼联盟相媲美。正是在这一年的两次选举中，激进左翼联盟异军突起，进而在2015年成功上台执政，终结了运行40年的两党轮流执政体制，使希腊进入了从一党主导到联盟政府领导的新的历史时期。

表3.1　　　　2012年希腊议会选举主要政党得票率和议席数

时间 政党	2012年5月		2012年6月	
	得票率（%）	议席数（个）	得票率（%）	议席数（个）
新民主党	18.9	108	30.0	129
激进左翼联盟	16.8	53	26.9	71
泛希社运	13.2	41	12.3	33
独立希腊人党	10.6	33	7.5	20
希腊共产党	8.5	26	4.5	12
金色黎明党	7.0	21	6.9	18
民主左派党	6.1	19	6.3	17
人民正统集会	2.9	0	1.6	0
反资本主义左翼阵线	1.2	0	0.3	0

资料来源：希腊内政部，http://greece.greekreporter.com/2012/05/07/greece-election-results-2012-final-numbers/；http://greece.greekreporter.com/2012/06/18/new-democracy-conservatives-win-greek-election-final-results/。

二　从边缘到主流：激进左翼联盟的飞速崛起

自20世纪90年代初与希共分道扬镳之后，左翼联盟/激进左

[①] Susannah Verney, "'Broken and Can't Be Fixed': The Impact of the Economic Crisis on the Greek Party System", *The International Spectator*, Vol. 49, No. 1, 2014.

翼联盟在希腊选举政治中一直处于边缘地位，支持率长期艰难维持在3%—5%波动。2007年，在新选举法的助推下，激进左翼联盟尽管只有5%的支持率，但议席数较此前选举增加8席，达到14席，为历年最佳战绩。然而，直到2010年11月地方选举时，激进左翼联盟在选举政治中仍然未能实现较大进展，在全国713个地方议席中，仅拥有15席。①

2012年的全国议会选举，见证了激进左翼联盟的崛起"奇迹"。在5月选举中，激进左翼联盟从2009年4%的支持率和13个议席，猛增至16.8%的支持率和52个议席，超过传统大党泛希社运，仅落后于新民主党1.7个百分点。在6月大选中，其支持率达到创纪录的26.9%，议席数也增加至71席。激进左翼联盟何以能够在短短几年间如乘火箭般突飞猛进？希腊经济危机及其带来的破坏性影响，显然是其崛起的最主要原因。但在相似背景下，希腊政治舞台上雨后春笋般涌现出的众多新兴政党中，为何只有激进左翼联盟实现了历史性的飞跃呢？这与该党在经济危机后实行的战略策略明显存在密切联系。

（一）对欧洲一体化政策的质疑及反紧缩立场

欧洲一体化是战后欧洲历史和政治实践的结果，但反对欧洲统合的大众"疑欧主义"始终伴随着欧洲一体化进程。作为欧洲经济体中的落后国家，希腊人对欧洲一体化一直保持着很高的热情。进入欧元区后带来的一系列便利和优势（尤其是低廉的贷款率），更令希腊人对欧洲一体化进程的支持率水涨船高。主权债务危机爆发，尤其是"三驾马车"强加实行的紧缩政策，导致希腊社会反欧声音由弱转强，"疑欧""退欧"论在希腊民众中越来越有市场。但总体上看，希腊民众虽然强烈反对紧缩政策，却并不希望真正退出欧盟和欧元区。欧洲晴雨表的数据显示，2012年与2008

---

① Kostas Gemenis, "The 2010 Regional Elections in Greece: Voting for Regional Governance or Protesting the IMF", *Regional & Federal Studies*, Vol. 22, No. 1, 2012.

年相比，希腊人自视为欧盟公民的比例并无显著改变。①

在当时希腊国内，各政党对欧洲一体化的态度及其危机应对方案主要可以分为三种类型：一是以新民主党、泛希社运为代表的"挺欧派"和"紧缩派"，承诺在欧元区和救助协议框架内摆脱债务危机；二是以希腊共产党和金色黎明党为代表的"退欧派"，主张希腊退出欧元区甚至欧盟；三是以激进左翼联盟为代表的"疑欧派"和"反紧缩派"，虽然反对紧缩政策，但并不主张退出欧元区，认为"退欧"的做法不具有可持续性，只能进一步破坏社会凝聚力，提出执政后将终止现行的财政紧缩政策，与国际债权人重新谈判，等等。显然，对"紧缩政策"失望至极，且仍然愿意留在"欧元区"的多数希腊民众来说，激进左翼联盟的政治承诺无疑带来一丝希望的曙光。

当然需要看到，在欧洲一体化问题上，左翼联盟/激进左翼联盟并非历来如此主张，而是经历了一个从温和到激进的发展变化过程。在20世纪90年代初诞生之时，左翼联盟内的所有派别都曾秉持同一性观点，主张社会主义变革应该在泛欧洲层面进行。左翼联盟认为，"如果希腊脱离欧盟，将会变得更加贫穷，更加依赖美国，社会也将变得更不平等"。但由于党内派别斗争激烈，尤其是改良派与左翼派对欧洲一体化的认同存在程度上的差异，因此左翼联盟采取了一种"批判性支持欧洲一体化"的立场②，但整体上支持大于批判。比如，尽管它提出"应根本改革《马斯特里赫特条约》"以修正"民主、社会和生态赤字"，但也宣称在《阿姆斯特丹条约》和《尼斯条约》中应考虑《马斯特里赫特条约》，甚而支持欧洲单一货币和欧洲共同防卫政策，强调"经济和政治一体化是持续性的，其中政治一体化应该是经济一体化的补充和平

---

① European Commission, "Public Opinion", http://ec.europa.eu/commfrontoffice/publicopinion/index.cfm/Survey/index#p=1&search=greece.

② Zoe Lefkofridi, "Sleeping with the Enemy? The Greek Radical Left & the EU", paper prepared for PSA 60th Anniversary Conference Workshop, March 29, 2010.

衡",相信欧盟是具有未来发展前途的替代选择。在实践层面,左翼联盟主张积极利用欧盟的政策和体制来实现其政策目标,尤其强调人权和生态等议题在欧盟层面较之国家层面更容易得到实现,从而更加主动地利用各种机会采取泛欧洲行动并丰富其政策议程。总之,在这一时期,"欧洲选择"构筑了左翼联盟的主要战略方向。①

但自20世纪90年代末后,左翼联盟/激进左翼联盟开始呼吁建立一个"社会的欧洲",对美国在欧盟一体化中的作用、欧洲货币联盟在各成员国的实现方式以及欧盟经济和就业政策的社会层面内容,也更多地转向提出批判性言论,对欧盟的发展前景转向怀疑论和悲观主义,支持欧盟经济和政治结构的全面重建。在实践中,左翼联盟在1999年放弃支持《阿姆斯特丹条约》,建议修改《马斯特里赫特条约》的标准,反对欧盟宪法条约,支持签署"社会宪章"以及解决失业问题的泛欧洲纲领等。

2008年国际金融危机发生后,左翼联盟/激进左翼联盟对欧洲一体化的批判更加激烈。它提出,"即使欧盟内的力量平衡不利于左翼政党,我们仍然需要继续致力于推翻新自由主义力量"。②2010年金融危机波及希腊,"三驾马车"向希腊政府施压立即采取紧缩政策。6月,在第六次全国代表大会的政治决议中,左翼联盟对欧盟前景的评价更加消极,并呼吁对欧盟大厦造成实际威胁的新自由主义力量展开行动。

主权债务危机爆发之初(直到2012年大选前),左翼联盟一直坚持一种激进战略,强调希腊危机是统治欧洲的新自由主义经济的产物,是危机前统治希腊的政党长期治理失当的结果,危机揭示了欧盟的非民主性。左翼联盟甚至进而宣称自己此前对《马

---

① Giorgos Charalambous, "All the Shades of Red: Examining the Radical Left's Euroscepticism", *Contemporary Politics*, Vol. 17, No. 3, 2011.

② Nikolaos Nikolakakis, "Syriza's Stance vis-à-vis the European Union Following the Financial Crisis: the Persistence of Left Europeanism and the Role of the European Left Party", *European Politics and Society*, Vol. 18, Issue 2, 2017.

斯特里赫特条约》的支持是一个错误。它一方面批评欧盟对危机的处理手段错误，指责《备忘录》引发了尖锐的社会矛盾；另一方面大力抨击泛希社运和新民主党推行"休克疗法式"改革，认为《备忘录》不仅是技术问题，也不仅是执政判断失误，而是全球掠夺性资本主义发展的后果。为此，左翼联盟再次提出了在欧洲和希腊国内开展反对新自由主义统治斗争的必要性问题。

当时，在激进左翼联盟内部，在希腊是否应该"脱欧"，即是否退出欧元区问题上出现了不同观点的激烈争论。激进左翼联盟内的少数派主张通过渐进回归本国货币的方式来解决危机。他们实际上并非坚决的脱欧派，但强调如果在欧元区内不能解决危机，党应该接受回归"德拉马克"（希腊本国货币）的可能性。前左翼联盟领导人阿拉瓦诺斯是这一立场的主要代表，他在2010年脱党后组建了"B计划"运动，并参加欧洲议会选举，但几乎没有政治影响。

党内多数派坚持批判性支持欧洲一体化立场（与此前不同，批判的成分更显著）。其特点在于，虽然批评欧盟强加的紧缩政策，但也强调不可能在欧盟和欧元区之外寻求解决危机的方案，脱欧只能加剧已经十分恶化的状况。唯一可行的解决方案，就是"受害国"间相互合作，替代方案是欧洲人民进行共同斗争，推动各国在欧盟中实现力量均衡，并展开协调行动，以建立另一个民主、社会的欧洲，摆脱货币主义和资本强迫的欧洲。① 有学者认为，这一内部争论对激进左翼联盟的崛起具有关键意义，它促使党重新提炼了纲领。此前抗议中空泛的反体制和反新自由主义言论缺乏意识形态深度，同时党也没有提出具体的解决债务危机的建议。党内争论促使激进左翼联盟转向提出更加实用的解决方案。②

---

① Nikolaos Nikolakakis, "Syriza's Stance vis-à-vis the European Union Following the Financial Crisis: the Persistence of Left Europeanism and the Role of the European Left Party", *European Politics and Society*, Vol. 18, Issue 2, 2017.

② Yiannos Katsourides, *Radical Left Parties in Government: The Case of Syriza and AKEL*, Palgrave, 2016, p. 98.

(二) 提出切实而细致的反紧缩举措

在反紧缩斗争中，激进左翼联盟越来越从最初的激进口号和言论，转向提出具体而实效的政策主张。这建基于其战略目标的转变：不再局限于反新自由主义政策，而是更加专注于成为执政挑战者。在执政问题上，左翼联盟内部同样曾存在两种不同观点的争论。"现代化派"（以2010年脱党建立的民主左派党为代表）强调参与执政是作为"负责任左翼"的必要条件。在2012年6月选举后，其曾宣称，与新民主党和泛希社运一起参与萨马拉斯联盟政府，将成为"自我实现的预言"。而以德拉加萨基斯（Yannis Dragasakis）为代表的一派，则主张党在寻求政府参与的同时，应该积极参加社会运动。该派认为，要使党的战略转向产生影响，只参加一届政府并不足够。《备忘录》不仅是欧盟的统治工具，也是国内政治和社会精英的政治纲领，应该被废除。这场人类危机是党执政面临的首要挑战。在由紧缩政策引发的极端社会条件下，党的主要目标应是捍卫福利国家，以及恢复民众在这一时期丧失的权利。

早在第一次紧缩政策被强制推行之际，左翼联盟2010年代表大会就通过了一份《逐步退出危机的替代纲领》，基本主张包括：通过欧洲中央银行提供直接贷款退出《备忘录》、重新协商债务和部分债务减免、银行系统"社会化"、对希腊经济进行创造性重构（强调社会保障以及在公共投资纲领下推动一种替代发展模式等）。同时，左翼联盟也建议向受债务问题困扰的国家发行欧洲债券，并支持希腊与面临类似问题的南欧国家建立反紧缩联盟。

在2012年6月大选前，后一观点成为左翼联盟/激进左翼联盟的主要政策立场。6月1日，齐普拉斯召开记者招待会，正式公布了党的经济纲领，强调左翼政府的第一步行动是废除《备忘录》及其相关法律。同时，激进左翼联盟不主张退出欧元区和欧盟，因此将就救助协议和债务偿还问题签署新协议，以确保希腊能够继续保持欧洲国家的生活水平，不沦为欧洲的殖民地。显然，其核心观点认为，希腊债务是不可持续的，没有能力偿还。因此，最终形成的协议必须取消此前的绝大部分内容。同时，政府也将承诺一项"发展条款"，即只有在希腊GDP实现正增长时，才会偿还其债务，而偿还金额应与GDP增值成正比。

激进左翼联盟承诺采取一些具体措施改善民众生活状况，如废除最低工资减少22%的规定，重新设定最低工资为每月750欧元，失业救济每月461欧元；搁置削减社会支出、养老金和公共部门工资计划；失业救济时间延长至两年；撤销劳工改革关于集体协议到期允许雇主强制签订个人协议的规定；废除针对中低收入的诸多税收项目；缩减（尤其是面包、牛奶等基本食品的）增值税以促进消费；部分或完全取消债务缠身的家庭和企业的债务；缩减食品加工业和旅游业的间接税；冻结战略性公共机构的私有化，并逐渐回归公共控制。如何能够保证这些措施的实现呢？齐普拉斯也提出了具体方案，如将正在进行资产重组的银行国有化、强化控制商品和服务机构、建立财产记录以征税并避免逃税行为、虚报资产的个人财产充公、重新设计税表以使富人缴纳更多税、提高针对船主的税收、创造条件使储蓄回归希腊银行、发展国有矿山、与瑞士政府签署协议对希腊公民在该国的存款征税。齐普拉斯最后提出，"希腊人不是像乞丐一样祈求施舍。他们需要工作以维持体面的生活。他们需要满足基本需求"。[①]

在后来党的正式经济纲领中，德拉加萨基斯进一步指出，"退出欧元区不是我们的选择，但我们也不同意继续实行不能为我们的社会和国家提供生存保证的政策"；"唯一可行的选择，就是与欧盟达成一份诚实的新协议"，并在此基础上提出了三个目标：减轻危机受害者所遭受的苦难，实现稳定和复苏，实行激进改革和转型纲领。激进左翼联盟提出了与《备忘录》完全相反的替代计划的基本论点：第一，反对希腊政府和欧盟强加的希腊人"集体

---

① Stavros Panagiotidis, "The Economic Program of SYRIZA-For a Government of the Left in Greece", *Transform*！, June 5, 2012, https://www.transform-network.net/en/blog/article/the-economic-program-of-syriza-for-a-government-of-the-left-in-greece/.

有罪"理论；第二，这场危机并非希腊的"民族特性"，而是更广泛的欧洲危机的组成部分；第三，财政巩固和可持续的公共债务不能在紧缩环境下实现；第四，发展是环境改革、再分配以及消除贫困、失业和社会不平等的前提；第五，新自由主义的"结构性调整"不能解决社会问题，而只是伤害弱势群体利益的财富和权力的再分配。

激进左翼联盟制定了涵盖三个层面的具体改革措施。首先，为了增加公共收入，实行财产登记制度；着手解决作为"结构性"问题的"黑市经济"；对税收制度进行重新评估，建立现代化的税收体系。其次，进行公共管理改革，以提高公共财富的管理效率。改革涉及政治体系、行政和社会三个层面。其中废除庇护主义体系，是政治体系改革的先决条件。最后是继续深化相关改革和转型，如建立社会和工人管理新制度；在国家各层面确立民主计划和长期性计划原则；通过生产体系的转型和升级重构经济；公共部门作为生产体系升级和重构的抓手；以及资助社会发展和需要的战略等。①

在危机下，反紧缩显然已经超越意识形态而更加凸显其重要性。激进左翼联盟提出的这些详细而具体的反紧缩举措，使其建立了作为"负责任的左翼"形象，尤其获得了大量来自大城市雇员阶层和青年人的支持。

(三) 积极参加反紧缩抗议运动

与希共明显不同的是，左翼联盟/激进左翼联盟是社会运动的积极支持者。在这方面，它受强调"相互性"和"自治"原则的意大利左翼运动影响颇深。对其而言，左翼政党的作用"不是领导而是参与运动，在向社会运动学习的同时，尝试对其发挥影响"。② 在实践中，左翼联盟致力于与近些年迅速发展的新社会运

---

① Yiannis Dragasakis, *Presentation of the Economic Program of SYRIZA-USF*, 2012.
② Myto Tsakatika and Costas Eleftheriou, "The Radical Left's Turn towards Civil Society in Greece: One Strategy, Two Paths", *South European Society and Politcs*, Jan. 30, 2013.

动,尤其是青年一代参与者建立联系。其青年组织——"左翼联盟青年",一直是党与社会运动联系的主要中介,到 2012 年时,已经拥有成员 1500 人。"左翼联盟青年"的建立和巩固过程,与其参与反全球化运动的时间几乎同步,因此其核心社会议程,如争取社会权利、反等级制、反资本主义、女权主义、生态主义等受反全球化运动影响很大。债务危机爆发之前,激进左翼联盟还积极参加了反战运动(2003 年)、支持移民运动(2006 年)、大学生运动(2007 年),以及 2008 年的大规模青年抗议运动。

希腊债务危机发生后,左翼联盟/激进左翼联盟继续坚持过去十年间一直秉持的反对党定位,坚持明确的反紧缩措施立场,支持罢工和社会动员,是各种反抗运动的积极参加者。比如,支持"不付款"运动(反对高速公路付费)等社会不满运动,甚至直接参加"占领广场运动"。与希共明确的否定态度相反,激进左翼联盟整体上积极支持"占领广场运动"。尽管党内存在着不同观点,但与党联系密切的经济学家和知识分子、青年团成员,参与甚至经常在雅典宪法广场的大会和小组讨论中扮演主要角色。同时,激进左翼联盟也尝试将"占领广场运动"与其他罢工和游行结合起来,比如在 2012 年 6 月 25—26 日,罢工者和"愤怒的"抗议者联合举行了雅典总罢工。在此次罢工后,激进左翼联盟的民测支持率明显提升。

希腊作家、社会活动家斯塔夫罗斯·斯塔夫里迪斯(Stavros Stavrides)分析了激进左翼联盟的兴起与社会运动尤其是"占领广场运动"的关系。他指出:

> 激进左翼联盟并非"占领广场运动"的直接产物,二者之间并不存在决定性的因果关系。对激进左翼联盟而言,"占领广场运动"更重要的意义在于创造了一种新的社会意识:它抵消了蔓延于希腊社会的部分恐惧情绪,对紧缩政策的"必要性"提出了质疑。尽管"占领广场运动"最终失败,但

抵抗和反宿命论精神却留存下来。如果没有这种精神，激进左翼联盟不可能取得成功。同时，由于"占领广场运动"未能成功抵制紧缩政策，作为唯一没有腐败历史、反对"三驾马车"、能够确保民主变革和阻止那些破坏社会生活措施政策的政党，激进左翼联盟成为人民的唯一选择。①

（四）拥有富有鼓动性和个人魅力的政党领袖

激进左翼联盟领导人齐普拉斯不容忽视的个人魅力，成为激进左翼联盟胜选的重要砝码。齐普拉斯1974年出生于雅典的一个中产阶级家庭，高中时加入希腊共产主义青年团。1990年，17岁的齐普拉斯领导学生运动，要求赋予学生是否上课的自主权。苏联解体后，希共退出左翼联盟，齐普拉斯选择留在联盟，并担任联盟青年组织的领导人。2006年，齐普拉斯开始在希腊政坛崭露头角，他在该年参选雅典市长，获得10.5%的支持率，使左翼联盟的得票率较2004年提高了3倍。2008年，齐普拉斯以34岁的年龄当选左翼联盟党主席，成为希腊有史以来最年轻的政党领导人。在希腊债务危机期间，齐普拉斯的支持率迅速攀升，成为公众和媒体的关注焦点，获得了"性感的阿莱克斯"、希腊的政治新星、紧缩政策的敌手、激情洋溢的雄辩家、"希腊的奥巴马"等高度赞誉。其影响甚至超越希腊，被欧洲左翼党推荐参与竞选欧洲委员会主席，成为整个欧洲左翼的"海报男孩"和欧洲政坛炙手可热的人物之一。法国《人道报》刊载的一篇文章标题甚至这样说，"拥有齐普拉斯，希腊人就有在欧洲重新复兴的希望"。

在这些有利的内外因素促动下，激进左翼联盟实现崛起。在2012年5月的选举中，由于各党均未达到绝对多数，激进左翼联盟曾经获得过组建联盟政府的机会。但由于希共与激进左翼联盟存在难以调和的矛盾，认为它的各种激进主张是迎合民众意愿的

---

① Julius Gavroche, "Syntagma, Syriza: Between the Square and the Palace", Apr. 8, 2015, http://autonomies.org/en/2015/04/syntagma-syriza-between-the-square-and-the-palace/.

机会主义，因而在这次选举后拒绝了激进左翼联盟共同组建联合政府的倡议，使其未能在2012年登上权力的顶峰。然而，通向政权的大门毕竟已经开启。随着希腊在债务危机的泥潭中越陷越深，激进左翼联盟成为不堪紧缩政策之苦的希腊民众的"救命稻草"和最后希望，最终在2015年登顶权力中心，成为危机后欧洲第一个上台执政的激进左翼政党。

第四节　希腊共产党的选举困境与思想理论新调整

与激进左翼联盟的飞速崛起相反，希共在危机后的希腊选举政治中陷入巨大发展困境。作为实践反思的结果，希共对其理论主张有所调整。希共并未像一些西欧共产党那样大幅度转向，而是更加趋向"激进"，在坚持传统的道路上走得更远，对向社会主义过渡、革命形势、党的责任等问题作出了新的思考。

一　希腊共产党陷入体制内政治发展困境

在希腊政治舞台上，希共是长期占据主导地位的左翼力量。直到泛希社运兴起前，没有任何左翼政党可以与其相媲美。20世纪90年代初，希共发生分裂，得票率一度下降至5%以下，但21世纪后支持率呈现上升态势，在经济危机前的几次选举中支持率连续达到8%左右。尤其是在与左翼联盟/激进左翼联盟的选举政治博弈中，希共更是占据绝对优势（除1996年的全国议会和欧洲议会选举得票率领先相对较小外）。然而，在2012年连续两次全国选举中，希共被激进左翼联盟远远甩在身后。虽然在5月选举中希共支持率较之此前有所提升（达到8.5%和26个议席），但6月的全国议会选举，希共支持率几乎缩水一半，一下掉落至4.5%，仅得到12个议席，从议会第三大党滑落为第七大党。此后，希共一蹶不振，尽管2015年大选得票率较2012年有所回升，但整体上已经回落至20世纪90年代的水平。显然,从选举层面看,希腊激进左翼的传统政治版图已经彻底颠覆,希共与左翼联盟/激进左翼联盟的主从地位也被重新改写。

同为反紧缩和抗议运动的积极支持者,希共因何未能如激进左翼联盟那般获得危机红利,反而在资本主义危机中遭遇"滑铁卢"?不少研究者(尤其从与激进左翼联盟比较的角度)考察和分析了希共支持率下滑的原因,其中两种观点占主导:

一是从希共的组织结构方面探寻原因,认为其集中化的组织结构,严格的党员入党标准,以部门/职业划线的组织巩固战略,及其附属组织简单化地参照"全国工人斗争阵线"并追随其需要,使得党更加僵化,难以适应新形势的变化。[1]

二是从希共在反紧缩和抗议运动中的行动战略考察,强调其先锋队战略以及拒绝与包括激进左翼联盟在内的其他左翼力量合作,使其在吸引更广泛选民及其自己的选民和成员方面付出了沉重代价。激进左翼联盟充分利用了自身支持社会运动的立场,希共则因为其宗派主义立场而受到惩罚,在变化的政治环境中进一步被边缘化。[2]

面对选举遭遇的巨大挫折,希共也进行了自我反思。在2012年6月17日选举后,希共连续发表了两则声明,阐明党在相关问题上的立场和观点。[3] 希共的基本观点是认为,从希腊发展现状来看,党在这次选举中显著的选票丧失,并未反映党的地位和行动的影响。一方面,这次选举是在幻灭的压力以及"两害相权取其

---

[1] Myto Tsakatika and Costas Eleftheriou, "The Radical Left's Turn towards Civil Society in Greece: One Strategy, Two Paths", *South European Society and Politcs*, Jan 30, 2013.

[2] Costas Eleftheriou, "Greek Radical Left Responses to the Crisis", in Luke March and Daniel Keith (ed.), *Europe's Radical Left: From Marginality to the Mainstream?*, Roman & Littlefield, 2016, p. 305.

[3] KKE, "Statement of the GS of the CC of the KKE on the Elections Results of 17th June 2012", June 18, 2012, http://interold.kke.gr/News/news2012/2012-06-18-dilosi-gg.html; and "Resolution of the CC of the KKE: First Assessment of the Election Result of 17th June 2012", June 19, 2012, http://interold.kke.gr/News/news2012/2012-06-19-apofasi-ke-ekloges/index.html.

轻"的定律（即有可能组建一个在垄断力量控制和欧盟同化作用下管理危机的政府的无痛苦之路）下发生的。另一方面，对希腊脱离欧元区的担心也影响了人们的选择。此外，选举是在意识形态—政治机器无所不用其极（甚至通过网络）的进攻下发生的。其主要目的是削弱希共，阻止劳工运动的兴起。

希腊共产党对这两次选举的差异性进行了分析，指出在5月选举中，希共在大城市的选票损失很多，并大都流向了激进左翼联盟。同时，激进左翼联盟还获得了大量来自此前支持泛希社运和新民主党的选票。在6月选举中，新民主党和激进左翼联盟的力量增强，而希共损失惨重，仅得到5月选票的48.3%。6月选举的基本投票标准是组建以新民主党或激进左翼联盟为核心的联合政府的必要性，而建基于反欧盟《备忘录》的标准的重要性已显著下降，因此民意测验显示，55%的选票流向激进左翼联盟，另有38%的选民弃权。[①]

希共对各党的选举结果进行了分析，尤其指出，激进左翼联盟执政纲领刻意回避了废除《备忘录》和借款协议、废除私有化等激进口号，因而必然是一个资产阶级的管理纲领。这表明，在与国外权力的关系上，它也必然会采取一种调和立场。激进左翼联盟得到了很多希望在不与欧盟和欧元区对抗条件下就《备忘录》进行谈判的选民的支持。

在希共看来，选举结果总体上反映了在资产阶级意识形态和宣传引导下，在小资产阶级激进主义崛起的压力下，在危机期间发展起来的具有阶级导向的激进主义受到遏制的倾向。显然，当前的斗争没有设法深化和巩固激进主义，因为其并未呈现大众性特征，也未实现当前形势所要求的组织和政治方向。任何积极的发展趋势，都受到狭隘的《备忘录》内容，受到贫困和失业不断扩

---

① KKE, "Resolution of the CC of the KKE-Conclusions from the Elections on 6th May 2012 and 17th June 2012", July 11, 2012, http://interold.kke.gr/News/news2012/2012-07-16-teliki-apofa-si-cc-ekloges/index.html.

大条件下人们预期的降低影响。在这次选举之后,新的两极体系(以中右翼新民主党以及吸收了大量前泛希社运成员的中左翼激进左翼联盟为核心)取代了旧的两党轮替。希共强调欧盟委员会对选举的干预,垄断组织对激进左翼联盟的支持在这次选举中发挥了作用,因此希共呼吁投票支持其他党尤其是激进左翼联盟的选民应该进行深刻反思。

显然,这种分析和认识与希共长期秉持的立场主张一脉相承。同时也表明,希共的基本立场和观点在欧债危机后并未出现任何根本性变化。相反,正如有学者指出的,"2011 年后希共在社会主义等问题的认识上更加趋向于保守"。[1] 这种发展趋向在 2013 年希共新修订的党章、党纲中表现得尤其明显。

二 希腊共产党纲领政策中的新提法

2013 年 4 月 11—14 日,希腊共产党第十九次全国代表大会在雅典党的中央委员会总部举行。在此次会议上,执掌希共 22 年的帕帕莉卡去职,迪米特里斯·库楚巴斯(Dimitris Koutsoumbas)成为党的新任总书记。会议通过了政治决议,提出二十大前党的工作和政治任务,并对党的发展方向、联盟政策、党的建设以及党在国际共产主义和劳工运动中的作用作出了全面阐述。会议的一项重要任务是对 1996 年党的十五大以来一直实行的党纲和党章进行修订,并通过了新的党纲、党章。

希共新党章[2]延续了 1996 年第十五次全国代表大会制定的党章精神,但"为了强化党的领导,更有效地参与群众运动,更好地指导工人阶级和群众组织的工作",在一些具体规定上表现出更加严格的倾向。[3] 比如,新党章规定希共仍然是工人阶级的政党和

---

[1] Dan Keith and Giorgos Charalambous, "On the (non) Distinctiveness of Marxism-Leninism: The Portuguese and Greek Communist Parties Compared", *Communist and Post-Communist Studies*, Issue 49, 2016.

[2] KKE, "ΠΡΟΛΟΓΟΣ", http://www.kke.gr/taytothta/.

[3] http://www.902.gr/eidisi/politiki/7854/shetika-me-tis-allages-sto-proteinomeno-katastatiko-gia-19o-synedrio, 27/01/13.

先锋队,党的基本组织原则是以党内民主和集中领导为基础的"民主集中制",集中被严格定义为在单一中心,即中央委员会领导下进行活动,下级组织和党员无条件执行上级组织决定,少数服从多数。

为保持党的意识形态的纯洁性和阶级意识,在党员入党方面,希共强调从工人中招募党员,并使社区和工厂等基层组织成为将工人阶级联合起来的重要环节,宣称其成员"主要就是工人"。党员入党必须由地方组织批准;其他党的党员加入希共,必须经过地方组织批准;其他党的领导人加入希共,需经过中央委员会批准。党员入党必须经由两名希共正式党员推荐,成为预备党员后还要经过为期一年的(此前规定是六个月)严格考察才能成为正式党员。党员必须对党而非附属机构或其他组织负责。党员有责任支持党的斗争、招募新党员、支持党的纲领、保持党内团结、经常对其行动作出解释以及进行自我批评。党员必须阅读并推广党报《激进者报》和党刊《共产主义评论》。新党章尤其强化了党员责任,强调党员不仅要接受党纲,还要接受党的"意识形态",不能接受"形而上学的教条和宗教"。希共还严格了(被开除出党或自行离开的)党员重新入党的条件。

在党的组织建设方面,新党章规定党的基层党组织选举1000名代表参加全国代表大会。党的代表大会是党的最高领导机构,选举66人组成希共中央委员会。在党代会后,中央委员会是其最高机构。约10人组成的政治局在党的日常工作中发挥重要作用,负责党的运转。在地方、地区、工会以及附属组织中可以进行内部讨论,但不允许在党的刊物上批评党的政策。党员有权表达意见,但党在立法机构和其他"公共部门"当选的代表,必须执行党的政策和决定。早在1996年,希共就废除了1991年党代会前的"去集中化"的组织机制,比如为促进党内讨论并使党代会代表选举更加公开,希共曾允许地方和地区党组织组建一些小委员会。2013年党章中的一个重要变化,是废除了党的基层组织与中央委员会之间的"大区委员会"（district committees）。有观点认为，希共的这种民主形式实际上更加趋于"集中化和等级制"，整体上呈现一种金字塔结构，使得改良派基本上被排除在党代会之外。

2013年通过的希共新党纲，也在许多重要理论问题上提出了新的认识。希共后来专门撰文对新党纲中的相关重要问题，如时代特征、社会主义革命、议会道路、非革命条件下希共的任务等进行了具体分析和阐释。①

第一，关于当代资本主义的时代特征。希共主张，当代资本主义是垄断的资本主义，即帝国主义。这一时代始于20世纪初，以第一次世界大战爆发为标志。其主要特征是垄断占统治地位。所谓垄断应该被理解为积极参与一个或多个部门的资本主义股份公司，与其他股份公司共享绝大多数生产和市场。它们之间存在激烈竞争。因此，垄断并未消除竞争。即使资本主义国家本身也反对一个部门被某一企业垄断（反垄断法），它只是保护资本主义发展所需要的国家垄断。垄断的兴起及占统治地位，是经由资本积累和竞争实现的生产集中的结果。股份公司的基本特征是资本所有权与运作权相分离，因此现在的资本家虽是股份所有者但并不一定直接参与资本主义生产。在劳动的社会特征已经在很大程度上实现并发展的条件下，作为垄断基础的股份公司构筑了资本主义关系调整的基础。当代资本主义的这一特征为社会主义—共产主义创造了成熟条件。

第二，关于社会主义革命。希共认为时代特征决定革命特征，因此社会主义革命的条件已经成熟。其基本判断标准是生产方式的扩张程度、生产部门以及其他经济部门劳动力的相互关系等，尤其是生产力的发展和资本主义关系的发展程度。工资劳动的集中和扩张是资本主义发展成熟的基本指标，而工人阶级在政治上

---

① KKE, "Theoretical Issues Regarding the Programme of the Communist Party of Greece, Introduction", http://inter.kke.gr/en/articles/Theoretical-Issues-regarding-the-Programme-of-the-Communist-Party-of-Greece-KKE/.

形成一支革命力量，即阶级斗争的发展，是社会主义革命物质条件成熟的主要标志。希共用实证数据分析了希腊社会的工人阶级构成，强调工人阶级是占绝大多数的社会力量，主要集中于关键性经济部门。在希腊，劳动的社会特征与资本主义私人占有制之间的矛盾愈益突出。实行社会所有制、中央计划具有迫切性和必要性。从物质条件看，社会主义比以往任何时候都必要而及时。

第三，关于议会道路。希共反对工人阶级能够运用资产阶级国家机器建立自己的政权的观点，指出关于这一问题的争论主要源于将资产阶级议会民主视为一种非阶级的、建立在民众意愿的民主表达基础上的国家形式。从历史经验看，早就否定了这条道路的可行性。在当今条件下，资产阶级的这种组织形式与过去相比并未发生根本变化。为了支持议会民主，发生了一些资产阶级运动，如"阿拉伯之春"等。对这些运动的煽动和支持，通常与其他资本主义大国的利益，如争夺能源、基础设施、国际交通枢纽和军事基地等密切相关。在资本主义生产关系领域的普选权，经常遭遇公开或隐蔽的限制。在遭遇工人阶级威胁时，资产阶级也经常通过意识形态—政治操纵或收买等手段在普选中"弄虚作假"。就资产阶级体制框架内的多党制而言，其表达的是资产阶级各组成部分间围绕资本主义管理问题的差异和矛盾。从历史上看，劳工运动曾经犯过错误，认为工人阶级能够通过资产阶级制度赢得政权，因而最终被同化成为资产阶级的追随者，支持垄断统治，丧失了自身利益。因此，革命的多数只能在这种民主制度外形成。

第四，关于非革命条件下希共的任务。希共认为，共产党在群众组织尤其是工会中的基本责任，是其组织化的行动和政治工作，以实现与劳动群众的联系，在政治斗争以及夺取政权的斗争中教育他们。希共强调经济斗争与政治斗争相结合的重要性，尤其是在垄断资本主义时代，在社会主义革命成为必要的时代，通过共产党在劳工和工会运动中组织、引导工人进行政治斗争，具有额外重要的意义。

第五，关于联盟理论。在十九大上，希共明确提出了在革命条件下建立"人民阵线"，在非革命条件下建立"人民联盟"（People's Alliance）的任务。所谓"人民联盟"，即城市和农村工人与中间阶层的联盟。它表达了反对垄断和资本主义所有制，反对希腊融入帝国主义联盟的工人阶级、半无产阶级、自雇者、贫农、青年、妇女等人民阶层的利益，"是一个社会联盟，具有推翻资本主义和与资本主义决裂的运动特征"。"人民联盟"代表着工人阶级与人民阶层共同行动的方向，服务于在革命条件下建立革命阵线的目标，推动改变各种劳动力量间的相互关系，阻止工人阶级和各种人民力量陷入不同版本资产阶级政治路线（如围绕各种问题达成的团结、反新自由主义同盟、反《备忘录》联盟）的泥沼，帮助人们更加深入地理解推翻垄断权力和资本主义生产关系的需要。因此，"人民联盟"是一个有具体政治导向的联盟，而非只是运动组织的一个协调性机构，也并非仅仅建立在工会准则基础之上，而应体现在工会运动中，以工会斗争为基础，努力吸引新的工人阶级群众组织加入，并服务于最终建立革命阵线的目的。从党的联盟历史的教训中，希共强调，工人阶级与人民阶层的任何联盟形式都不应否定希共的意识形态、战略、政治和组织独立性。因此，希共不寻求与联盟内其他政治力量达成共同的政治和选举纲领，因为这必然以丧失党的政治独立以至最终的组织独立为代价，而必须以推翻资本主义和构建社会主义为战略目标。

2017年3月30日至4月2日，希共召开第二十次全国代表大会。会议明确提出了"我们加强希腊共产党——为强大的劳工运动和社会联盟、为政权—社会主义而斗争"的口号，尤其突出强调在重组劳工运动、强化社会联盟中加强希共的必要性。在这次大会上，希共进一步阐释十九大提出的"人民联盟"思想，强调"人民联盟"具体就是指"社会联盟"（Social Alliance）问题。希共从总结党的联盟建设经验出发，分析了"社会联盟"的主要特点[①]：

[①] KKE, "Political Resolution of the 20th Congress of the KKE", Mar. 30-Apr. 2, 2017, http://inter.kke.gr/en/articles/POLITICAL-RESOLUTION-OF-THE-20th-CONGRESS-OF-THE-KKE/.

——工人阶级由于在资本主义生产中的地位，客观上决定了是唯一的革命阶级，是社会主义—共产主义社会的建设者。而也只有劳工运动才具有彻底的革命特征，才能发展成为阶级性的革命运动。中间阶层的人民部分是工人阶级的潜在盟友，其部分运动积极参与到革命斗争中，而其他部分必须至少保持中立。推翻资产阶级将由工人阶级来领导。作为组织化工人阶级的意识形态—政治先锋队，希共将负责"社会联盟"的建立工作。

——以反资本主义、反垄断为指向的"社会联盟"，社会力量构成将由其在统治性生产关系中的地位为决定基础。妇女和青年属于特殊社会力量，而不参与生产的社会阶层的地位由其家庭背景决定。

——"社会联盟"的发展不是程式化的，也不能简单理解为现存的反垄断、反资本主义的组织形式，如"全国工人斗争阵线"等的联合行动。此前通过联合斗争框架形成的特定斗争形式不是静止不变的，需要按照运动的特定发展阶段以及各社会力量的相互关系来不断拓展。希共二十大决定组织一个全国范围的机构，详细讨论"社会联盟"的斗争框架等问题。

——在地方层面迅速建立起作为"社会联盟"表现形式的人民委员会。人民委员会不同于"社会团结倡议"（参见本章第一节），工会及其分支结构将在其中发挥领导作用。

——"社会联盟"本质上是一个社会运动的联盟，而非政党间的合作形式，也不是希共与群众组织间的合作形式。其他具有小资产阶级政治特征的政治力量的成员也可以参加"社会联盟"，与共产党一道在运动中共同斗争。而在运动内部进行意识形态—政治斗争具有必要性。

显然，从"反帝、反垄断民主斗争阵线"到"人民联盟"和"社会联盟"，希腊共产党的联盟斗争思想日益成熟、完善，体现了希共致力于在议会外组织动员群众，寻求实现劳工运动发展壮大的一以贯之的立场。也有学者认为，从"反帝"和"民主变革"

的短期目标，转向"争取工人权力的反垄断、反资本主义斗争"，表明希共已经抛弃了建立在过渡斗争和社会主义斗争基础上的"两阶段"斗争，转向更加正统的社会主义建立方法。① 但不论如何，"人民联盟"和"社会联盟"明显是希共在发展困境条件下，试图将更多劳动力量吸纳进入工人运动，推动运动实现突破和飞跃的尝试。然而，这种结盟形式对普通劳动阶层到底有多大吸引力？希共的联盟主张到底在多大程度上能够变为现实？可能只有理论设想和战略框架还是不够的。其最终的发展程度，既要受客观政治环境的影响和制约，也取决于希共本身的政治动员能力与水平。

---

① Dan Keith and Giorgos Charalambous, "On the (non) Distinctiveness of Marxism-Leninism: The Portuguese and Greek Communist Parties Compared", *Communist and Post-Communist Studies*, Issue 49, 2016.

第四章 从抗议党到执政党
——激进左翼联盟的执政表现、问题与挑战

在因"存在重燃经济危机的可能性"以及"攸关希腊和欧洲前途命运"而备受关注的希腊2015年1月大选中,激进左翼联盟创造历史胜选执政,成为欧洲第一个持反紧缩立场的执政党。然而,胜选与成功执政之间并不存在必然联系。凭借激进口号赢得执政地位的激进左翼联盟,不得不面对国内外政治、经济压力的现实考验。实践证明,激进左翼联盟未能成功抵御来自各方面的重压,很快就放弃了激进主张,退回到紧缩政策的轨道之上。2015年9月的二次执政,并未改变党的命运轨迹,激进左翼联盟受"三驾马车"牵掣,在新自由主义政策的泥沼中越陷越深,在理论和实践上都陷入了巨大发展困境之中。

第一节 激进左翼联盟走上历史前台

2012年选举后,激进左翼联盟转型为统一政党,其后开启了通向政权之旅。2015年1月全国选举,激进左翼联盟不出所料顺利胜出。激进左翼联盟的胜选引发各界迥然相异的评价,而其是否能够将反紧缩承诺付诸实践,成为人们的关注焦点与核心话题。

一 激进左翼联盟转型为统一政党
从激进左翼联盟本身看,2012年的选举成功激发了各成员党

的极大信心，它们对联盟的未来发展前景充满期待。但与此同时，新的政治形势以及联盟取得的成就，也与联盟在组织结构上的局限形成巨大反差。松散的组织形式明显不能适应联盟的发展要求，建立一个独立、统一、多元的政党愈益成为迫切需求。

2012年11月30日至12月1日，激进左翼联盟召开全国代表会议。① 这是为激进左翼联盟转型成统一政党奠定基础的一次重要会议。为会议的顺利召开，激进左翼联盟在会前进行广泛组织动员，举行地方会议，在地方和工厂建立新支部，招募新成员，进行政治讨论。这样，到会议召开前，激进左翼联盟已拥有500个支部和3万名成员。

各地方支部共推选3000名代表参加了这次全国代表会议。会议围绕宣言草案进行了激烈的讨论。其中一个重要问题，就是联盟的未来发展方向。随着激进左翼联盟的支持率越来越高、执政的可能性越来越大，联盟领导层（尤其是左翼联盟领导层）转向"现实主义"，纲领政策温和化倾向愈益明显。在这种情况下，联盟内一些反对力量发起政治辩论，试图捍卫联盟的激进性。在会议召开之前，联盟内三个左派组织，即托派的"国际工人左派""红色"（KOKKIO）和"反资本主义政治组织"（APO）发表了一项联合声明，反对激进左翼联盟的温和化，提出需要阐明一些重要的政治问题。同时，左翼联盟内最大的少数派"左翼潮流派"以及小派别"左翼重组"（Left Regroup），也就宣言草案提出了两点补充意见，一是强调要加强左翼团结，明确提出联盟的潜在盟友是希腊共产党和"反资本主义左翼阵线"；二是在债务和欧元区问题上，重申反对欧盟紧缩政策的敲诈。在这次会议上，上述这些派别共同构成了少数派——"左翼纲领"派（Left Platform），约占全体代表的25%。

这次会议的多数派是"联合投票"派（United Ballot），约占

---

① 会议情况主要参见 Panos Petrou, "Where Is SYRIZA Headed?", Dec. 19, 2012, http://socialistworker.org/2012/12/19/where-is-syriza-headed。

全体代表的75%，包括左翼联盟内的多数派以及毛派希腊共产主义组织、具有欧洲共产主义倾向的"更新派、共产主义和生态左翼"等激进左翼联盟内的小组织。它们支持激进左翼联盟的当前领导层和齐普拉斯，支持宣言草案，认为联盟正在沿着正确的方向前进。这两个相互对立派别的存在，强化了联盟内的不同意见分歧，也为将来党的分裂埋下隐患。

2013年7月10—14日，作为统一政党的激进左翼联盟第一次全国代表大会在雅典召开，共3500名代表与会。[①] 会议的主要任务是设计新党的《章程》和《政治决议》。在新党的《章程》方面，与会代表就联盟不同组成部分整合为统一、多倾向的政党作出决定，给予那些尚未解散的小党和组织额外的缓冲期以进行协商。根据新党《章程》，选举产生了由201人组成的新中央委员会，齐普拉斯以74%的支持率当选党主席。在《政治决议》部分，与会代表围绕欧元和欧元区、政治联盟以及左翼政府构建的优先权等问题进行了广泛讨论。代表大会决议委员会提交的《政治决议》建议稿成为讨论的基础。"左翼纲领"派围绕上述议题提交了四份修正案，但在充分讨论后均被否决，决议委员会的决议建议稿得到绝大多数代表的支持。

激进左翼联盟一大的《政治决议》，在对国内、欧洲和全球发展形势进行分析的基础上，讨论了转型后激进左翼联盟的意识形态和纲领特征，以及左翼政府的发展规划。[②]

《政治决议》指出，激进左翼联盟是一个"统一、民主、多倾向、群众性的左翼政党"，旨在总结工人和被压迫社会群体的呼求。党的构成中含有许多不同的意识形态潮流和文化，包括共产主义、激进、革新、反资本主义、革命和解放派左翼。党的身份基

---

① SYRIZA, "Report on the 1st Congress of SYRIZA and Text of Political Resolution", Sept. 2, 2013, http://portside.org/2013-09-02/report-1st-congress-syriza-and-text-political-resolution.

② SYRIZA, "Political Resolution, First Congress of SYRIZA", Aug. 19, 2013, http://spectrezine.org/political-resolution-first-congress-syriza.

石建构在生态、女权和其他新社会运动的价值观之上。党致力于建立左翼的联合行动和政治联盟，支持社会斗争和草根倡议，努力在劳工和人民运动中建立自己的阶级基础。《政治决议》明确提出，其目标是在希腊和欧洲实现"21世纪的社会主义"。

在《政治决议》中，激进左翼联盟从29个方面全面构设了党的纲领目标，主要包括：废除《备忘录》、实施社会和生产重构纲领；阻止希腊成为债务殖民地；提出保障性措施应对人道主义危机；以基于社会公正的有效方式解决赤字问题；为生产和环境重构创造条件；废除破坏环境的规则；建立公有制和公共控制下的银行体系；取消私有化计划，恢复重要战略部门的公共控制；推动小型和中型企业的重构、现代化和重建政策；促进具有社会价值的新的旅游业替代发展模式；确保食物供应（主权）；强化福利国家；确保公立医院和主要医疗机构的运转；采取措施反对高物价和价格操控；根本改变公共服务和地方机构运作方式；公共教育免费；反对种族和同性恋歧视；促进性别平等；等等。

激进左翼联盟一大是党的发展历史上一次继往开来的重要会议，从左翼联盟组织到统一政党的成功转型，为党的发展壮大以及最终上台执政奠定了坚实基础。正如党主席齐普拉斯在会后的新闻发布会上所说，"激进左翼联盟创建代表大会向前迈出了一大步，构筑了希腊左翼和民主发展史的里程碑"，"这个新诞生的政治主体，较之以往将更加团结和强大，将开启通向胜利之旅。我们将遏制社会破坏，重建伟大的希腊"。[①]

二 激进左翼联盟通往政权之路

从希腊国内政坛看，经历了2012年两次选举地震之后，希腊进入了新民主党、泛希社运和民主左派党联合执政时期。在三党

[①] Yiannis Bournous, "Report on the 1st Congress of SYRIZA, and Text of Political Resolution", Sept. 2, 2013, http://portside.org/2013-09-02/report-1st-congress-syriza-and-text-political-resolution.

联合执政期间（由于不同意关闭希腊全国电视和广播电台，2013年民主左派党退出联合政府），希腊不仅未能扭转困局，反而在经济下滑的轨道上越走越远。到2014年第二季度时，希腊GDP减少23.9%（相比2007—2013年）。从数值上看，这在资本主义历史上排在1929—1933年加拿大和美国经济衰退之后，位列第三。同时，失业率虽然较之2013年（27.5%）有所缓解，达到26.6%，但仍然是2009年平均水平（9.6%）的几乎三倍。在这一时期，抗议、罢工、游行示威等也仍然时有发生。

而主导了2012年大选的紧缩与反紧缩之争，仍然是当时各政党争论的焦点。支持《备忘录》的主要是执政的两党——新民主党和泛希社运，它们强调危机很快就会结束，希腊人民的牺牲也会有所回报，所需要的只是继续保持耐心。反对《备忘录》的包括所有左、右翼议会反对党，其核心观点是主张紧缩措施只会深化危机，拉大社会不平等，除非采取不同的经济政策，否则不可能解决希腊的债务问题。两种立场在体制内外进行着激烈交锋。正是在这一背景下，2014年希腊同时迎来了地方选举和欧洲议会选举。

希腊的地方选举分为两个层次，即325个市镇选举和13个大区选举。希腊选举法规定，无论市镇还是大区选举，都采取两轮多数决定制：第一轮赢得绝对多数选票的候选人当选，如果都未获得绝对多数选票，则前两位候选人进入第二轮投票，赢得多数票者当选。① 在这次选举中，激进左翼联盟的话语仍然展现了明显的反建制和反紧缩特征，其核心口号是"25日我们选举，26日他们就离开"，表达了建立一个致力于变革的政府的决心。而希共则继续奉行其孤立主义战略，拒绝与任何政党和组织建立联盟。最后结果显示，在大区选举中，新民主党赢得其中6个，激进左翼联盟支持的候选人仅赢得2个，但其中包括阿提卡（Attica）大区

---

① 2014年地方选举情况参见Yannis Tsirbas, "The 2014 Local Elections in Greece: Looking for Patterns in a Changing Political System", *South European Society and Politics*, Vol. 20, No. 1, 2015。

(这是希腊最大的大区，占全国选民的近1/3）。从各党在整个地方选举中所占份额看，新民主党下降了6.3个百分点，为26.3%；激进左翼联盟较之2010年地方选举提升了12.7个百分点，达到17.7%；希共则下降了2.1个百分点，为8.8%。各方观点均认为，激进左翼联盟是这次选举的大赢家。①

在几乎同时举行的欧洲议会选举中，激进左翼联盟更是所向披靡，得到26.6%的支持率，较2010年增长了21.9%，共获得6个议席，位居第一位。新民主党下降了近10个百分点和3个议席，最终得到5席。希共支持率有所下降，但仍然得到2个议席。激进左翼联盟主席齐普拉斯甚至还参加了欧洲委员会主席的竞选。

显然，激进左翼联盟已经拥有不可阻挡之势，入主政府似乎指日可待。

2014年底，新一轮《备忘录》及贷款协议即将到期。然而，新民主党—泛希社运政府却未能达成与"三驾马车"所商定的条件。为此，12月初时，希腊政府与国际借款人协商将协议延长2个月。此后，新民主党—泛希社运政府立即决定提前举行总统大选。希腊总统任期实际上是2015年3月到期，而希腊议会是2016年6月才到期。依据希腊宪法，总统由议会选举产生，且必须达到300位议员中180位议员的支持方可有效。否则的话，就要举行全国选举产生新议会，并以简单多数方法选举总统。由于新民主党和泛希社运提名的总统候选人仅获得168票，未能达到必需的选票数，议会选举因而被提上日程。

2015年1月25日，希腊大选拉开帷幕。在此前多次民意测验中，激进左翼联盟一直保持着"幅度不大但领先"的优势，社会舆论普遍预测激进左翼联盟将赢得选举，问题只在于其是否会获得151个议席的绝对多数，从而组成一党政府。最终结果回应了人们的担忧，激进左翼联盟得到36.3%的选票和149个议席，仅以2

---

① "Voters Back Anti-bailout Parties in Greece's Local Elections", May 19, 2014, https://www.theguardian.com/world/2014/may/18/greek-voters-make-their-disapproval-of-austerity-clear.

席之差未能获得绝对多数。

　　激进左翼联盟为何能在这次选举中最终胜出？西方学界的后选举政治讨论从多方面探讨了其胜选的主要原因。比如，有学者强调激进左翼联盟在表达人民的变革愿望方面发挥了重要作用，正是其激进战略和言论助推其走上了权力舞台的中心。① 有学者从经济投票的角度，即通过评估任职者经济成就的投票决定过程来考察选民心态，认为激进左翼联盟的勃兴，很大程度上是执政党受到选举惩罚的结果。② 还有学者认为，独特的左翼激进主义是激进左翼联盟选举成功的关键，因为其观点吸引了绝大多数既对欧盟感到愤怒，但又不想脱离欧盟的选民的支持。③ 也有学者主张，是危机以来希腊中产阶级的激进化推动了激进左翼联盟的选举胜利。该观点认为，中产阶级尤其是中下层中产阶级是希腊社会的基石。1974年希腊后独裁统治以来，他们积累了一定财富，生活相对富裕。但债务危机爆发后，高失业率和经济长期复苏乏力使得这些曾经相对丰裕的中下层中产阶级在物质上损失极大，成为"新贫困者"。长期以来，他们一直支持新民主党或泛希社运，但现在他们感到被希腊政治精英和欧洲的合作伙伴羞辱和背叛了。其潜在的反抗情绪不断累积，传统上具有保守倾向的这部分人群变得激进化。他们或者转向支持极右翼的金色黎明党，或者转向激进左翼联盟。但由于激进左翼联盟更快地占领了政治真空，展现出颠覆紧缩措施的潜力，给幻灭的选民带来更大的希望，因而成为多数中产阶级的替代选择。④

---

① M. Spourdalakis, "The Miraculous Rise of the 'Phenomenon SYRIZA'", *International Critical Thought*, Vol. 4, No. 3, 2014.

② Yannis Tsirbas, "The January 2015 Parliamentary Election in Greece: Government Change, Partial Punishment and Hesitant Stablisation", *South European Society and Politics*, Vol. 21, No. 4, 2016.

③ Yiannos Katsourides, *Radical Left Parties in Government: The Case of Syriza and AKEL*, Palgrave, 2016, p. 104.

④ Vasilis Leontitsis, "How the Greek Middle Class Was Radicalised", Feb. 18, 2015, http://www.socialeurope.eu/2015/02/how-the-greek-middle-class-was-radicalised/.

表 4.1　　2015 年希腊议会选举主要政党得票率和议席数

时间 政党	2015 年 1 月		2015 年 9 月	
	得票率（%）	议席数（个）	得票率（%）	议席数（个）
激进左翼联盟	36.3	149	35.5	145
新民主党	27.8	76	28.1	75
金色黎明党	6.3	17	7.0	18
大河党	6.1	17	4.1	11
希腊共产党	5.5	15	5.6	15
独立希腊人党	4.8	13	3.7	10
泛希社运—民主联盟	4.7	13		
民主联盟（泛希社运—民主左派党）	—	—	6.3	17

资料来源：希腊内政部网站，http：//greece.greekreporter.com/2015/01/26/greek-election-final-results-syriza-victorious-golden-dawn-third；http：//greece.greekreporter.com/2015/09/21/greek-elections-official-final-results/。

此外，共有 23 个政党参加了这次选举，除激进左翼联盟外，还有 6 个政党获得了议会席位。在选举中，新的两党体制（激进左翼联盟与新民主党）取代了旧的两党体制（新民主党和泛希社运），激进左翼联盟和新民主党的得票率之和接近选民总数的 2/3。支持紧缩战略的执政党尤其是次要的政府合作伙伴，比如泛希社运和民主左派党受到选举惩罚。其中泛希社运的际遇堪称惨烈，仅得到 4.7% 的支持率，曾经两极政治体制中的一极沦为无足轻重的边缘小党，而民主左派党甚至几近销声匿迹。与之形成对照的是极右翼金色黎明党强势崛起，凭借 6.3% 的得票率和 17 个议席数成为议会第三大党。2014 年 2 月建立的新兴政党"大河党"（To Potami），关注同性婚姻等社会议题，支持经济和公共部门改革，吸引了民主左派党议员和领导层成员的支持，在当年的欧洲议会选举中获得 6% 的支持率和 2 个议席。在此次大选中，大河党得到 6.1% 的支持率和 17 个议席，位列第四，取代了民主左派党在议会中的位置。希共获得 5.5% 的支持率和 15 个议席，影响较之 2012 年

6月选举有所回升。独立希腊人党的支持率虽然比2012年大选下降，但仍然得到4.8%的支持率和13个议席，并因而获得了进入联盟政府的机会。

三 独立希腊人党缘何成为合作对象？

2015年全国大选为激进左翼联盟带来了改变政治命运的契机。但由于未能获得议会绝对多数，激进左翼联盟必须与其他议会党合作，而激进左翼联盟也很快作出了自己的选择。在大选后第二天，它就与右翼民族主义政党——独立希腊人党组建了联合政府。两党在意识形态上存在根本差异，比如独立希腊人党崇尚的是"祖国、宗教和家庭"，这与激进左翼联盟坚持左翼、开放的价值观（如支持移民、呼吁政教分离等立场）相互冲突。这两个在意识形态光谱上距离如此之远的政党最终结成联盟貌似极"不合理"，在几年前甚至令人难以想象。实际上，早在2012年时，激进左翼联盟欧洲议会议员帕帕迪莫里斯（D. Papadimoulis）就曾在推特上放言，反《备忘录》紧缩政策的政治不能让独立希腊人党参与其中，因为它是新民主党的右翼。然而仅在三年之后，难以置信之事却变成了现实。在众多议会党中，独立希腊人党因何能够得到激进左翼联盟的青睐呢？

多数观点强调，将激进左翼联盟与独立希腊人党联合起来的，正是其共同的反紧缩立场。由于同样持反紧缩观点的希腊共产党明确拒绝与激进左翼联盟合作，反紧缩阵营中唯一留下的合作伙伴仅剩独立希腊人党，与之建立联盟政府成为不可避免的选择。因此，是战略而非意识形态推动了两党的合作进程。①

学者帕帕斯（Takis S. Pappas）构建了一个将战略与政治立场结合起来的二维分析框架，有助于我们理解激进左翼联盟的最终

---

① Yiannos Katsourides, *Radical Left Parties in Government: The Case of Syriza and AKEL*, Palgrave, 2016, pp. 118–120.

选择。① 帕帕斯的分析建基于 2012 年大选。他认为，传统上以意识形态划界的左、右翼政党光谱是选举行为的一个"弱指标"，因为其并不能表明政党在具体政策议题，比如是否支持欧盟的政治一体化以及共同的欧洲身份上的明确立场。他从两个维度对希腊主要议会党进行了重新划分。第一个维度与前述多数观点类似。因为在经济危机以及希腊社会被迫承受长期性紧缩政策的条件下，形成了一种与传统左、右翼区分相抵触的新的结构性冲突，即支持与反对希腊紧急援助计划的政党间的对立。前者支持市场改革、紧缩措施和进一步的欧洲一体化，而后者则支持大规模、保护性的超支国家，疏远欧盟以及不断增长的民族主义情绪。显然，"新的经济与文化分裂已经切断了旧的政治与意识形态分裂"。在这一认识基础上，帕帕斯将希腊左、右翼政党划分为支持紧缩与反紧缩两类，其中支持紧缩的包括新民主党、泛希社运和民主左派党（2015 年选举后被大河党所取代），反紧缩的包括激进左翼联盟、希共、独立希腊人党和金色黎明党。第二个维度以是否支持代议民主为标准，他将希腊政党划分为三类，即自由主义政党、新民粹主义政党和非民主政党。其中自由主义政党与支持紧缩政策的政党重合，仍然包括前两大党新民主党和泛希社运，以及民主左派党（以及 2015 年选举后进入议会的大河党），新民粹主义党包括激进左翼联盟和独立希腊人党，非民主政党包括希共和金色黎明党。

帕帕斯的政党分类方法，似乎厘清了危机下的一些悖论现象。比如，在 2012 年大选后，正是相似的战略立场，使得在三十多年时间里相互敌对的新民主党和泛希社运在面对所谓新民粹主义崛起的威胁时，结成了暂时性的联盟。再比如，激进左翼联盟与独立希腊人党在战略和政治立场上的差距，远远小于两党与其他政党的差距，因此二者间相互合作的潜力也必然大于其他政党。

---

① Takis S. Pappas, *Populism and Crisis Politics in Greece*, Palgrave Macmillan, 2014.

四　认同与质疑：对激进左翼联盟胜选的评价与前瞻

对于希腊激进左翼联盟的胜选，世界激进左翼内部呈现不同态度。一些左翼力量给予高度评价，指出这是对欧洲紧缩政治的第一次重要挑战，对于欧洲激进左翼的发展具有里程碑意义。比如，澳大利亚的《绿色左翼周刊》刊登《为什么激进左翼联盟是希腊人的希望？》一文，认为激进左翼联盟的胜利是以成千上百万希腊工人持续不断的社会斗争，比如"占领广场运动"、工人罢工以及反对国家压迫和法西斯主义的斗争等为基础的。2008年国际金融危机爆发以来，资本主义及其政府代表试图让工人来承受危机的损失。激进左翼联盟的胜利实际上是人民以一种激烈的阶级斗争形式反抗资本主义的第一次重大突破。①

欧洲左翼力量协调组织"变革！"（Transform！）刊发文章强调激进左翼联盟胜选的社会意义，认为必将对南欧的激进反紧缩政党，尤其是蓬勃兴起的西班牙"我们能"党（PODEMOS）产生示范效应。正如"我们能"党领导人伊格莱西亚斯（Pablo Iglesias）所言："希望将至！恐惧退却！激进左翼联盟，'我们能'党，我们会赢！"②

但与此同时，激进左翼内部也发出了一些质疑的声音。2015年1月17日大选前夕，英国共产党所属的《晨星报》刊发了一篇引发争议的文章，题目是"雅典处于解放前夜"。文章回顾了希腊现代发展史，尤其是希腊共产党的发展历程，强调希腊面临着与资本主义决裂的历史性机遇，呼吁劳工运动和左翼团结起来并积极作出回应。③ 希共激烈批评该文，认为作者罔顾现实，误导读者，采取了一种反历史的方法。希共强调，问题的关键是不能局

---

① Stuart Munckton, "Why SYRIZA Is Greek for Hope", Jan. 30, 2015, https://www.greenleft.org.au/content/why-syriza-greek-hope.

② "Tsipras Sworn in as the New Prime Minitster", Jan. 26, 2015, http://www.transform-network.net/blog/article/tsipras-sworn-in-as-the-new-prime-minister-1/.

③ Kevin Ovenden, "Athens Stands on the Verge of Its Liberation", Jan. 17, 2015, http://www.morningstaronline.co.uk/a-fa3d-Athens-stands-on-the-verge-of-its-liberation#.WTyo-rEYzgo.

限于一个党的名称,无论其自我描述为"左翼"还是"反紧缩",而必须深入探讨其特征,分析其纲领—战略方向,研究其具体行为。在希共看来,激进左翼联盟事实上接受了欧盟和资本主义战略,已经取代泛希社运成为新的社会民主党,成为资产阶级两极政治体系中新的一极。当然,这并不意味着新民主党和激进左翼联盟完全等同。但它们间的差异仅仅反映了欧元区国家内部的现存差异,以及金融集团、资产阶级和小商人之间的差异。其中一方主张继续执行紧缩政策,以使各国能够走出危机阶段,进而作为整体的欧元区不再进一步滑向危机;而另一方坚持一种"扩张性"的政治路线,强调必须向小商人提供资金支持,以重启资本主义经济进程。这就是二者争论的实质,与工人阶级和普罗大众的利益毫无关系。希共认为,尤其在与欧盟的关系及希腊作为帝国主义联盟的成员方面,激进左翼联盟已经放弃了激进主张。希共因此判断,激进左翼联盟政府必定将会继续给北约提供军事基地和基础设施,为北约在印度洋的军事行动提供驱逐舰,而希腊也将继续参与帝国主义的地区性战争计划。希共坚称自己决不会参加支持欧盟和大资本反人民战略的任何政府,而将努力在工人—人民政府中发挥重要作用。在这个政府中,人民将主宰经济、控制国家权力,将单边取消债务,退出所有帝国主义组织,实现垄断企业的社会化。①

一些立场更为激进的左翼力量也回应了希共的观点。比如"世界社会主义网"(第四国际的网站)刊文认为,激进左翼联盟的胜利并不代表政治的发展和进步,对工人阶级没有任何意义。激进左翼联盟是一个资产阶级政党,虽然提出了"希望"与"变革"的承诺,但迟早会背叛它所利用的民众的期望。激进左翼联盟选择独立希腊人党作为联盟伙伴正是最好的证明。该文认为将激进左翼联盟政府称为"左翼""社会主义者"甚至"工人"政

---

① International Relations Section of the CC of the KKE, "Article Published in the Morning Star Newspaper on 22/1", http://inter.kke.gr/en/articles/Article-Published-in-the-Morning-Star-Newspaper-on-22-1/.

府，是小资产阶级虚假左翼的幻想。激进左翼联盟胜选当天，欧元对美元比价在11年间首次上涨，世界主要股票市场上扬，全球投资者显然认为齐普拉斯是其可以合作的伙伴（正如撒切尔评价戈尔巴乔夫那样）。同时，激进左翼联盟的竞选纲领也建立在希腊资产阶级和上层中产阶级的利益基础之上。因此，第四国际反对各种支持激进左翼联盟的借口，认为这不利于工人阶级革命运动的发展。①

与上述看法不同，奥地利团结和信息小组发起的倡议"希腊决定"（Griechenlandentscheidet），对这次希腊选举结果提出了四点认识。② 第一，选举结果是欧洲反紧缩斗争的标志性胜利。几十年来，一个为新自由主义资本主义提供了真正替代方案的政党通过选举执掌一个欧盟国家，这一事件将彻底改变欧洲政治蓝图。激进左翼联盟的胜利是希腊社会运动和政治斗争共同努力的结果，后者反过来也将成为其成功执政的推动力。这一胜利将使希腊之外正在积极进行政治斗争的社会运动、工会和政党提振士气。第二，在解决人道主义危机和协商缩减希腊债务问题上，激进左翼联盟与独立希腊人党拥有共同的战略目标。因此，选择与之建立联盟政府，表明激进左翼联盟试图迅速实施最重要的改革措施。第三，新政府面临的最重要挑战，是与欧洲精英在缩减希腊债务问题上的抗衡。在这场斗争中，激进左翼联盟政府能否成功取决于两点：一是希腊人民与所有社会运动的积极支持；二是来自希腊外部的支持，尤其是各国左翼力量对本国政府和欧洲精英施加压力，迫使其公平解决债务危机。第四，在新形势下，国际团结尤其具有重要性和紧迫性。批评当然也是国际团结的组成部分，但却并非是最重要的。更重要的是不能忘记共同的事业。我们反对对激进左翼联

---

① Chris Marsde, "The Significance of the Election of Syriza in Greece", Jan. 27, 2015, https：//www.wsws.org/en/articles/2015/01/27/pers-j27.html.

② "Hope Over Cynism", *Transform*！, Feb. 3, 2015, http：//www.transform-network.net/blog/article/hope-over-cynism/.

盟进行教条式的抨击。现在不是愤世嫉俗的时候，而是充满希望的时刻，是推动欧洲实现真正变革的最好机会。

从实践上看，激进左翼联盟的胜利不仅引发全球左翼的大讨论，也吸引了欧洲甚至全世界关注的目光。彼时世人都在观望，作为年仅40岁、希腊150年历史中最年轻的总理，作为欧洲政坛第一个承诺取消紧缩政策的执政党，齐普拉斯领导下的激进左翼联盟将把希腊引向何方？将把欧洲左翼运动引向何方？在当时，至少以下问题成为各方面关注的焦点。

第一，激进左翼联盟能否迅速将其反紧缩承诺付诸实践，扭转公共部门预算缩减状况，撤销作为2010年欧盟紧急援助兑换条件引入的劳动力市场改革？而激进左翼联盟政府面临的迫切问题是国库空虚，改革所需预算资金无从筹措。有舆论认为，若要实现这些目标，齐普拉斯唯有自愿退出欧元区，重新发行希腊新货币。

第二，激进左翼联盟竞选纲领的重要内容，是承诺执政后将着手削减债务。齐普拉斯胜选后也立即提出新一届政府将在"公平、互惠与可行"基础上与国际救助方展开谈判。激进左翼联盟明显寄希望于"三驾马车"能够对希腊网开一面，但鉴于取消希腊债务会对其他受危机困扰的国家如意大利、西班牙产生示范效应，因此实际可能性不大，最好的预期是欧元区延长对希腊借款期限并降低利率。如果面对这种情况，激进左翼联盟将何去何从？有分析指出，如果激进左翼联盟执意拒绝偿还利息和借款，欧洲央行将撤回其对希腊银行体系的支持，而这将导致希腊银行崩溃，希腊实际上将处于欧元区之外。

第三，尽管激进左翼联盟一直强调希腊会留在欧元区，但如果改革和谈判皆不奏效，受党内激进"退出派"的影响，希腊最终是否会退出欧元区？而希腊退出的话，是否会在其他国家产生连锁反应，进而引发欧元区的全面危机？各方观点普遍认为欧元区崩溃的可能性不大，但希腊退出的可能性却始终存在着。而一旦这一场景出现，不仅对希腊和欧元区，甚至对全球经济都将产生重要影响。

第四，激进左翼联盟在"新自由主义"最薄弱环节的希腊赢得胜利，是否会在欧洲激进左翼政党中产生"多米诺骨牌"效应？"左翼的时代到来了！"这是激进左翼联盟胜选后，其支持者在雅典市中心集会上高呼的口号。对欧洲激进左翼来说，2015年的确是其历史发展的重要年份，随后至少有七个国家，即爱沙尼亚、芬兰、英国、丹麦、葡萄牙、波兰和西班牙将举行议会选举。总的来看，激进左翼在一些国家并不存在异军突起的可能性，比如在英国、爱沙尼亚、波兰，激进左翼政党的得票率一直在1%之下，没有显著的政治意义；在一些国家可能会保持稳定的选举水平，比如丹麦、芬兰、葡萄牙，其得票率一直在8%—17%的范围间波动。西班牙新兴的"我们能"党被普遍认为是继希腊激进左翼联盟后最值得期待的激进左翼政党。2014年1月成立的"我们能"党在短时间内获得了突飞猛进的发展，2014年5月第一次参加欧洲议会选举，就获得了8.2%的选票，此后国内民测支持率不断上涨，被视为激进左翼联盟后有可能再次入主欧洲政坛的又一"奇迹"。但显然，一切皆要取决于希腊激进左翼联盟是否能够成功执政。正如有西方学者指出的，"如果激进左翼联盟的反紧缩政策取得成功并重新实现经济增长、复兴福利国家，那么将会鼓舞整个欧洲激进左翼的士气……而如果失败的话，也将会对这种新自由主义替代方案的可信度造成巨大破坏性后果"。①

第二节　从激进到温和：激进左翼联盟第一任期的"艰难执政"

激进左翼联盟的执政实践表明，人们的顾虑和担忧并非毫无道理。实际上，激进左翼联盟在上台执政之前，已经开始对其激进立

---

① Paolo Chiocchetti, "Crucial Electoral Year for European Radical Left", Jan. 20, 2015, http://www.transform-network.net/blog/blog-2015/news/detail/Blog/-1452cd675d.html.

场进行部分调整。而在执政后，尽管在主观上有反紧缩的强烈意愿，并为此付出了很大努力，但在"三驾马车"的步步紧逼和巨大财政压力下，不得不后退、妥协，并最终彻底放弃了反紧缩立场。

一 执政前激进左翼联盟反紧缩立场的部分调整

从激进左翼联盟整个战略策略的发展进程看，经历了一个明显缓慢但却持续的去激进化过程。2012年取得的巨大选举进步，给左翼联盟/激进左翼联盟带来走上执政舞台的希望，因而成为其反紧缩战略变化的一个转折点。此后，尽管激进左翼联盟仍然继续坚持激进的反紧缩言论，比如，强调需要一个挑战新自由主义的新计划来推动欧洲一体化，并将工人、领取养老金者、失业者的需要而非跨国公司和破产银行家的利益放在首位，领导希腊经济重新复兴，进而使希腊恢复社会公正、和平、团结的未来前景等，但已经更多地开始强调执政责任，在纲领立场上逐渐转向"现实主义"。一个重要表现，就是"重新协商"日益取代与国内外新自由主义力量的直接碰撞成为其主要话语，在此基础上勾勒了一整套更能体现其作为负责任政府的政策建议。比如宣称要用社会重建、经济重构和财政稳定计划取代《备忘录》条款，通过推动一个新的"马歇尔计划"构建生产性经济，支持在欧盟所有成员国共同的公共债务战略框架内实施债务减免方案，以及建立一个泛欧洲的机制以确保银行存款等。①

激进左翼联盟的"现实主义"在2015年1月大选中表现尤为突出。"重新协商"成为党的主要吁求，而作为重新协商先决条件的废除《备忘录》目标被低调处理了。激进左翼联盟参加竞选的执政纲领的核心内容，是2014年9月在塞萨洛尼基提出的，也被称为《塞萨洛尼基纲领》。2015年1月3日，激进左翼联盟党代会对纲领内容进行修订，着重强调四个主要方面（四个支柱），即

---

① Yiannos Katsourides, *Radical Left Parties in Government: The Case of Syriza and AKEL*, Palgrave, 2016, p. 102.

重新协商借贷和债务偿还条款；解决人道主义危机；对国家机构进行民主改革，反对腐败，公平税收；推动"劳工行动计划"（恢复雇员权利，加强雇员协商权，创造工作岗位）和经济重构。有学者认为，这些规定为执政后激进左翼联盟在不废除《备忘录》条件下处理希腊危机勾勒了路线图。① 激进左翼联盟后来召开的第二次全国代表大会也明确指出，"《塞萨洛尼基纲领》是激进左翼联盟迈出的重要一步，它摆脱了传统上由于无视外部压力和国际权力平衡而提出的难以企及的目标，以及历史性的社会变革要求"。②

同时，在对待外债问题的立场上，激进左翼联盟的变化也非常明显。最初，它曾主张不会接受希腊外债，宣称如果当选，将取消全部外债。但随着上台执政的可能性越来越大，激进左翼联盟开始呼吁单方面取消部分债务。此后，它改变立场，提出"共识性"取消部分债务。而在胜选上台执政后，又提出要根据希腊经济增长情况来决定还款期限等。

从 2015 年 1 月大选胜利后的实践看，激进左翼联盟政府曾试图坚持自己的竞选承诺，协商解决债务问题，终结紧缩措施。但在巨额财政赤字和经济压力下，在与"三驾马车"的谈判中激进左翼联盟政府被迫步步退让，最终又重新回到了实行紧缩政策的轨道上来。

二 激进左翼联盟"去激进化"的演变历程

激进左翼联盟上台执政后面临的首要问题，是"三驾马车"的紧急救助即将到期（2015 年 2 月 28 日）。自 2 月 1 日起，财长瓦鲁法基斯（Yanis Varoufakis）动身前往法国、英国、意大利、欧盟总部、德国等，寻求签署过渡性协议，并在实施过渡性协议的

---

① Haris Triandafilidou, "The Greek Election and the Day After", Feb. 2, 2015, https://www.transform-network.net/en/blog/article/the-greek-election-and-the-day-after/.

② Central Committee of Syriza, "Political Theses", June, 2016, http://www.transform-network.net/fileadmin/_migrated/news_uploads/syriza_central_committee_political_theses_01.pdf.

同时谈判一项最终解决希腊债务问题的新协议,包括放松紧缩、减免债务等内容,以实现此前对选民的承诺。2月8日,总理齐普拉斯在议会发表政策演说称:"救助计划已经失败。新政府无法要求延长救助计划,因为新政府不能要求延长错误。"随后,齐普拉斯公布了废除紧缩政策的计划,包括减税、提高最低工资等。

  然而,德国及欧盟领导人坚持希腊必须遵守现有救助协议,以紧缩和改革换救助。双方在2015年2月11日和16日两次欧元集团会议上未能达成过渡性协议。而对激进左翼联盟政府来说,达成新协议具有特殊重要性。因为截至2015年8月底,希腊政府所需资金为172亿欧元,其中3月底需到位41亿欧元,第二季度需要43亿欧元,7—8月需要88亿欧元(其中包括偿还67亿欧元的欧洲央行债券)。而在2月,希腊政府不仅需要"三驾马车"延迟发放的最后一笔救助款53亿欧元,同时还需要银行从欧盟的紧急流动性救助机制(ELA)中申请80亿欧元。随着2月28日救助协议到期日临近,届时如果没有新的协议或过渡协议达成,国际债权人终止所有对希腊的资金支援,激进左翼联盟政府将因此陷入孤立无援的境地。

  面对这种状况,激进左翼联盟政府不得不作出让步,在2月19日(20日是外部接受希腊申请延长救助协议的最后期限)提出了延长救助协议6个月的申请。国际债权人同意在希腊改革符合要求的前提下,对希腊的救助协议延长4个月。根据新协议,希腊政府需呈交一份基于原有救助协议的改革措施列表,经国际债权人审定后决定是否对希腊发放新的援助金。24日,希腊政府向布鲁塞尔提交了一份长达6页的改革清单。改革措施包括反腐败、打击走私和逃税行为以及建立公正的税收系统、承诺减轻官僚主义、刺激实体经济增长等。此外,希腊政府表示将根据竞选承诺,解决希腊家庭和企业的到期债务,划拨19亿欧元解决"人道主义危机"等。这份改革计划在一些关键的激进措施方面显然有所让步,并承诺用于缓和社会困境的支出不会影响预算。

欧元集团 24 日发表声明，欧元区财长经过电话会议讨论并评估希腊提交的改革计划清单后，同意对希腊的救助协议延长四个月。但对希腊的减记债务要求，欧盟及主要债权国家均表示否定，声称之前已对希腊实施了减记 50% 债务以及两轮共提供 2400 亿欧元贷款等救助，已无进一步减记可能，否则必然会有更多国家效仿，使得欧盟规定的财政赤字和公共债务标准形同虚设。欧元集团敦促希腊政府尽早履行改革承诺，以换取未来的融资，从而推动国内经济复苏。

"二月协议"签署后，激进左翼联盟在国内遭遇激烈的反对声浪，不少人认为这标志着其背叛了选举承诺，背离了曾经激励希腊和欧洲左翼的社会变革前景。尽管如此，激进左翼联盟政府仍然想方设法在与国际债权人的谈判中争取有利的政策和舆论空间，甚至不惜制造威胁性言论。比如，针对欧盟尤其是德国在新协议谈判中的强硬立场，激进左翼联盟政府提出"德国'二战'赔款问题"进行反击。早在 2 月时，齐普拉斯就表态将向德国索要"二战"赔款。2015 年 3 月 11 日，希腊政府发起了向德国索要"二战"赔款的动议，包括纳粹德国从希腊央行强行借走贷款、损害希腊基础设施和经济以及劫掠希腊文物等，声称如果德国不合作，将没收德国在希腊的资产。4 月 6 日，希腊正式提出德国应向希腊支付近 2790 亿欧元（3051.7 亿美元），以赔偿纳粹德国对该国的占领。再如，希腊国防部长甚至表示，如果欧盟停止对希腊的救助，希腊将向来自各地的移民乃至恐怖分子发放进入欧盟申根区所需的文件，用移民潮打击欧盟。

然而在巨大的财政和经济压力下，激进左翼联盟政府不得不与"三驾马车"就新的救助协议进行谈判。谈判过程冗长，进展缓慢。激进左翼联盟政府尽管致力于取消债务和反紧缩，但被迫多次提交、修改改革清单，最终在难以为继的财政和经济压力下，放弃了反紧缩主张。从以下一些重要的谈判节点，我们可以窥见激进左翼联盟政府的立场变化轨迹。

2015年3月20日，齐普拉斯与德国总理默克尔、法国总统奥朗德、欧洲央行总裁德拉吉及欧盟执委会主席容克举行五方会谈，寻找各方都能接受的解决希腊问题的方案。会后，欧盟委员会发布一项声明，重申希望希腊尽快提交完整可行的"改革清单"的要求。3月30日，希腊再次提交改革清单，其改革计划包括2015年增加国家收入30亿欧元，还包括采取措施治理逃税、推动私有化、增加烟酒税等。4月16日，希腊财长瓦鲁法基斯表示，他希望希腊政府能够尽快与国际债权人就希腊债务问题达成协议，因为"希腊的流动性即将枯竭"。但他也强调，雅典不会签署自知本国经济无法达到的目标。希腊将为尽快达成协议采取妥协态度，但决不会屈服。4月24日，欧元区各国财长在拉脱维亚首都里加再次与希腊就改革清单与解锁下一步援助金进行了针锋相对的谈判，但无果而终。5月7日，希腊政府坚决反对国际债权人的要求，拒绝削减养老金和就业改革。5月11日，欧元集团在布鲁塞尔举行会议讨论希腊债务危机问题，但未能达成协议。

6月1日，法国总统奥朗德，德国总理默克尔与欧盟及欧洲中央银行和国际货币基金组织领导人举行会谈。各方敲定发放希腊救助资金的协议草案。草案敦促希腊进行改革以换取金援。该计划被希腊政府拒绝。希腊政府进而向布鲁塞尔提交了一份长达47页的折中方案。在此方案中，激进左翼联盟政府再次提出了缩减债务规模的要求。如果该计划被采纳，到2030年，希腊债务将回归到《马斯特里赫特条约》规定的GDP的60%以下。① 6月9日，欧盟官员迅速否决了希腊提出的折中方案，理由是希腊的提议不能满足债权人的要求。希腊虽然在折中方案中上调了增值税收入预期，估计2016年增值税收入将达到13.6亿欧元（约合15.3亿美元），但债权人一直要求希腊改革增值税体系，实现18亿欧元增值税收入。此时的激进左翼联盟政府进退维谷。因为到6

---

① Peter Spiegel, "Leaked: Greece's New Debt Restructuring Plan", June 5, 2015, https://www.ft.com/content/df144c00-c690-3fde-87c1-dfe3025f31dc.

月底，如果"三驾马车"不释放72亿欧元的救助基金，激进左翼联盟政府将陷入无钱可用的境地。6月10日，在布鲁塞尔举行的欧盟与拉美峰会期间，齐普拉斯与德国总理默克尔及法国总统奥朗德会晤。齐普拉斯表示，为最后达成债务协议，希腊准备就预算计划作出新的让步。6月15日，齐普拉斯称希腊将耐心等待国际债权人在现金换改革协议谈判中变得务实。他指出，"三驾马车"坚持要求希腊削减养老金是出于政治原因，而希腊将耐心等待，"直到债权人接受现实"。6月18日，欧元区财长会议在卢森堡召开，各方就希腊债务危机解决方案的谈判再度搁浅。6月23日，齐普拉斯前往布鲁塞尔，与"三驾马车"紧急磋商救助协议。6月24日，由于希腊和国际债权人在养老金改革和增值税率等问题上针锋相对，关于救助协议的讨论再次以失败而告终。

6月25日，在欧元区峰会上，"三驾马车"提出了一份总额为155亿欧元、建诸在紧缩政策基础上的新的救助协议。该协议包括敦促希腊取消提前退休的有关规定，并在2022年将退休年龄从62岁延长至67岁。同时，在增值税方面，国际债权人要求希腊向餐饮业征收的增值税率从13%提高到23%，以便在2016年实现相当于1% GDP的增收，并将国防开支削减400万欧元（此前希腊计划削减200万欧元）。齐普拉斯将这一协议称为"赤裸裸的敲诈"，认为其意在"羞辱希腊公民"，并在6月26日出人意料地将此份救助协议提交全民公决。随后希腊向欧元集团申请对即将到期的救助计划延长1个月的要求，但被欧元集团拒绝。6月27日，希腊议会迅速通过了齐普拉斯的全民公投建议。此消息一出，立即引发了全民挤兑潮。全国超过1/3的自动取款机的现金被"掏空"，仅在27日当天，就有约5亿—6亿欧元被取走。6月28日，齐普拉斯发表电视讲话称，希腊各银行将根据中央银行的建议停止对外营业并实行资本管制，规定每张银行卡每天只能从自动取款机上取60欧元，禁止银行转账或向海外付款，防止银行挤兑和资本外逃。6月30日，希腊未能偿还国际货币基金组织的15亿欧元到期贷款，成为该组织71年历史上第一个债务违约的发达国家。

7月5日，希腊就是否接受"三驾马车"提出的救助协议进行公投。结果显示，61.3%的民众反对该救助计划，仅有38.7%的民众表示支持。这意味着希腊否决了国际债权人提出的"改革换资金"协议草案。公投结果赋予了激进左翼联盟政府更大的合法性，但却加剧了希腊在欧元区"众叛亲离"的局面，导致在除希腊之外的18个欧元区国家中，有16个主张希腊"退欧"。同时，欧洲央行决定不再提高对希腊银行的紧急流动性援助上限（维持在890亿欧元），并调整了希腊银行用以获得紧急流动性援助的抵押品的估值折扣。由于欧洲央行提供的紧急流动性援助是希腊银行乃至希腊经济唯一的融资来源，获取援款的困难令希腊政府雪上加霜。加之7月20日希腊还要向欧洲央行偿付一笔35亿欧元的债务，激进左翼联盟政府面临巨大困难和压力。

在这种情况下，激进左翼联盟政府的态度开始松动。7月6日，希腊三个反对党领导人与执政联盟两党领导人发表联合声明，支持希腊总理齐普拉斯返回谈判桌，与债权人达成新的协议，避免希腊债务违约甚至退出欧元区。2015年7月9日，希腊提交了新的经济政策改革和减记方案，包括养老金改革、提高税收以及私有化等，与欧盟等债权人在6月提出的援助方案相差无几。该方案得到国际债权人的基本肯定。7月13日，在经历了17个小时的马拉松式谈判后，欧洲理事会主席图斯克（Donald Tusk）宣布，欧元区领导人就希腊援助协议达成一致，将对希腊提供新一轮援助。同日，欧洲央行也表示，将维持对希腊的紧急流动性援助水平。7月16日，希腊议会通过了该改革及紧缩提案，即第三轮《备忘录》。至此，激进左翼联盟政府彻底放弃了反紧缩立场。

三 争议与影响

尽管齐普拉斯宣称"7月13日"紧缩协议是希腊所能争取到的最佳方案，但该协议的整体精神显然与激进左翼联盟长期秉持的反紧缩立场相背离,尤其是在全民公决结果明确反对继续实行紧缩政策的情况下,这一突然的戏剧性反转招致各方面的批评声浪。

有学者将此转变称为激进左翼联盟的"意识形态溃退",是"从荒唐到悲剧"的演绎,该协议使得全民公决的结果成为一场"集体幻觉"。而任何试图违背民意推行紧缩政策的举措,都是狂妄自大的表现,因此呼吁人们起来反对采取投降政策的左翼政府。① 也有学者指责这是极左翼在支持极右翼政策的表现,是激进左翼联盟的"选举欺诈",必将加深希腊的贫困和失业,强化国际债权人对希腊经济的控制,进一步腐蚀公共部门等。② 还有学者认为,这一变化表明全民公决的胜利只具有象征意义,齐普拉斯的目的是强化其在党内的统治力,排除异己,控制人民。更有学者认为,激进左翼联盟接受救助协议,将对欧洲整个疑欧左翼造成影响,它强化了一种认识:疑欧论必然是无能和说教的表现。

尽管有学者提出这是"面对不可置信的强大对手(欧盟),为保存实力以及未来继续战斗的能力而采取的策略手段",但也承认这是一次"大退却、大溃败",是左翼争取国家政权的长期斗争的一个转折点。无论原因如何,都表明激进左翼联盟进入了一个迅速"去激进化"的时期,这在纲领和道德上对其造成了巨大冲击。

还有学者试图从激进左翼联盟的迅速成长史及其战略策略失败探寻原因。比如有学者认为,激进左翼联盟在面对不利形势时,展现了一个快速取得选举成功的政党在意识形态上过于天真,政治上不成熟,领导层软弱无知。也有学者认为,激进左翼联盟反紧缩的策略手段本身就存在问题,它只是寄希望于高尚的欧洲价值观,期望能够得到更善意的对待。同时,它宣告不放弃欧元区,

---

① Stathis Kouvelakis, "From the Absurd to the Tragic", Oct. 7, 2015, https://www.jacobinmag.com/2015/07/tsipras-syriza-greece-euro-debt/.

② James Petras, "Syriza: Plunder, Pillage & Prostration", June 25, 2015, https://www.newsbud.com/2015/06/25/syriza-plunder-pillage-prostration/.

从而令任何退欧威胁都变得毫无意义可言,因为面对一个手中没有任何王牌可打的请求者,欧洲精英没有理由作出妥协。

美国著名激进左翼学者诺姆·乔姆斯基(Noam Chomsky)从分析欧洲精英的立场出发阐释了这一结果出现的原因,他认为,希腊公决令欧洲精英感到恐慌,他们对应该允许人们自己决定自己命运的想法深恶痛绝。因此他们对希腊采取了惩罚措施,紧缩要求更加严厉。他们害怕出现"多米诺骨牌"效应——民主的"瘟疫"确实蔓延开来了,必须采取措施根本遏制。激进左翼联盟在这一现实面前退下阵来。如果希腊能够得到来自欧洲其他地区进步左翼和人民力量的支持的话,其本有可能否决"三驾马车"的要求。①

希腊共产党在新协议通过当天(7月13日)就发表中央委员会声明,阐明了党的立场。② 希共指出,新协议中包含大量反人民措施,将进一步强化先前新民主党—泛希社运政府强加于人民身上的《备忘录》负担。人民将不得不为860亿欧元的新贷款及相伴而生的措施,比如进一步减少收入、增税、新的财产税、提高必需品的增值税、削减养老金等埋单。今天的激进左翼联盟政府使用与新民主党—泛希社运同样的手段敲诈人民:是选择更严厉的紧缩措施还是选择国家破产?显然,选择"次恶"的结果必将导致更大的恶出现。希共强调,激进左翼联盟利用了人民对废除《备忘录》的渴望,利用了人民对左翼和激进派实行有利于人民政策的期望。希共早就指出激进左翼联盟实际上不想也没有准备反对《备忘录》及与垄断力量进行对抗。它用改革的花言巧语欺骗了人民。希共此前的结论是正确的:为人民的利益进行"艰苦"协商,从一开始就是"雷区",因为其目标是服务于大资本的利

---

① An Interview with Noam Chomsky, "Socialism in an Age of Reaction", Dec. 13, 2016, https://www.jacobinmag.com/2016/12/noam-chomsky-interview-donald-trump-democracy.

② KKE, "Statement of the Central Committee of the KKE on the New Agreement-Memorandum", July 13, 2015, http://inter.kke.gr/en/articles/STATEMENT-OF-THE-CENTRAL-COMMITTEE-OF-THE-KKE-ON-THE-NEW-AGREEMENT-MEMORANDUM/.

润；这些发展表明所谓"更新的"或"执政左翼"关于欧盟能够改变垄断的、反人民特征理论的失败；实践证明，希共的斗争路线及其坚决拒绝参与进行资产阶级管理的"左翼政府"的立场是正确的；资产阶级政治体系的重构进程此后会加速发展。希共重申其政治建议，即在工人和人民权力下实现社会所有制、脱离欧盟和北约、单方面取消债务。工人和人民的权力不会被资产阶级政治体系或任何"左翼政党"自动赋予，它是需要主动夺取的。工人—人民的绝大多数需要团结在希共周围实现真正变革。

激进左翼联盟政府的"大逆转"，也在党内引发了巨大争议，并最终造成了党的分裂。实际上，"多元主义"和"碎片化"一直是激进左翼联盟组织发展的重要特征，即使在组建为统一的政党后，各派别间不同观点和立场的矛盾与分歧依然继续存在。早在"二月妥协"发生后，激进左翼联盟的党内危机已经显现，当时党内源自共产党的派别呼吁召开特别代表大会以选举新的领导层，并呼吁党的议员不要投票支持该协议。一位拥有多年党龄、备受尊重的党员及欧洲议会议员格莱佐斯（M. Glezos），甚至因为自己参与到政府的欺骗行为中而向希腊人民公开致歉。8月14日，在希腊议会关于"7月13日"紧缩协议的投票中，共有39名激进左翼联盟议员或者弃权或者投了反对票。协议的最终通过是因为获得了大量反对党议员的支持。这次协议的签署也再次造成了党内分歧大爆发，激进左翼联盟青年团成员要求齐普拉斯辞职，而激进左翼联盟中央委员会中也先后有多人宣布脱党。8月21日，25名前激进左翼联盟议员仿效智利阿连德领导的政治联盟的名称，创建了一个新党——"人民团结"党（LAE），党魁是前能源部部长拉法扎尼斯（Panagiotis Lafazanis）。该党主张退出欧元区和北约，恢复希腊货币德拉马克，废除与以色列的军事协议，支持社会主义国际主义。在建党之初，"人民团结"党一度是希腊议会第三大党。但在9月选举中，由于未能达到3%的议会门槛，"人民团结"党未能获得任何议席。但无论如何，党的这次分裂对激进左翼联盟形成了巨大冲击。由于丧失了议会多数，2015年8月20日，齐普拉斯向总统递交了他本人及其内阁的辞呈，宣称人民的授权已经终止，并呼吁进行提前大选。激进左翼联盟政府第一任期至此结束。

第三节　持续的"去激进化"
——第二任期的激进左翼联盟政府

2015年9月，激进左翼联盟出人意料地再次胜选上台执政。二次执政的激进左翼联盟政府，面临的形势依然严峻。它尝试提出"平行纲领"以抵消紧缩政策的负面影响，但未能取得预期成效。而欧洲难民危机的愈演愈烈，进一步加剧了激进左翼联盟的执政困境。

一　"平行纲领"的提出与提前大选

为了抵消救助协议的负面影响，激进左翼联盟政府在大选前提出了一个"平行纲领"。[①] 激进左翼联盟中央委员会9月5日正式通过该纲领。纲领导言总结了党对整个协商过程的分析，强调党执政过程中面临的不利环境，回应外界诸多质疑。它指出，党最先提出的是旨在对收入和权力进行再分配的《塞萨洛尼基纲领》。但为了实施这一纲领，必须与债权人进行谈判，以消除推行财政调整计划的主要杠杆，即债务问题以及希腊被排除在资本市场之外的问题。然而在整个协商过程中，国际债权人和组织机构有效地利用了金融武器。通过资金遏制以及不断威胁希腊金融体系崩溃等手段，从经济和社会层面对新政府施压。尽管力量有限，但激进左翼联盟政府通过各种方式，比如延期偿还借款、拒绝继续拓展先前的救助协议、实施资本控制以保护银行体系等来捍卫自身利益。

---

① SYRIZA, "The Left Government under New Conditions: A Stronghold to Defend", Sept., 2015, http://www.transform-network.net/blog/article/the-parallel-program-of-the-greek-government.

激进左翼联盟强调7月5日全民公决是人民斗争发展的顶峰。在全民公决后，党处于充满敌意的欧洲政治环境中，面临两难选择：或者签订协议，或者导致国家退出欧元区，进而可能造成社会和政治危机，致使政府崩溃和人道主义危机发生。因此，党不得不进行暂时性的策略撤退。

针对与国际债权人最终签署的救助协议，激进左翼联盟回应各种指责，强调党为争取希腊人民利益进行的诸多努力，指出协议是欧元区各种力量相互平衡和非对称性协商的结果：一方面国际债权人试图完全破坏社会和就业保障体系；另一方面激进左翼联盟积极反抗这一发展前景。比如，在救助协议的第一部分，激进左翼联盟政府想方设法避免了受到德国人支持的长期性经济敲诈，所争取到的新救助协议在制度—法律框架方面有所调整，终结了此前带有羞辱性的条款，并致力于发展一种能够满足国际保障标准的新型关系。再如，协议第二部分尽管承认将继续执行紧缩政策，但由于众多议题的实施仍需依赖希腊和国际债权人未来的协商，因此仍然存在进行政策重构和社会斗争的广泛领域。此外，协议还第一次为讨论削减债务和偿款条件设定了时间表。

激进左翼联盟为自己签署紧缩协议的行为辩护，反对人们指责其将新自由主义作为"别无替代的选择"，强调这只是在特定时间、特定条件下，与特定政治力量进行的暂时性的策略妥协，目的是未来有可能和机会争取优势地位。

在纲领主体部分，激进左翼联盟主要关注破坏了希腊资本主义再生产核心的国内议题，比如反对腐败、公共管理民主化、终结偷漏税等。① 激进左翼联盟承认在现阶段不可能在国家层面实质性地改变《备忘录》提出的要求，因此提出了在欧洲层面进行改革的必要性和可能性问题。激进左翼联盟强调协商过程揭露了德国在财政调整计划中扮演的霸权角色，揭露了欧洲银行的结构性限

---

① 主要参见下文激进左翼联盟二大《政治论纲》中的改革构想部分。

制及其政治性。它认为，协商过程在欧洲社民党内部造成了巨大的裂缝，动员起广泛力量支持希腊政府的斗争，将全世界知识分子集结起来，在政治上和理论上批判极端新自由主义和紧缩政策。在这一基础上，各种抗议力量将继续发起广泛讨论和政治斗争，进而使强大新自由主义范式崩裂。尤其随着泛欧洲国际主义运动的兴起，将推动欧洲制度实现更大程度的激进变革。

2015年9月20日，希腊举行新一届立法选举。与多数民调的预期相反，激进左翼联盟的选举准备尽管十分仓促，但并未对其支持率造成太大影响。激进左翼联盟共获得35.5%的选票和145个议席，仍然是议会第一大党。新民主党与上次选举相比几乎没有变化，得到28%的支持率和75个议席。极右翼金色黎明党获得了失业选民的大量支持票，继续巩固了作为第三大党的地位。希腊共产党的支持率也较为稳定。令人大跌眼镜的是与激进左翼联盟分裂后建立的"人民团结"党，甚至没有达到3%的议会门槛，未能获得任何议席。鉴于其创立者中包含25位前议员，从而使得该党成为这次选举最大的输家。对激进左翼联盟而言，尽管获得了最高的选票数，但与1月选举一样，未能达到组成政府的法定151个议席（较之上次减少了4个议席），因此再次与获得10个议席的独立希腊人党合作，组建了新一届联合政府。

显然，激进左翼联盟在8个月的执政实践中，并没有兑现其2015年1月上任时的承诺，而是回到实行紧缩政策的轨道上来。从近年希腊政治发展看，在任内大刀阔斧实施紧缩政策的政党，无论是泛希社运还是新民主党都无缘再次执政。激进左翼联盟何以能够成为例外呢？综合希腊国内外的政治形势，主要可以从以下几个方面考虑。

第一，签署救助协议并非激进左翼联盟政府的主观意愿，更大程度上是受客观形势逼迫骑虎难下的结果。在不利的外部环境压迫下，激进左翼联盟难以采取有效手段推动激进转型或改革。但相对彻底屈服于"三驾马车"威胁的传统政党，激进左翼联盟政府展现出更加关注中下层收入者利益的倾向，并在执政过程中顶住压力采取了一些有利于劳动者的政策，如极端贫困者免费用电，失业者免费医疗以及大选前为消除紧缩政策的部分影响而提出"平行纲领"，等等。

第二，在执政期间，激进左翼联盟政府积极与国际债权人展开协商、斡旋甚至讨价还价，维护希腊国家和人民的利益，捍卫希腊人的尊严和发声权，在一定意义上使希腊人摆脱了绝望、羞辱和无力感，获得了民众的谅解。最具说服力的，是此次选举前在关于救助协议的全民公决中，超过61%的民众采取了支持激进左翼联盟的立场。

第三，在选举中没有其他政党能够成功吸引民众支持而取代激进左翼联盟。以泛希社运和新民主党为代表的希腊传统议会政党陷入普遍性危机难以自拔，而其他主要政党的政治主张或者过于激进（如退出欧元区和欧盟），或者过于反动（如带有法西斯主义倾向）而难以获得民众的认可。从这一层面讲，激进左翼联盟的胜选也是希共所谓"两害相权取其轻"的结果。这次选举中，近20%的选民放弃投票，创近年来希腊大选弃权率之最，也在部分意义上说明了这一问题。

二 激进左翼联盟的执政实践、困难与阻力

激进左翼联盟政府第二次登上执政舞台，面临的形势困难依旧。一方面，它不得不自毁承诺，按照救助协议的规定实施紧缩政策，因而必将面对民众的反对和抗议；另一方面，它又不甘屈服于国际债权人的压力，试图用"平行纲领"来部分抵消紧缩政策的消极影响，因而不得不与国际债权人进行政治博弈。因此，自激进左翼联盟再次执政后内忧外困，如困兽般周旋于国际组织和机构之间，但一直未能找到能够令各方满意的、使希腊脱困的有效方案。

上任伊始，齐普拉斯就表示新政府将迅速、彻底地执行与债权人签署的第三轮救助协议，同时将采取措施减轻新一轮紧缩政策

带来的冲击。随后，激进左翼联盟政府轻松赢得议会信任投票，开始竞相通过重要的改革案。以此为发端，国内罢工抗议等反对声浪此起彼伏。2015年11月12日，希腊爆发为期一天的全国性罢工，反对政府实行紧缩政策，国家及市政机关、医院、药店关闭，公共交通运行时间改变，铁路和海上交通中断，30多架次国内航班取消。11月19日，在希腊议会投票中，两名联盟政府议员反对通过改革方案，导致激进左翼联盟在议会中的多数地位丧失。尽管如此，联盟政府仍然在随后几个月中陆续通过了部分紧缩法案，以换取救助贷款。

以社会保障改革为例。自2015年12月中旬起，激进左翼联盟政府和希腊议会围绕社会保障改革（养老金）展开拉锯战。2016年1月20日，希腊农民集体抗议新财政紧缩法案带来的养老金削减和增税制度。2月4日，希腊举行24小时全国大罢工，抗议养老金改革计划，大约4万人在雅典市中心游行。2月15日，希腊农民在高速公路开始封路行动，反对社保基金和税收改革计划。4月11日，希腊官员与国际债权人代表在雅典又一次展开有关希腊财政紧缩措施的磋商，力图弥合分歧。国际债权方希望希腊进一步削减养老金体系开支。4月26日，希腊议会原则通过社会保障和养老金改革议案。除激进左翼联盟和独立希腊人党外，所有政党都反对该议案，一些具体条款也受到工会、社会和职业机构代表的强烈批评。5月7日和8日，希腊举行48小时公共部门罢工，以反对即将举行的就社保和养老金改革的议会投票。5月22日，议会通过新的经济和金融改革方案，内容包括增加税收，建立一个新的私有化基金，以及建立在国家开支超过预算时自动削减开支的机制。在激进左翼联盟支持下，这些引起争议的改革方案以153票对145票获得通过。在这次议会投票后，一名激进左翼联盟议员辞职，从而使得激进左翼联盟在议会中的微弱多数地位更加摇摇欲坠。

在与国际债权人斡旋的同时，激进左翼联盟政府也曾试图努力推动"平行纲领"的落实。比如,2015年12月17日,因国际债权人对"平行纲领"与救助协议的相容性及其对预算的影响提出质疑,激进左翼联盟政府一度被迫撤回"平行纲领"。① 12月29日,激进左翼联盟政府通过一系列福利措施,包括将解决人道主义危机的现有议案延长至2016年、延长社会福利中心工作人员的合约等,以在2016年帮助社会困难群体。2016年2月20日,为减轻紧缩政策对弱势群体的影响,希腊议会通过了"平行纲领"。希腊总理办公室在发布的报告中提出了包括医疗、免费水电和交通、公共教育、公共管理等方面改革的具体措施。② 但从此后的实践看,"平行纲领"的实施举步维艰。比如,激进左翼联盟政府为进一步"深化民主改革",自2016年6月后提起宪法改革和选举法改革议程,经议会反复讨论(这一改革被反对派攻击为平衡紧缩政策影响的"烟幕弹"③),才在7月21日最终通过该法案,主要是取消了给予选举得票率第一的政党50个议席奖励,并将选举人最低年龄从18岁降到17岁。而其他捍卫民众利益的改革举措,一直未有实质性进展。

三 激进左翼联盟二大及其后发展

2016年10月13—16日,在内外交困中,激进左翼联盟在雅典召开了党的第二次全国代表大会。在这次会议上,曾经长期支持齐普拉斯,但却在2015年9月大选前开始反对其相关政策的党内温和派别"53+"派,在财政部部长查卡洛托斯(Euclid Tsakalotos)领导下,对党的政策主张提出质疑,比如反对齐普拉

---

① "Greek Government Shelves Parallel Program", Dec. 17, 2015, http://www.ekathimerini.com/204443/article/ekathimerini/news/greek-government-shelves-parallel-program.

② Stavros Panagiotidis, "The Greek Government's Parallel Program", Mar. 7, 2016, http://www.transform-network.net/blog/article/the-greek-governments-parallel-program/.

③ Philip Chrysopoulos, "Greek Government's Attempt to Change Electoral Law a Simultaneous Smoke Screen and Strategy", Jul. 4, 2016, http://greece.greekreporter.com/2016/07/04/greek-governments-attempt-to-change-electoral-law-a-simultaneous-smoke-screen-and-strategy/.

斯将原泛希社运议员带入党内，要求纠正针对养老金领取者的不公正政策，反对领导层压制党内的不同声音，甚至认为现任领导层领导下的激进左翼联盟正在从一个左翼、激进的多元主义政党，变成一个如同泛希社运般的温和中左翼政党。① 尽管如此，"53+"在这次会议上并未放弃对齐普拉斯的支持，齐普拉斯最终获得93.5%的高支持率，再次当选党主席。在会议过程中，与会代表尤其围绕决定党的未来前景的一些重要议题进行了广泛讨论，并就党的"平行纲领"达成共识。

长达91页的《政治论纲》（以下简称《论纲》）在阐释激进左翼联盟的发展历程以及救助协议签署经过的基础上，全面论述了党的政治立场、发展方向、具体纲领措施等问题。②

《论纲》强调作为一个革新的当代左翼政党，激进左翼联盟必须牢记两个世纪前确立的人本主义原则，在复杂的、充满矛盾、剥削和异化的当代资本主义条件下，探寻未来发展前景。《论纲》追溯左翼发展史，指出作为劳工运动政治表达、组织化的政治左翼，已经拥有200多年历史。20世纪兴起的两股左翼潮流——社会民主主义和共产主义，以其各自方式实现社会和人类解放的斗争都失败了。20世纪80年代末90年代初，"现实社会主义"的崩溃导致了整个左翼的发展危机。此后，出现了建立超越传统两大潮流、具有新特征的新左翼的广泛呼求。激进左翼联盟的建立，就是重建劳工运动和左翼需求的表达。当前各层面的全球危机表明，资本主义已进入发展瓶颈，激进的社会和政治变革成为必要。在希腊，政治代表性危机在《备忘录》签署之前就已出现，在《备忘录》实施过程中在各个层面暴露出来。激进左翼联盟在2015年1月和9月之所以连续取得选举成功，与其能

---

① Philip Chrysopoulos, "SYRIZA Conference Continues with the '53' Asking for More Leftist Approach to Policies", Oct. 15, 2016, http://greece.greekreporter.com/2016/10/15/syriza-conference-continues-with-the-53-asking-for-more-leftist-approach-to-policies/.

② http://www.transform-network.net/fileadmin/_migrated/news_uploads/syriza_central_committee_political_theses_01.pdf.

够迅速理解这种发展现实并引领希腊人民的阶级斗争（反紧缩）是分不开的。

《论纲》重申激进左翼联盟一大提出的建立"21世纪的社会主义"主张，强调民主对社会主义发展具有重要意义，认为20世纪的一个主要教训就是，社会主义不能脱离民主而存在。废除资本主义财产关系并不足以建立一个新社会，"21世纪的社会主义"意味着在经济、银行、大生产单位、机构和组织等生活各方面的民主发展。左翼纲领的重要内容就是不断扩大和深化民主。国家、公共部门、教育和文化的民主化，须与各种形式的直接民主制度结合起来，从而使大部分社会政策逐渐由集体过程作出决定。因此，民主涵盖社会生活的各个方面，已经从一种制度过程转型为新的生活方式。建立"21世纪的社会主义"的斗争将面临不断的民主挑战。民主的扩展与深化是社会主义斗争的必需元素——斗争促进了民主的发展，同时也为社会主义的实现创造了条件。

《论纲》关注党的建设问题。在党的性质和目标上，提出激进左翼联盟是所有革新、激进、民主的希腊人以及欧洲左翼等积极公民的政党，致力于通过持续性、日常的民主突破和冲突，在制度内外"必须推翻使人成为被侮辱、被奴役、被遗弃和被蔑视的东西的一切关系"①，在当今不利条件下摆脱任何形式的剥削与压迫。激进左翼联盟将努力与劳工运动、女权运动、新社会运动建立联系，根本改变代议民主制度，在生产领域建立直接民主制度和自我管理，使自由和权利得到尊重并获得持续发展。

在党的建设上，激进左翼联盟强调为适应新形势变化，应以水平结构替代单向垂直的党内等级结构，使党员能够获得所有信息和数据，从而为实现集体领导、进行批判性的深度分析和真正参与决策创造条件；对在经济危机和难民危机中兴起的团结运动的

---

① 《马克思恩格斯选集》第1卷，人民出版社2012年版，第10页。

多态结构和文化过程进行新的分析,以丰富党的生活;能够开启新的社会道路,设计新的政策,通过斗争改变权力的平衡,塑造人民参与和控制的新环境;党依靠集体智慧运转,致力于建立左翼实践和思想的统治地位。

拥有一个强大、充满活力的党,是激进左翼联盟事业成功必不可少的前提。而要建立这样一个党,必须有详尽原则和战略工具的意识形态储备,有集体而民主地构设战略的分析技巧和能力;能够在日常观察基础上作出适应协商环境的集体决策;有植根于社会网络的重要组织;采取民主运转方式,党的决策和行动充分体现党员的贡献;具体立场需要在党内得到最大限度的支持,持续关注党的政策的科学基础,利用党的科学资源探索新的道路。

《论纲》强调一个具有活力和影响力的党对成功执政的重要性。没有党,就没有执政,也不会有退出这场综合性危机的替代性执政计划。敌视和反对"政府至上主义",应该与努力实现共同责任、党内集体决策的政府管理文化并将其向追随党的社会力量进行灌输紧密结合起来。为了实现这一目标,激进左翼联盟必须提升党的主要组织的作用,在政府建议和倡议正式公布之前进行广泛讨论。参与执政或议会的党员(由于其态度和理念代表着整个党),必须保持行动的透明度,了解和尊重党的声明、决议和纲领,遵守党章和行动准则。党与议会党团和政府的协调行动与密切合作,对于党确立政治框架具有至关重要的意义。

为了抵消救助协议对希腊社会产生的负面影响,激进左翼联盟重申"平行纲领"的立场,设计了一个为期三年的执政纲领。依据激进左翼联盟的设想,新纲领的出发点是在当前条件下扭转希腊经济衰退,最大限度地促进经济增长,减少失业率。同时,为实现可持续的经济增长,必须强化社会公平和社会控制。为此,激进左翼联盟从四个具体层面提出了党的改革构想,具体如下。

第一,实现国家转型。这是激进左翼联盟一大就提出的发展目标。但受客观环境的限制,纲领对目标进行了部分调整,以使各层面国家机构的运转更加民主和现代化。比如，强调要对希腊宪法进行改革；建立公正的选举体系，强化议会的作用；改革公共管理，进行组织重构，削减官僚机构，更好地服务于公民；重新设计地方政府制度框架，提升地方政府的责任感和参与度；向腐败展开毫不妥协的斗争；重组警察力量；等等。

第二，在社会层面展开对新自由主义的斗争。比如，保护劳工权利，促进就业；实现公共卫生体系全覆盖；保障难民和移民权利；进行福利改革，短期目标是应对人道主义危机，长期目标是恢复、改革和巩固福利国家；消除性别歧视，捍卫同性恋平等权；组织公共对话，就促进必要而民主的教育改革达成广泛共识；反对文化艺术的私有化政策，国家在计划、协调和建立文化设施等方面发挥决定性作用；进行体育领域改革。

第三，关注人和环境，进行生产重建。比如，使银行体系服务于实体经济和社会；公共资产集中管理，提高其利用率，减少赤字和增加收入；支持新的中小型企业发展；建立可靠的环境保护框架和空间利用计划；实施整合性数字政策，促进研究、创新和新技术发展，推动生产部门现代化；推动建立在长期可持续农业发展基础上的生产和自我供应模式；着眼于社会和环境需要，发展新的能源范式，推动能源发展，减少能源浪费；建立现代工业和生产发展模式，推动不同部门的生产集群建设；为满足公共利益，推动建筑、基础设施和交通运输业的发展；推动旅游业的可持续发展，服务于地方社会和经济利益。

第四，在对外政策层面，不应服从于美国和欧盟大国的命令和要求，而要充分利用希腊的历史和地缘政治优势，发展多层面的和平政策，捍卫希腊在欧盟内的权力。

但从实践发展看，《论纲》的改革构想还是过于乐观了。在二大后，激进左翼联盟政府仍然不得不沿着国际债权人构设的路线推进。2016年11月，齐普拉斯改组内阁，以继续推动紧缩计划。新内阁由48名成员组成，此次改组中有11人去职，15人首次进入内阁。有媒体认为,这标志着激进左翼联盟"进一步向中间派转变"。① 根据希腊向欧洲统计局提交的数据显示,撤除偿还债务款项后,希腊2016年取得了21年来首次财政盈余,共占GDP的4.2%。但从根本上看,希腊经济的困难状况并未发生显著改善,进入2017年后,希腊失业率仍高达23%,其中青年失业率接近50%,债务负担3400亿欧元(接近GDP的180%)。而激进左翼联盟政府也只能继续依赖不断地谈判与获得外来援助以纾解困境。截至2018年8月20日,在推进多年紧缩政策之后,希腊终于脱离了为期三年的第三轮救助计划。这样,自2010年以来,"三驾马车"分三次向希腊提供了价值2890亿欧元的贷款。而希腊也为此付出了惨重代价,国内生产总值在八年间蒸发近1/4,失业率也飙升至27%以上,而且此后仍然需要花费数十年时间来偿还这些贷款。正如希腊央行行长所言,"希腊还有漫漫长路要走"。

四 "危机中的危机":难民潮的冲击与影响

在被本国债务问题搞得焦头烂额之时,2015年爆发的欧洲难民危机,令与欧洲债权人苦苦周旋的激进左翼联盟政府雪上加霜。

实际上,在欧洲一体化之初,移民问题并非攸关欧洲统一和安全的重要问题。1957年签署的《罗马条约》,明确承诺资本、商品和劳动力在欧洲共同市场中的自由流动。而且,战后欧洲各国经济的复兴也需要大量劳动力的支撑,因此,共同体内的跨边界移民流动通常是较为稳定的。但到20世纪60年代末时,来自非洲、亚洲、加勒比等地区的移民劳工数量开始显著增加。此后,欧盟连续五次东扩极大促进了联盟内移民的增加。最终,2011年利比亚和叙利亚的国内武装冲突,造成了难民潮的大爆发,成千上万因战争而流离失所的中东难民涌向欧洲。

---

① Helena Smith, "Greek Prime Minister Reshuffles Cabinet to Boost Bailout Reforms", Nov. 6, 2016, https://www.theguardian.com/world/2016/nov/06/greek-prime-minister-tsipras-reshuffles-cabinet-to-boost-bailout-reforms.

针对这场难民危机，希腊各政党展现出截然不同的态度和立场，其中金色黎明党和希腊共产党尤其具有代表性。

极右翼政党金色黎明党的主要意识形态标识，就是民族主义和反移民。因此在欧洲难民危机爆发后，它明确将蜂拥而至的难民贴上了"定时炸弹"的标签。① 金色黎明党认为，这场难以控制的非法移民潮的出现，与全球化和欧洲的移民政策存在着密不可分的联系。自20世纪90年代以来，希腊就成为非法移民的被侵入国。欧洲开放边界的政策使移民变得不可控，给希腊带来了灾难性后果。它批评激进左翼联盟政府的解决方案，认为给非法移民颁发合法文件令其进入欧洲其他国家的办法不可取。因为依据《都柏林协议》，可以将入境的非法移民遣送至他们进入欧盟的第一个国家——希腊。难民合法化并非一劳永逸的解决办法，因为这将使他们更难返回故土。这也是在用各种非法难民来替代希腊人民。数百万非法移民滞留希腊，将带来巨大的人口问题，进而侵蚀伟大的希腊精神。金色黎明党强调只有自己才能理解和捍卫希腊人的利益，而其始终如一的立场就是立即驱逐所有非法移民。

希腊共产党则明确提出了反种族主义、反排外主义以及捍卫移民平等权的政治主张。希共认为，移民和难民问题出现的根源是贫困、反动政权以及帝国主义战争。尤其是在地中海地区的移民和难民问题上，由于支持北约和欧盟从利比亚到伊拉克、从叙利亚到乌克兰奉行的帝国主义干预政策，希腊政府因而负有不可推卸的重要责任。成千上万的难民是帝国主义政策的牺牲品。帝国主义者罔顾人命争夺石油以及石油管道、市场和地区控制权。只要这些原因仍然存在，遭受饥饿和迫害的移民、难民潮就不会消失。面对欧洲一些政府的反移民措施，希腊共产党呼吁工会和群众组织联合起来，不参与帝国主义正在或即将进行的干预行动；号召工人不要被帝国主义在移民问题上的虚假借口欺骗和误导；

---

① Korina Penesi, "Illegal Immigration: A Ticking Time Bomb for Greece", Mar. 19, 2015, http://www.xryshaygh.com/en/view/illegal-immigration-a-ticking-time-bomb-for-greece.

反对将希腊变成囚禁人之"灵魂仓库"的《都柏林协议》和《申根协定》；移民合法化并有权领取生活券。①

随着难民问题的进一步升级，希共更明确强调帝国主义战争和干预是该问题出现的根源，只要这一根本原因不消除，就不可能解决难民问题。根据难民问题的严峻局势，希共还提出了一些具体的缓解方案。比如，将难民立即从第一接收国转送至最终目的国；北约撤出爱琴海；充分尊重《日内瓦公约》和国际法的规定，承认难民享有的权利，终结针对难民的压制性措施；提供资金修建基础设施；建立公共临时救助中心；利用废旧军营、建筑等为难民提供住宿；废除《都柏林协议》《申根协定》等欧盟压制性机制；希腊不参与帝国主义战争或为其提供军事力量等。②

激进左翼联盟在移民和难民问题上的观点充分体现了多元包容性。在党的一大纲领中，激进左翼联盟明确呼吁，欧洲应该立即改变移民政策，欧洲各国应共同承担责任，依据各国能力接受移民，反对移民低薪工作和剥削移民工人。《都柏林协议》以及其他欧洲移民和难民协定应废除，以保证移民或难民能够自由去往其他国家。同时，在制定法律、庇护授予以及赋予移民或难民旅行签证等方面的制度框架应提升人道主义关怀。此前由于非法程序而被剥夺的定居许可和工作许可应返还移民或难民。对于那些在希腊工作多年却没有合法身份的移民，应通过新的法律化过程予以解决。在日常工作中必须平等公正地对待移民，应该立即赋予那些在希腊出生的儿童以公民权。激进左翼联盟甚至主张立即关闭环境恶劣的拘留营，并开设一些能够保证移民尊严的新的收容中心。

对于近年来欧洲出现的难民潮，激进左翼联盟认为这是新自由

---

① The CC of KKE, "Statement of the Central Committee of the KKE on the New Agreement-Memorandum", July 13, 2015, http://inter.kke.gr/en/articles/Demonstration-of-PAME-at-the-offices-of-the-EU-in-Athens-against-the-EUs-immigration-policies/.

② KKE, "The Positions of the KKE on the Refugee-Immigrant Question", Mar. 8, 2016, http://inter.kke.gr/en/articles/The-positions-of-the-KKE-on-the-refugee-immigrant-question/.

主义资本主义全球化的结果,这种全球化过程或者使移民成为战争受害者,或者剥夺其基本生存方式,使人们变得无家可归。激进左翼联盟总体上对难民抱有同情态度,认为其遭遇是一场人道主义危机,必须加以解决。激进左翼联盟认为难民问题是一个全球性的多层面议题,反对过去25年间大国针对难民采取的压制、迫害方法。

激进左翼联盟强调,难民流动并非某一国家的问题,必须在欧洲或国际层面解决,尤其是欧盟必须寻求可行办法来应对史无前例的难民潮,孤立那些试图将安全与压抑和恐惧等同的极端排外主义的极右翼观点。而希腊和欧洲唯一可以采取的方案,就是向需要国际保护的难民提供安全通道;将难民按比例地安置在欧洲各国;互助协作,推倒隔离墙;尊重《日内瓦公约》;将消除战争、贫困和日益扩大的社会不平等作为共同的战略目标。

在实践中,激进左翼联盟也一直致力于反对极右翼的反移民主张,积极捍卫移民权利。比如,经常组织推动移民权的相关会议,发起"所有人团结起来"(Solidarity for All)运动,鼓励希腊人在经济危机中与移民团结起来。激进左翼联盟也尝试通过培训警察、教育儿童正确认识移民议题和种族主义,以限制金色黎明党反移民宣传的影响,促进国家的思想文化变革。此外,在欧洲层面,激进左翼联盟还与"欧洲反法西斯主义宣言"等组织共同合作,组织抗议、会议等,反对来自极右翼的威胁,维护移民权利。

因此,在2015年1月大选中,激进左翼联盟承载着流落希腊的难民们的所有希望。[1] 在胜选上台后,其具有倾向性的立场观点也令处于极端困境中的中东难民备受鼓舞。比如,有舆论就公开宣称,"难民才是希腊选举的真正胜利者"。[2] 而在执政之初,激进左翼联盟的确曾试图兑现其在难民问题上的承诺,强调在尊重国

---

[1] Helena Smith, "'There is Hope': Syriza Poised to Improve Situation of Greece's Immigrants", Feb. 13, 2015, http://america.aljazeera.com/articles/2015/2/13/syriza-and-the-immigrants-of-greece.html.

[2] Preethi Nallu, "The Real Winners of Greece's Election: Refugee", Jan. 26, 2015, http://www.irinnews.org/analysis/2015/01/26.

际协约和希腊法律基础上，关闭移民拘留营（当时羁押在拘留营中的难民约为4500人），废除18个月拘留期，不再任意围捕难民并将其遣送回来源国，建立收容中心等。在保障移民权的实践方面，激进左翼联盟也取得了一些实质性进展。比如，2015年6月，希腊议会以179票支持、106票反对、16票弃权的结果，通过了赋予在希腊出生的移民儿童公民权的相关法案。

然而从现实看，激进左翼联盟政府在尝试践行其选举承诺过程中面临巨大压力。

首先，汹涌而至的难民潮完全超出了希腊政府的预期和承受极限。作为欧洲的南大门，希腊一直是非法移民进入欧洲的主要通道。2010年后，来自亚洲、非洲和中东的大量移民，通过希腊与土耳其接壤的水陆边境偷渡至希腊，然后再辗转至欧盟其他国家。仅在2010年，就有13.3万名非法移民进入或滞留希腊。[①] 2010年10月，希腊边界管理署建立后，非法移民数量有所减少。此后，希腊非法移民主要来自叙利亚、阿富汗等国，而希腊政府主要通过制止和拘留等方式限制非法移民进入。据联合国难民事务高级专员办事处的数据显示，2014年有4.55万名移民和难民被希腊警察逮捕。[②] 2015年后，进入希腊的难民更呈井喷式爆发。仅在前8个月，就有12.4万名难民从土耳其入境，其中绝大多数是逃离家园的叙利亚和阿富汗难民。他们主要从东部的爱琴海岛，尤其是莱斯博斯、科斯和希俄斯岛等进入希腊。比如在莱斯博斯岛，几乎每天都有1000人入境。[③] 至2016年3月时，每天有近2000—3000名新难民从土耳其进入希腊境内，给希腊社会带来难以承受

---

① Charalambos Kasimis, "Greece: Illegal in the Midst of Crisis", Mar. 8, 2012, http://www.migrationpolicy.org/article/greece-illegal-immigration-midst-crisis/.

② Preethi Nallu, "Greece Outlines Radical Immigration Reforms", Mar. 5, 2015, http://www.aljazeera.com/indepth/features/2015/03/greece-outlines-radical-immigration-reforms-150302083444990.html.

③ Nick Barnets, "Refugee Crisis Heightens on Greece's Eastern Islands", Aug. 8, 2015, http://america.aljazeera.com/articles/2015/8/8/Refugee-crisis-heightens-on-Greeces-eastern-islands.html.

的负担和压力。

其次，难民的涌入危及本国民众利益，引发反移民声浪。针对激进左翼联盟政府尝试推行的一系列倾向难民的政策，希腊本地人的各种反对声音持续不绝。比如，希腊莱斯博斯岛因大量难民的到来而骚乱、冲突不断，导致当地居民大声高呼："这是私人领地！移民滚开！"在希腊的一些度假胜地，如科斯岛，也因为移民的涌入而造成旅游人数急剧下降，导致当地居民不满。在希腊北部地区，一些学生家长强烈反对政府让难民儿童在希腊本地学校上学的政策。

再次，面对二战后欧洲最严峻的难民危机，激进左翼联盟政府受到来自欧盟的巨大政治压力。尤其是进入2016年后，随着难民问题愈益恶化，欧盟各国内政部长曾一度要求将希腊从申根自由流动空间中排除出去，而越来越多的国家也要求关闭希腊和马其顿之间的边境，从而遏制移民潮并封锁"巴尔干之路"。此后召开的欧盟委员会会议虽然没有将希腊排除在申根区之外，但敦促希腊在外来移民登记程序、海洋边境巡逻、边检、风险分析、人事调度和培训、设施建设和国际合作等领域采取措施，保证对申根区外部边境的控制。特别是2016年3月18日，欧盟与土耳其达成协议，决定自3月20日起非法从土耳其进入希腊岛屿的难民将被送回土耳其。希腊议会通过了支持该协议的议案，激进左翼联盟政府按照协议要求，开始大规模遣返难民。显然，在各方面压力下，激进左翼联盟的移民政策已经逐渐背离其最初的国际性、开放性和包容性，转向选择采取限制性的政策立场。

总之，在四年多的执政时间里，激进左翼联盟几乎一直在无休止的紧缩谈判、向国际社会求援、设法平息国内愤怒情绪中度过。恶劣的内外部环境，限制了其寻求激进社会变革政策的可能性，造成其面临着持续性的去激进化压力。至2019年大选前，在一些重要政策议题上，激进左翼联盟已经彻底"去激进化"，或者用有学者的话来说，自接受《备忘录》开始，其对资本主义的"道德东征"就已经结束了。① 它既没有恢复养老金、提高最低工资、扭转私有化进程、终结紧缩计划、捍卫移民权利,也未能增加教育、医疗、住房和地方发展基金。尽管激进左翼联盟一直将这一结果归因于"反动欧洲力量"在客观上的强大,尽管其试图用《平行纲领》来做部分弥补和纠正,但其已经在实施新自由主义的紧缩政策却是不容否认的事实。多年执政后,激进左翼联盟已经深陷理论与实践的悖论。

---

① Yiannos Katsourides, *Radical Left Parties in Government: The Case of Syriza and AKEL*, Palgrave, 2016, p. 129.

第五章　后激进左翼联盟执政时期的希腊左翼政治

2019年见证了激进左翼联盟执政实践的失败。持续的去激进化使激进左翼联盟身份特征日益模糊，逐步失去民众支持基础而丧失执政地位。而与激进左翼联盟形成鲜明对照的，是希腊共产党的持续激进化。两党间不断扩大的鸿沟，使得希腊两支主要激进左翼力量背向而行、愈走愈远。进入后激进左翼联盟执政时期，希腊政治舞台剧烈变动，各类老党寻求重生，众多新兴政党崭露头角。其中，欧洲现实不服从阵线党的兴起，壮大了激进左翼队伍，为希腊激进左翼政治的发展增添了新生力量。

第一节　2019年大选及其后希腊政局

2019年全国大选结束了始于2012年5月和6月两次全国大选的选举周期。这一选举周期标志着泛希社运和传统两极化体制的崩溃。新民主党和激进左翼联盟主导的新两极竞争格局逐渐形成并日益巩固。希腊政党重组分化，呈现发展变化新特点。在这一过程中，新的激进左翼政党应运而生，使得希腊激进左翼政治呈现更加多元化、碎片化发展态势。

一　新两党竞争格局的巩固

金融危机后的多次希腊大选，改变并逐步确立了多党制下新的两党竞争格局。如果说2012年的两次选举标志着由泛希社运和新民主党主导了30年的政党格局的终结，新的选举秩序的雏形开始形成；而2015年选举代表着一种政治过渡，即选民开始重新向新的两党竞争结构调整和分流，那么2019年选举则进一步巩固了新的两党竞争格局，新民主党和激进左翼联盟成为新两党政治中稳定的关键角色。

2019年7月的议会选举，是自2018年8月希腊正式退出八年救助计划后举行的首次全国选举。在此之前，2019年5月，就欧洲议会、地区和市政选举，希腊已进行了三次选举投票。在这三次选举中，新民主党以压倒性优势获胜。尤其是在地区选举中，在总共13个地区中，激进左翼联盟只成功选出了一名该党支持的候选人，而新民主党完全控制了其他地区。这些结果在很大程度上表明了选民对激进左翼联盟政府的不满情绪及变革意愿。

表5.1　2019年希腊议会选举和欧洲议会选举主要政党得票率、议席数

时间 政党	2019年7月全国大选		2019年5月欧洲议会选举	
	得票率（%）	议席数（个）	得票率（%）	议席数（个）
新民主党	39.9	158	33.1	8
激进左翼联盟	31.5	86	23.8	6
争取变革运动	8.1	22	7.7	2
希腊共产党	5.3	15	5.35	2
希腊方案党	3.7	10	4.2	1
欧洲现实不服从阵线党	3.4	9	3	0

资料来源："Results of the Legislative Election in Greece on July 7, 2019", https://www.statista.com/statistics/1024860/greek-election-results/; "2019 European Election Results", https://www.europarl.europa.eu/election-results-2019/en/national-results/greece/2019-2024/.

2019年的全国选举是希腊历史上首次在仲夏时节举行的选举。由于天气炎热，加之希腊是一个旅游业为支柱产业的经济体，很大一部分希腊人会在夏季外出寻找临时工作，另外至少有50万希

腊人因在危机期间离开希腊而被剥夺了投票权,从而导致这次选举的最终投票率仅为58%。尽管新民主党的胜选不出所料,但其得票数将对新政府的组成形式产生直接影响,因而备受关注。

从最终结果看,新民主党赢得39.9%的选票,较2015年9月选举增加了近12个百分点,在300个议席中获得158席。虽然激进左翼联盟未能充分推行反救助计划,但仍获得31.5%的选票,较2015年选举仅少3.9个百分点,从而确保其成为新两党制中的关键角色之一。值得关注的是,激进左翼联盟的全国大选支持率较5月欧洲议会选举明显提升,一定程度表明激进左翼联盟巩固了其在选举竞争中的核心地位。

相关研究考察了该次选举中两党得票的选民分布情况。[1] 从选民的社会职业看,新民主党在一些社会群体中的吸引力大大提高。较之2015年全国大选,新民主党在农民(从33%上升到42%)和独立职业者(从29.5%上升到44%)、私营部门员工(从21.6%上升到38%)、家庭主妇(从34%上升到49%)和养老金领取者(从37.9%上升到45%)中的支持率位列第一。尽管两次议会选举相比,新民主党在17—34岁年龄组年轻选民中的份额从18%增加到30%—31%,但激进左翼联盟的支持率仍居首位,而35—55岁年龄组的人更愿意支持新民主党。激进左翼联盟则在公共部门雇员(37%)、学生(39%)和失业者(42%)中的支持率占优。显然,新民主党和激进左翼联盟的社会基础存在显著差异:新民主党主宰了私营部门、自由市场中的所谓"流动的中产阶级"以及养老金领取者,而激进左翼联盟赢得了公共部门中所谓"安全的"中产阶级以及失业者和年轻人。

左翼舆论对于该次选举的选情分析认为,激进左翼联盟之所以败选,重要原因是其未能兑现此前作出的选举承诺,并尤其指向批评2015年全民公投后,激进左翼联盟没有依据选举结果拒绝

---

[1] Lamprini Rori, "The 2019 Greek Parliamentary Election: Retour à la Mornale", *West European Politics*, 43: 4, 2019.

"三驾马车"苛刻的救助条款。而激进左翼联盟之所以仍然能够保持较高支持率，是受益于民众和进步人士"两害相权取其轻"的结果。但激进左翼联盟整体上已经丧失信誉，"因为其一开始是紧缩政策的反对者，但在掌权时，却采取了异常严厉的政策"。而新民主党之所以能够获胜，很大原因是基于新民主党改善人民生活的选举承诺，人们期望实现更大幅度的税收削减、更多的法律和秩序以及更严格的移民政策等。同时，新民主党也收获了一些因急剧衰落而无法参选的右翼和中间政党，如独立希腊人党与大河党等的选票。①

二 希腊政党政治生态重塑

除了新民主党和激进左翼联盟成为稳定的多数党（新民主党和激进左翼联盟的得票率之和达到71.4%）外，希腊政治舞台发生剧烈变动，有的老党持续衰落，有的新兴政党如坐过山车般急起急落，形成"新两极"体制下多党制发展新常态（参见图5.1）。

2019年大选后，议会党由之前的八个变为六个。其中，大河党②、独立希腊人党和"人民正统集会"没有参加2019年大选。极右翼"金色黎明"党在选举中失利，丧失了全部议席。代之而起的是"希腊方案党"（Greek Solution，EL）。该党成立于2016年，由民族民粹主义的"人民正统集会"前议员基里亚科斯·维罗普洛斯（Kyriakos Velopoulos）创立。"希腊方案党"寻求与俄罗斯建立更牢固的关系，强烈反对在邻国北马其顿共和国的名称中使用"马其顿"一词，并寻求重振希腊的重工业，重新调整教育体系，强调民族主义、重视东正教，该党获得4%的支持率和10个议席。

---

① G. Dunkel, "Elections in Greece: What Happened and What's Next", July 18, 2019, https://www.workers.org/2019/07/42977/.

② 大河党于2017年加入中左翼联盟"争取变革运动"，因与该联盟中其他政党在诸多问题上存在分歧，很快就离开联盟。2019年11月大河党正式中止活动。

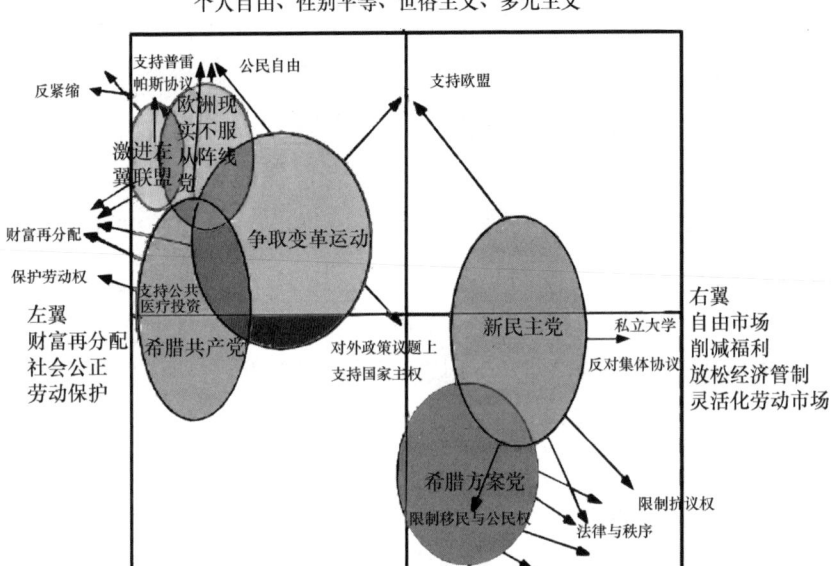

图 5.1　2019 年大选后希腊主要政党及其立场主张

资料来源：https://athens.fes.de/projekte/political-parties-of-greece/.

进入议会的另一政党，是泛希社运的中左翼继任者"争取变革运动"（The Movement for Change，KINAL）。"争取变革运动"成立于 2018 年 3 月，成员党包括泛希社运、民主左派党①以及泛希社运前领导人、前总理乔治·帕潘德里欧建立的小党"民主社会主义运动"（Movement of Democratic Socialists）等。在 2019 年大选中，"争取变革运动"未能从激进左翼联盟的衰落中获益，与 2015年 9 月相比支持率只提高了 1.81 个百分点，获得 8.1% 的选票和 22 个议席。近年来，"争取变革运动"致力于通过注入新鲜血液来

---

① 2019 年，由于民主左派党赞同《普雷斯帕协议》（Prespes Agreement，2018 年希腊和北马其顿就后者的名称达成的协议），而宣布支持时任齐普拉斯政府，因而退出了"争取变革运动"联盟。

复兴泛希社运。2021年10月，同时担任泛希社运和"争取变革运动"主席的福菲·耶妮马塔（Fofi Gennimata）因癌症去世。12月，"争取变革运动"进行了党内选举，包括乔治·帕潘德里欧在内的6人竞选党的最高领导人，超过27万希腊人参与投票。在第二轮投票中，作为准80后的尼科斯·安德鲁拉基斯（Nikos Androulakis）最终以68%的支持率击败帕潘德里欧，成为"争取变革运动"的新领导人。

自2018年组建联盟后，"争取变革运动"一直面临着如何与新民主党和激进左翼联盟进行政治竞争。"争取变革运动"尝试在新民主党和激进左翼联盟间创造不同的政策声音来彰显自身的政策立场。在不同时间段，受国内反右翼或反激进左翼联盟情绪左右，该党经常在温和派与激进派之间摇摆。"争取变革运动"倾向维护"国家利益"，反对《普雷斯帕协议》，在希腊—土耳其争端中强调希腊领土主权；持亲欧盟和支持欧元立场，但在外交政策上态度温和；在经济和社会问题上，主张采取国家干预政策；支持再分配政策、工人保护和强大的福利国家，但并不强烈反对采取与法律和秩序相关的安全政策，比如支持规范示威行动的保守法案，支持新冠疫情期间对行动和权利采取各种限制性措施；在社会文化上主张开放、多元，支持性别平等、难民和男女同性恋、双性恋和变性者权利，以及言论自由和宗教自由等。

坚持激进主义战略的希腊共产党，是希腊政治舞台长期保持稳定生命力的"例外"。在2019年选举中延续了稳定发展态势，获得30万张选票（5.3%的支持率），继2015年的两次选举之后，再次获得15个议席。但在6月的地方选举中，来自希共的候选人除了以70.22%的绝对优势再次当选帕特雷市市长外，在另外四座城市的选举中均以微弱劣势败北，丧失了原有的地方执政地位。希腊共产党一如既往地保持昂扬的斗争姿态，在随后的选举声明中宣称：从明天早上开始，希共的选票就将在每个工作场所、社区、学校和大学中被用来组织斗争，以推进新的措施，救赎所有受苦受难的人们。

三 "欧洲民主运动2025"与"欧洲现实不服从阵线党"的兴起

在2019年大选中,还有一个新兴的激进左翼小党迅速崛起,即由激进左翼联盟前议员、财政部长瓦鲁法基斯领导的"欧洲现实不服从阵线党"(MeRA25)。

"欧洲现实不服从阵线党"成立于2018年5月,是泛欧洲的进步运动"欧洲民主运动2025"(DiEM25)在希腊的国际分部。2016年2月,瓦鲁法基斯组织一批欧洲左翼人士在德国柏林共同创建了"欧洲民主运动2025"。在他看来,欧盟只有进行彻底变革,才能存在下去,因此将其目标界定为"温和但坚定地震撼欧洲",到2025年成为"布鲁塞尔民主—自由区"的唯一替代,在"绿色新政中实现欧洲变革",在欧盟解体前使其实现"民主化"。"欧盟要么团结,要么灭亡"。"欧洲民主运动2025"的使命就是,承认欧盟目前的局限性,在欧洲各地协同努力,在一个共同的欧洲愿景下团结志同道合的公民,寻求建立新形式的跨国团结,创造足够的力量拯救欧盟。①

作为欧洲激进左翼政治跨国发展的新现象,"欧洲民主运动2025"的兴起引发了西方学界的关注和讨论。有观点认为,"欧洲民主运动2025"是激进左翼联盟的自然延续,这不仅因为瓦鲁法基斯此前即为激进左翼联盟成员,而且因为二者具有一些共同的具体特征,比如关于"人民""精英"话语表达等。② 同时,"欧洲民主运动2025"的主张观点也具有强烈的跨国主义特征,因而也有学者称之为"跨国性民粹主义运动"。③

---

① "About DiEM25", https://diem25.org/about/.
② Alice Masoni, "Is Transnational Populism Possible? —The Case of DiEM25", *Economic & Social Sciences & Solvay Business School*, 2017 – 2018.
③ Benjamin De Cleen etc., "The Potentials and Difficulties of Transnational Populism: The Case of the Democracy in Europe Movement 2025 (DiEM25)", *Political Studies*, Vol. 68 (1), 2020.

作为"欧洲民主运动2025"的主要推动和组织者,瓦鲁法基斯本人被很多左派人士视为具有创新精神和创造力的"马克思主义者",但也受到了以希腊共产党为代表的激进左翼力量的批评。希共的批判展现了其一贯的政治倾向和特色,认为瓦鲁法基斯是"概念魔术师",善于创造模糊语境和玩弄语义,拒绝真正的马克思主义经济学,而是在推销一些新术语,如"元资本主义""技术封建主义"等。在希共看来,很多人被瓦鲁法基斯的"反体制"言论及作为新替代力量的自我认同所诱惑,他的语言技巧钝化了民众的激进主义。同时,"欧洲民主运动2025"也为希共所否弃,认为其采用了同样的"弹性杂技剧目",旨在支持所谓"好"自由主义,即垄断更少的新自由主义;批评"欧洲民主运动2025"为折衷主义意识形态的时尚聚集地,围绕一个旨在稳定资本主义经济的松散计划集结在一起,等等。[①]

"欧洲民主运动2025"近年来发展非常迅速,目前已拥有来自超过195个国家的11.5万余名成员。在"欧洲民主运动2025"发展过程中,不断衍生出了一些新的左翼组织,如2019年4月建立了"欧洲绿色新政"（The Green New Deal for Europe）,旨在将欧洲的社区、工会、政党和活动家团结在环境正义的共同愿景之下。同时,"欧洲民主运动2025"也在不断向选举领域延伸。"欧洲现实不服从阵线党"就是其在希腊创立的参与选举运动的组织。[②]

为什么将该组织命名为"欧洲现实不服从阵线"？按照瓦鲁法基斯的说法,之所以称为"阵线"（front）,是因为希腊面对的是令人窒息的、正在自我解构的欧洲,只有组建一个广泛、团结,与"无国界寡头"对抗的泛欧洲的阵线,才能给予希腊喘息空间,使人民得到救赎。之所以称为"欧洲现实不服从",是因为今天成

[①] "Yanis Varoufakis and Diem25: Erratic Marxism and Consistent Anticommunism", Dec. 3, 2021, https://thecommunists.org/2021/12/03/news/theory/yanis-varoufakis-diem25-erratic-marxism-consistent-anticommunism-ubi-green-new-deal-eu/.

[②] "欧洲民主运动2025"2018年6月在德国也创立了一个类似的选举组织,参见 https://diem25.org/it-is-official-diem25-has-an-electoral-wing-in-germany/。

为负责任希腊公民的唯一途径，就是不服从导致希腊发展困境的荒谬政策；尊重希腊议会制度、宪法和共识的唯一途径，就是结束对"三驾马车"及其国内代理人指令的盲目服从；希腊真正的欧洲统一论者知道他们有责任不服从无能的伪技术官僚，正是这些人在狭隘寡头利益的祭坛上牺牲了希腊，同时使欧洲丧失了合法性。之所以称为"MeRA25"，是因为希腊人民已经受够了经济萧条的漫漫长夜，而 MeRA 的意思是白天，同时也体现了与"欧洲民主运动2025"的联系以及党的欧洲国际主义。①

2018 年 2 月，"欧洲现实不服从阵线党"公开发表"宣言"，阐释了其在相关问题上的基本立场，尤其提出当务之急是摆脱债务束缚，进行债务重组。这就要求从不同（甚至相互竞争的）意识形态出发形成一个积极的公民和政治运动的广泛阵线，为打破目前僵局而共同奋斗。为此，"欧洲现实不服从阵线党"提出了七项紧急政策举措，主要包括：基于公共债务的规模和偿还率及名义国民收入的规模和增长率进行公共债务重组；制定政府预算盈余的长期目标；私人债务重组由一家公共金融资产管理公司进行；大幅降低税率，最高增值税和中小型企业税率为 15%—18%，加大所得税累进税率；建立一个公共非银行支付系统；保护工资劳动和创造性/生产性企业家精神等。②

在 2019 年大选中，新兴的"欧洲现实不服从阵线党"获得了 3.4% 的支持率和 9 个议席，吸引了大量希望退出欧元区，尤其是对齐普拉斯执政不满的左翼选民。在随后的议会实践中，"欧洲现实不服从阵线党"彰显了鲜明的政治立场。比如，反对政府计划给予散居国外的希腊人完全投票权的法案，称这是试图"欺骗"散居国外的希腊人，并"侵犯"其投票权。在新冠疫情期间，"欧

---

① "Varoufakis Reveals the Name of His Greek Political Party, Sets Inauguration Date", Feb. 14, 2018, https://www.keeptalkinggreece.com/2018/02/14/varoufakis-greece-political-party/.

② Yanis Varoufakis, "Manifesto of MeRA25-the New Party Set Up by DiEM25 in Greece to Revive the Spirit of the Greek Spring", Feb. 4, 2018, https://www.yanisvaroufakis.eu/2018/04/02/manifesto-of-mera25-the-new-party-set-up-by-diem25-in-greece-to-revive-the-spirit-of-the-greek-spring/.

洲现实不服从阵线党"直面政府的抗疫漏洞，指责政府未能履行其有效应对疫情的义务，导致民众对政府的不信任感剧增，并呼吁政府应该承担四项义务，如合理管控疫情信息、加强保健服务、建设网络化疫苗接种中心、提供足够数量的疫苗等。①

2021年6月4—6日，在新冠疫情肆虐的背景下，"欧洲现实不服从阵线党"召开了第一次党代会第一阶段会议（第二阶段会议在2022年11月举行）。会议重点讨论并通过了党在21个专题领域（卫生、教育、文化、环境、经济等）的立场，这些构成了该党当前时期的政治议程。诸多重要的欧美左翼人士，如诺姆·乔姆斯基、纳奥米·克莱恩、杰里米·科尔宾、齐泽克等出席会议并讲话，表达了他们对希腊人民和"欧洲现实不服从阵线党"的声援和支持。

当前，"欧洲现实不服从阵线党"在希腊政治舞台上能够占据一席之地，很大程度上源于瓦鲁法基斯的个人影响力，但同时也面临着内部冲突和矛盾的困扰。在成立不长的时间里，至2022年初，已经有两名"欧洲现实不服从阵线党"议员宣布退出该党成为独立议员，导致"欧洲现实不服从阵线党"的议员数从2019年的9名下降至7名。其中一位脱党议员批评"欧洲现实不服从阵线党"已经从"包容和多元"的政党转变为"精英的封闭俱乐部"②。这在一定程度上表明党内分歧可能掣肘"欧洲现实不服从阵线党"的未来发展。无论如何，"欧洲现实不服从阵线党"建立本身是希腊激进左翼力量进一步分裂的结果，客观上也使得希腊激进左翼力量更加多元化、碎片化。总的来看，矛盾和分歧在不断消解着希腊激进左翼的实力，也制约着其成长和壮大的空间。

---

① Varoufakis, Yanis, "The Greek People Don't Trust the Government", Jan. 18, 2021, https://greekcitytimes.com/2021/01/18/varoufakis-greek-people-government/.

② The National Herald, "Varoufakis' Tiny MeRA5 Party Loses Another Unhappy Lawmaker", March 9, 2022, https://www.thenationalherald.com/varoufakis-tiny-mera5-party-loses-another-unhappy-lawmaker/.

第二节　希腊激进左翼联盟的实践与挑战

2019年选举是希腊政治发展的一个里程碑，也成为希腊激进左翼联盟发展进程的分水岭。在过去四年半时间里，初掌政权的激进左翼联盟政府在紧缩计划的特殊条件下进行了一场史无前例的实验。激进左翼联盟的执政曾经让整个欧洲左派充满希望。其执政失利不仅使希腊国内外左翼力量的希望落空，也为右翼力量的回归铺平了道路。2019年激进左翼联盟大选失利，新自由主义重新成为希腊政策主流。在这一背景下，尽管败选但仍然能够作为希腊政党体系中两极之一并在政治光谱中占据左翼主导地位的激进左翼联盟，专注于与新民主党的政治抗衡，积极进行内部变革，试图进一步扩大活动空间，巩固其在希腊政党体制中的地位，以期未来能够再次登上执政舞台。

一　作为反对派的激进左翼联盟：立场与实践

新民主党上台后，与南欧多数右翼政党具有相似的政策取向。面对新冠疫情，该党支持促进外国投资，同时声称要缓解疫情暴发后加剧的社会不平等；尽管不公开支持削减福利，但对劳动力市场的进一步灵活化持开放态度。在法律和秩序方面，新民主党则持鹰派立场，坚决反对封锁期间的示威游行。尽管倾向于建立占主导地位的公共卫生系统，但也鼓励私人医疗机构发展，以作为公共国家系统的补充。在非经济和道德问题上，新民主党较为保守；在移民问题上，新民主党的表现呈现矛盾性：一方面，支持采取行动保护难民营中的难民儿童；另一方面，则试图转移、集中和扩大特定岛屿上的难民营。

然而，新民主党治下的希腊社会仍然面临严峻的经济挑战。在过去10年间，希腊经济萎缩了四分之一，贫困率已经达到35%，40万—60万希腊熟练工人因找不到工作而离开希腊。2020年以来，持续发酵的难民危机，加之新冠疫情暴发，使希腊社会经济状况进一步恶化。希腊统计局数据显示，尽管 2021 年希腊的失业率有所降低（从 2020 年 11 月的 16.1% 下降到 2021 年 11 月的 13.3%，其中 15—24 岁年龄组的失业率高达 34.3%），但仍是欧盟失业率最高的国家之一。同时，受疫情和国际局势影响，商品价格及天然气、电力等价格均大幅上涨，民众生活水平急剧下降。因此，新民主党政府尽管在执政之初拥有较高支持率和政治稳定性，但很快就不得不承受巨大压力和挑战。2021 年一项民调显示，民众对政府的信任度为 2.5（0 表示完全不信任，5 表示完全信任）。此外，有 43% 的参与调查者声称国家没有走在正确的方向上，45.8% 的人认为政府没有以正确的方式应对疫情。①

在这一背景下，作为主要反对党的激进左翼联盟，近年来对执政的新民主党政府发起全面舆论攻击。而利用各种场合尤其是议会辩论揭露新民主党政府对疫情的管理问题，批评政府应对新冠疫情不力，成为激进左翼联盟的一个主要攻击指向。

在激进左翼联盟看来，新冠疫情大流行表明了"一种谴责和贬低国家干预、赞扬私人主动性的模式"的局限性。"在一个寻求进步的世界中，希腊有一个拉后腿的政府。其唯一的计划就是攻击工人，摧毁中小企业。"激进左翼联盟批评指出，新民主党政府以牺牲社会、工作、福利国家和民主为代价的新自由主义重组方案不是单行道，疫情不应成为实施最极端的新自由主义意识形态的机会。②

激进左翼联盟指责政府不顾人民生命安全而采取群体免疫政策，造成新冠肺炎病毒的快速传播。截至 2021 年底，希腊已有近

---

① "The Outlook for the Greek Society in 2022", *Weekly Briefing*, Vol. 47. No. 3 (GR) Jan. 2022, https://china-cee.eu/2022/02/10/greece-social-briefing-the-outlook-for-the-greek-society-in-2022/.

② "Greece: Tsipras Launches Full Frontal Attack on Government from Thessaloniki", Sep. 21, 2020, https://balkans.news/2020/09/21/greece-tsipras-launches-full-frontal-attack-on-government-from-thessaloniki/.

两万人因新冠疫情而丧失生命。齐普拉斯强调,在这一数据面前,任何语言都苍白无力。他援引2021年5月的数据指出,ICU病房死亡率高达87%,而如果全民医疗体系能够得到支持,38.5%的死亡可以避免。在这个问题上,激进左翼联盟坚持"健康是最高政治利益"的立场,并提出了"菲洛迪莫斯"(Philodimos)计划,旨在增加医疗投入,在四年内达到欧洲平均7%国民生产总值的水平,其中第一年先投入30亿欧元,同时在新的资源利用模式下重新分配支出。激进左翼联盟指出,"菲洛迪莫斯"计划不仅是一个纲领性承诺,而且是一项国家任务,是其今后几年首要的政治任务。

在批评"新民主党政府是后独裁时代最危险的政府"同时,激进左翼联盟也强调今天的希腊"需要根本性变革,因为其面临的挑战不是暂时的,而具有特定的参数和维度",并提出了自己的目标,即"建设一个更好的希腊,让所有人过上更好的生活"。

除了与新民主党这一竞争对手直接针锋相对外,激进左翼联盟也通过不断改善自身的受众形象,扩大党的影响力和社会支持度。比如,为进一步实现党的多元化,拓展党的选举支持面,2020年6月,激进左翼联盟更名为"激进左翼进步联盟"(SYRIZA Progressive Alliance)。2020年9月,激进左翼进步联盟主席齐普拉斯公布了新党标。新党标的核心元素是一颗五角星,五个角分别代表鼓舞左翼的关键价值观,即民主、团结、正义、自由与平等,强调该党致力于为实现这些理想而奋斗,并呼吁"所有希望建设一个公正、进步、属于欧洲的希腊的人们"加入其行列。

二 激进左翼进步联盟三大

2022年4月14—17日,激进左翼进步联盟召开了第三次全国党代会。这次党代会是激进左翼进步联盟寻求内部转型的一次重要会议。会议以"民主的力量"为口号,讨论了一系列党内程序调整计划,释放出希腊进步的左翼政党将可能联合组阁治理国家的信号。

在会议伊始，过去13年间一直担任党魁的齐普拉斯面对来自全希腊各地5700余名党员致开幕词。齐普拉斯在演讲中表示，希腊需要进行政治变革。他认为现总理米佐塔基斯是希腊"最糟糕的总理"，政府出台的所有政策都很失败。齐普拉斯向选民提出了"5 + 1"承诺，即如果他领导的进步政党在2023年议会选举中获胜，未来希腊家庭日常开支增幅将降低50%；最低工资将提高至800欧元，就业权将得到充分保障；农民债务将被免除；政府将建立一个新的国家卫生系统；国家将为年轻夫妇提供负担得起的住房，将使更多年轻人接受高等教育；国家的生产模式也将改变。

齐普拉斯还呼吁议会中所有左翼进步政党联合起来，在2023年选举中联合组阁。这一表态是在新民主党表示可能组建政党联盟后作出的。齐普拉斯明确表示，激进左翼进步联盟愿意与除新民主党外的所有政党合作，并表态希望与变革运动联盟，即改组后的前执政党泛希社运进行合作。①

需要指出的是，激进左翼进步联盟进行的一项重要内部改革，即党主席及中央委员会将由全体党员选举产生。参加大会的5784名党员中有4681人参与了此议题的投票，齐普拉斯的提议以73.52%的得票率获得通过。基于此项议程，激进左翼进步联盟于2022年5月15日举行了党内选举，公开选举党主席和中央委员会。

三 激进左翼进步联盟面临的冲击和挑战

尽管激进左翼进步联盟自认为党的三大标志着一个新时代的开启，但也有观点认为这是一次缺乏新思想的代表大会，批评大会除了提出权力目标外，没有关于党的未来的任何核心叙事，是一个空洞无物的"大杂烩"。同时，围绕发展道路问题，激进左翼进

---

① Athens News Agency, "Tsipras at 3rd Congress: His Five Commitments of 'a Realistic Plan for a Progressive Rule'", April 15, 2022, https://www.thenationalherald.com/tsipras-at-3rd-congress-his-five-commitments-of-a-realistic-plan-for-a-progressive-rule/.

步联盟中旨在推动党转变为类似泛希社运的新党的领导层，以及坚定支持左翼路线的领导成员间存在激烈争论。[1] 2020年10月，激进左翼进步联盟中央委员、前司法部长孔托尼斯（Stavros Kontonis）甚至因为批评党的政策而被开除出党，孔托尼斯将其辞职归因于党的内讧，认为这"不符合工人、人民和社会的需要"[2]。独特身份标识的日益丧失以及党内碎片化，使激进左翼进步联盟的未来发展前景困难重重。

从外部发展看，激进左翼进步联盟在理论政策和实践上也面临来自多方面的竞争与挑战。

在理论政策上，激进左翼进步联盟的政策主张受到来自多方面的竞争压力。比如在纯粹的经济左右分裂方面，激进左翼进步联盟主张（从富人到穷人）的财富再分配，在政治空间的同一领域面临着来自希腊共产党的竞争，因为主要作为下层阶级的代表者，希腊共产党在工人权利方面保持着更大的影响力并拥有更多的支持者。激进左翼进步联盟在中产阶级进步选民中的吸引力更大，但在这方面也面临着与"争取变革运动"和"欧洲现实不服从阵线党"的竞争。在领土安全和移民问题上，由于激进左翼进步联盟主张（基于人权）"不再收紧"庇护政策，因此与在该问题上持反对政策的新民主党相比可能面临更高的选举成本。目前，激进左翼进步联盟相对有利的政策取向可能存在于环境和社会领域。通过坚持其在气候变化和多元文化主义上的立场，比如将疫情问题上对政府措施的批评与其气候变化政策以及转变消费和生产模式的必要性结合起来，以及提出疫情凸显的各种性别相关议题如家庭暴力，突出由妇女主导的、被低估的职业如医疗工作者、清洁工、幼小教师的重要性等等，有利于吸引更多的青年人和女性

---

[1] Notis Papadopoulos, "A Congress Devoid of Fresh Ideas", April 19, 2022, https://www.ekathimerini.com/opinion/1182518/a-congress-devoid-of-fresh-ideas/.

[2] "SYRIZA Expels Former Minister Kontonis Over Party Criticism", Oct. 9, 2020, https://www.ekathimerini.com/news/257880/syriza-expels-former-minister-kontonis-over-party-criticism/.

选票。

　　从实践发展看，激进左翼进步联盟仍然面临来自希腊诸多左翼力量的冲击和挑战。一方面，新冠疫情后，尤其是2021年底领导人更迭后，"争取变革运动"开始呈现上升趋势。2021年底至2022年初的民调显示，"争取变革运动"的支持率比2021年9月的8%翻了将近一番，截至2022年1月末达到14%（有的民测数据甚至更高）。"争取变革运动"政治影响的部分回归，一是源于其自身的形象重塑。重建后的"争取变革运动"，既致力于摆脱其过去与希腊债务危机相关联的负面形象（如通过申请新的税号等方式），又试图维系与泛希社运的纽带联系，利用泛希社运残存的影响力，尝试构建一个"新—旧"结合的政党。2022年5月，超过17000名"争取变革运动"成员投票，决定将党更名为"泛希腊社会主义运动—争取变革运动"（PASOK-KINAL），并重新启用原泛希社运的党标——"绿太阳"标志。正如党主席安德鲁拉基斯所说，这一标志"承载着一个历史性党派的记忆，代表着我们的人民为民主、社会公正和民族尊严而进行的奋争"[①]。二是源于新冠疫情对希腊民众生活产生的巨大影响。密特隆分析公司（Metron Analysis）的调查数据显示，81%的人承认疫情影响了他们的生活，其中44%的人认为疫情影响巨大，37%的人认为影响很大。就疫情对人们的心理影响而言，76%的受访者表示很累，但仍在坚持；22%的人表示其感到严重压力。[②] 疫情加之俄乌冲突带来的能源与财政困难，不可避免造成民众对执政不力的执政党以及缺乏可行替代方案的激进左翼进步联盟的不满，从而为"争取变革运动"赢得对两个主要政党感到沮丧的选民带来机会，成为可行的左翼选择项。党主席安德鲁拉基斯对此充满信心，强调"经过

---

① "Pasok, the Return: Over 170k Kinal Members Vote for Name Change", May 9, 2022, https://www.keeptalkinggreece.com/2022/05/09/pasok-kinal-name-change-greece-politics/.

② Maria Katsounaki, "The KINAL Factor", Jan. 22, 2022, https://www.ekathimerini.com/opinion/1175986/the-kinal-factor/.

一段时间的停滞后,我们党在民调中有了活力,而随着我们努力重建和赋权,我们会做得更好"①。

另一方面,希腊共产党始终是左翼政治空间中相对稳定的一极。激进左翼联盟崛起后,2012—2019年对希共生存发展是至关重要的年份,尤其是在2012年,希共一度在选举中遭受重大损失。直到2015年,希共凭借其意识形态和历史传统,以及坚持与激进左翼联盟构建"左翼团结"式联盟呼吁保持距离,确保了自己的生存空间。在2019年的议会选举中,希共成功获得5.3%的支持率,并且取得一些重要突破,比如在第三大城市帕特雷市再次执政等,从而进一步保持了党在希腊政党体系中弱小但稳定的政治地位。激进左翼联盟执政后的持续温和化,以及希共近年来的持续激进化,使得两党的立场和总体战略形成鲜明对比。两党偶有合作行动,比如2020年,由希共发起,激进左翼联盟和"欧洲现实不服从阵线党"共同签署了反对执政当局禁止11月17日游行的决定声明,但总体而言深入合作空间有限。在希腊社会,一批忠诚的支持者始终是希共坚定的后盾,成为激进左翼联盟难以撼动的"红色地带"。

第三节 愈益趋向激进化的希腊共产党

近年来,希腊共产党一方面积极围绕国际共运重大纪念日、人物和历史事件表达观点、主张,彰显自己的鲜明态度和立场,同时积极参与当下国际共产主义运动,主动发挥组织作用,成为当今国际共运联合与合作实践最积极的协调者,比如承办共产党工人党国际会议,作为发起方组织各国共产党发表声明、倡议,协调"欧洲共产党和工人党倡议"召开讨论会、开展相关行动等;但另一方面,随着近些年希共的观点主张越来越趋向激进,其在

---

① "KINAL Elections: Festive 'Return' of PASOK-Great Turnout-Monday the Results", May 8, 2022, https://247newsbulletin.com/economy/234569.html.

国际共产主义运动联合与合作问题上越来越表现出明显倾向性，合作对象的选择以观点、主张划界的特点越来越突出，甚至在一些重大问题上挑起公开争论，造成国际共运的矛盾和分歧公开化，对当前国际共运的团结统一带来不利影响。

一 二十大后希腊共产党的实践斗争新进展

2017年二十大进入新发展周期后，希共在不利、有限的政治环境中继续探寻发展道路、拓展生存空间，高举反帝反霸旗帜，为捍卫劳动人民利益、推动人类进步的正义事业而不懈斗争。

在国际和地区层面上，希共积极协调组织各国共产党人的联合与合作行动。具体表现在：一是组织和参与共产党和工人党国际会议。新冠疫情暴发之前的两次共产党工人党国际会议都是希共直接或参与组织的。比如2018年11月23日至25日，希腊共产党在建党100周年之际，在雅典主办了第20次共产党和工人党国际会议。来自五大洲73个国家的90个共产党和工人党参加，围绕国际、区域和本国的形势发展进行讨论，并就各自的经验交换了看法。2019年10月16—20日，希共与土耳其共产党在土耳其伊兹密尔共同承办第21次共产党和工人党国际会议，来自58个国家74个政党的137名与会者，围绕大会的核心议题"共产国际成立100周年"进行了广泛讨论。

二是适应数字化时代发展要求，完善国际共运的网络和数字化信息资源建设，加强各国共产党间的联系和沟通。比如在"团结网"（http：//www.solidnet.org）专门设置共产党和工人党国际会议信息页，其中设有"信息栏"，对会议参与者的发言进行公开展示。2020年尽管遭遇新冠疫情，共产党和工人党国际会议无法正常举行，但仍然发布了特别版"信息栏"，展现各党的立场观点。同时，在"团结网"设置各国共产党网页，各党能够在此公开发布信息、纲领、中央委员会决议及相关文件。在过去10年间，世界共产党和工人党已有超过1.6万份信息上传。尤其是近年来，信息发布愈加频繁，如2019和2020年，分别有3000多份各语种的信息资料发布。此外，"团结网"还额外设置了相互信息快速传递系统，超过500个订阅用户（主要是各国共产党）能够通过e-mail每天收到"团结网"传递的信息。随着网络数字化建设的不断完善，"团结网"在世界各地受关注度越来越大。在2019年和2020年，分别有来自176个和161个国家的人们访问了"团结网"[①]。

三是开展声援行动，支持国际公平正义斗争。比如希共致力于反对霸权主义和法西斯主义的斗争。2019年，在北约成立70周年以及北约轰炸南联盟20周年之际，希共发声谴责其"以人权为名进行战争"所犯下的罪行，批评北约的侵略性质及其服务于大资本大垄断集团的工具性，强调北约是人类和平与社会进步的敌人，其存在是为了维护当前不公正的社会制度。在委内瑞拉危机、玻利维亚政变、巴勒斯坦问题上，希共强烈反对美国、欧盟、美洲国家组织等干涉别国内政的行径，呼吁进步力量团结起来，声援代表正义的民族性政党、组织和领导人。希共还积极参与反对新法西斯主义和反种族主义斗争，组织研讨会、游行示威和发表声明，呼吁在民主力量和所有工人间建立广泛联盟，争取每个人的生命和尊严权。2020年，针对美国、欧盟等国家和机构干预白俄罗斯大选的行径，希共予以谴责，支持白俄罗斯主权独立以及白俄罗斯人民享有自由公正的选举权。在新冠疫情大规模蔓延的紧急态势下，希共呼吁彻底停止对古巴、委内瑞拉、巴勒斯坦、黎巴嫩、朝鲜等国的封锁，以及结束对阿富汗、叙利亚等国的军事占领。

四是严厉反击虚无共产主义历史的错误观点。苏联解体、东欧剧变以来，西方一些国家反共舆论盛行，国外共产党面临的外部环境恶化，遭受限制或打压的情况较常发生，生存空间受到很大

---

① Statement of the Central Committee of KKE, "100 Years of the Communist International", Feb. 26, 2019, https://inter.kke.gr/en/articles/The-founding-action-and-dissolution-of-the-Communist-International-through-the-prism-of-the-current-tasks-of-the-international-communist-movement/.

挤压。近年来，国际共产主义运动在历史问题上受到的最大冲击和挑战，是来自2019年9月18日欧洲议会通过的一项题为《欧洲记忆对欧洲未来的重要性》的决议。该决议宣称"记忆"对欧洲未来具有重要影响，强调二战是欧洲历史上最具毁灭性的冲突，但同时却指称1939年签订的《苏德互不侵犯条约》是二战发生的直接原因，并提出要在整个欧洲拆除所有"极权主义"纪念物，包括向苏联红军致敬的标志物。该决议出台后，在西方尤其是欧洲激进左翼中掀起了巨大的反对声浪，希共等多国共产党通过集会、发表声明等方式严厉批评和谴责决议的"反动性"。其主要观点：一是认为这是继2006年欧洲委员会会议"强烈谴责极权共产主义政权的罪行"、2009年欧洲议会将8月23日确立为20世纪纳粹和共产主义罪行的全欧洲纪念日之后，欧洲地区性机构作出的又一项反共决议。这项决议旨在将诸多欧盟成员国对共产党及其标志物禁令合法化，是欧盟反共纲领的延伸和升级。二是抨击该决议是一个"反动性怪物"。将共产主义等同于野蛮的纳粹主义以及抹杀苏联对二战的贡献是对历史的反动伪造，是一种新的历史修正主义。三是强调人民群众的历史贡献不可磨灭，资本的辩护者不能重写历史。2019年9月27日，希共主导的"欧洲共产党和工人党倡议"发表声明指出："真理将重放光明，人民尤其是青年人的斗争终将胜利，并将大资本及其组织的荒谬言论抛进历史的垃圾堆。"①

在国内层面，希共一如既往地以捍卫劳动群众利益、推动社会发展进步为己任。比如，组织工人罢工，争取集体协议、增加工资；组织抗议极右翼政党"金色黎明"的集会，呼吁人们与法西斯主义作斗争；组织群众示威游行，反对政府的反人民立法，等等。

新冠疫情的暴发及其产生的破坏性社会后果，为希共的斗争行

---

① ICP, "Anti-Communism Will Not Pass", Sep. 28, 2019, https://icp.sol.org.tr/europe/anti-communism-will-not-pass.

动树立了新靶标。以反对资本主义为指向的抗疫斗争，构成了疫情下希共实践斗争的一条主线。一方面，希共通过组织罢工以及与其他共产党发表联合声明等方式，严厉批判西方政府反应迟缓、应对失策，敦促希腊政府完善公共卫生系统、提供防疫物资、保障劳动阶层收入，"立即采取措施保护人民的健康和权利"；另一方面，从制度上深刻揭示疫情蔓延与资本主义制度本身的内在联系，强调"真正的病毒和可见的敌人正是资本主义"，疫情危机表明利润优先而非以人为本的资本主义制度不可持续。新冠疫情下经济危机的爆发及其演进，根本原因不是资产阶级政府及国际组织所谓的疫情大流行，而是此前世界资本主义经济业已存在的严重的资本过度积累问题，这些问题因疫情而加速，导致了新的危机。[1] 在新冠疫情期间，希共的矛头直接指向新民主党政府对疫情管理不力，批评公共卫生系统运作不良，并将其归因于不断削减预算和医护人员不足，因此呼吁增加卫生保健系统的预算和人员；呼吁公立学校正常运转，即增加教学人员和教室数量，以应对卫生协议；拒绝政府以健康为由禁止公众抗议（包括疫情期间的极端管制），动员其成员和支持者参加尊重健康协议的抗议活动；指责政府以公共卫生紧急状态为借口，危害民主权利，实施专制议程，等等。

2021年6月，希腊共产党举行了第二十一次全国代表大会。这是进入21世纪后希共召开的一次具有重要意义的全国会议。会议对党在劳工—工会运动重组斗争及工人阶级中的工作进行评估，围绕希共面临的诸多重大问题进行了深入讨论，比如在当前条件下，如何进一步明确希共作为有组织的先锋队角色；如何推进社会各阶层的斗争和加强团结；如何在反资本主义和反垄断方向上开展斗争等。会议强调，希共当前的重要任务就是推进工人阶级运动的重组，努力在有组织的工会运动中建立群众组织，始终站

---

[1] Statement-Call of the Central Committee of KKE, Sep., 2020, https://inter.kke.gr/en/articles/STATEMENT-CALL-OF-THE-CENTRAL-COMMITTEE-OF-THE-COMMUNIST-PARTY-OF-GREECE/.

在与宿命论、恐惧和沮丧情绪以及保守主义、各种反动认识等冲突斗争的最前线，与成千上万的工人联合起来，在为满足当代人民的需要而进行的斗争中，构建一个伟大的社会联盟，解决目前面临的严峻问题，为彻底推翻资本主义以及建立社会主义—共产主义创造必要的先决条件。会议还选举了新的中央委员会，迪米特里斯·库楚巴斯再次当选党的总书记。

二 围绕当前国际共运重大理论和实践问题的立场和主张

（一）关于十月革命和列宁主义的认识

2017年8月，希共派代表参加了由俄罗斯工人共产党在圣彼得堡组织的纪念十月革命100周年国际会议，主题为"十月革命后一百年：当代共产党人的经验教训和任务"。希共代表在发言中高度评价十月革命的历史性贡献，认为十月革命是代表20世纪世界历史高潮的实践，其表明资本主义并非不可战胜，因而可以建立一个没有人剥削人的更高级的社会。十月革命展示了革命性阶级斗争的力量，展示了被剥削者和被压迫者的力量，将历史的车轮转向社会解放的方向。

十月革命也证明了列宁主义分析方法的重要性，即在资本主义经济政治发展不平衡规律下，社会主义可以在一国首先取得胜利，凸显了革命政治先锋队共产党作为社会主义革命的领导力量，在新的共产主义社会的形成、巩固和最终胜利的整个斗争中起到了不可替代的作用。

希共批评各种所谓"机会主义"潮流，如孟什维克企图阻止十月革命，有计划地破坏社会主义建设，同时也正是这些机会主义势力后来腐蚀了苏共，使苏联的反革命和资本主义复辟。而今天，机会主义势力仍然在诋毁"十月革命"，企图否定十月革命的社会主义性质及其巨大的历史性贡献。在希共看来，十月革命开创的社会主义制度几十年来的存在和成功表明，一个没有老板和资本家的社会是可能的。世界共产党人应该认真研究这一段历史，得出必要结论,在各国和国际层面调整并制定现代革命战略,使之与我们时代的特点,即从十月革命开创的垄断资本主义—帝国主义向社会主义过渡的时代相适应。①

2020 年是列宁诞辰 150 周年。希共开展了隆重的纪念活动,对列宁的理论和实践贡献给予极高评价,认为列宁是马列主义的奠基人之一,终其一生始终站在反对资产阶级理论家和形形色色机会主义分子歪曲马克思主义斗争的前列,以其卓越的理论工作和革命行动,推动了世界范围内工人运动的发展,为当代共产党和共产国际的成立作出了决定性贡献。列宁将马克思和恩格斯的"我们的学说不是教条,而是行动的指南"付诸实践,证明革命理论的发展是解决资本主义发展和阶级斗争过程中每一次突出的当代问题的决定性因素;列宁是无产阶级革命政党创始人,这一政党的目标是"领导工人阶级进行斗争不仅是要争取出卖劳动力的有利条件,而且是要消灭那种迫使穷人卖身给富人的社会制度";列宁的帝国主义理论揭示了帝国主义的经济和政治本质,即资本主义的最高阶段;列宁揭示了资本主义国家间的帝国主义战争和帝国主义和平之间的辩证关系,揭示了国家间的联盟和协议是为追求最大利润而瓜分领土、经济区域、生产财富的资源的一种政策,等等。希共强调,列宁至今仍然是希腊和世界各地共产党人为推翻资本主义和建立更高级社会组织,即社会主义—共产主义而斗争的革命行动的灯塔。在当前条件下,为最终消灭阶级剥削社会和建设社会主义—共产主义社会而斗争,就是对伟大的共产主义革命家列宁和十月革命及其奋斗目标的实际纪念。②

---

① Speech of the KKE at the International Theoretical Conference of Communist and Workers parties, "100 Years after the Great October Socialist Revolution, the Lessons and Tasks for the Contemporary Communists", 2017, https://inter.kke.gr/en/articles/Speech-of-the-KKE-at-the-International-Theoretical-Conference-of-Communist-and-Workers-parties-100-years-after-the-Great-October-Socialist-Revolution-the-lessons-and-tasks-for-the-contemporary-communists/.

② Statement of the PB of CC of KKE, "On the 150th Anniversary of the Birth of V. I. Lenin", April 21, 2020, https://inter.kke.gr/en/articles/On-the-150th-anniversary-of-the-birth-of-V-I-Lenin/.

（二）关于共产国际及其当代价值的批判性反思

2019年是共产国际成立100周年，希共中央委员会发表纪念声明①，并在其后陆续发表了相关分析文章②，阐释共产国际对国际共产主义运动和工人运动的贡献，同时也基于当前国际共产主义运动实践，指出需从其发展经验中汲取重要教训，提出了希共关于国际主义联合的主要认识和主张。

希共高度评价共产国际成立的意义及其历史贡献。希共强调，共产国际是俄国十月社会主义革命胜利的产物，其成立是对国际革命工人运动协调和团结需要的回应。共产国际对国际共产主义运动作出了重要贡献，在世界范围内推动了共产党力量的发展，对被压迫人民提供了无私的国际主义援助，向世界各地受迫害的激进人士提供了多方面支持，比如开展出版教育行动、组织马列主义革命理论干部学校等。

但希共也指出，共产国际在策略上存在的问题和冲突对各国共产党产生了负面影响。希共尤其批评共产国际发展进程中作出的一系列错误决策及产生的认识误区，比如对待社会民主主义的矛盾态度，逐渐削弱了反社会民主主义阵线，从而使共产国际中右倾机会主义的地位得到加强；低估了垄断资本主义时代的国际性和资本与劳动间基本矛盾的尖锐性，同时没有认识到每个资本主义国家革命的性质客观上由其所要解决的基本矛盾决定，而与各国在国际帝国主义体系中地位的相对变化无关；低估了从资本主义向社会主义过渡的时代特征，以及社会主义生产关系极大推动生产力解放的能力；共产国际关于第二次世界大战性质的矛盾立

---

① Statement of the Central Committee of KKE, "100 Years of the Communist International", Feb. 26, 2019, https：//inter.kke.gr/en/articles/The-founding-action-and-dissolution-of-the-Communist-International-through-the-prism-of-the-current-tasks-of-the-international-communist-movement/.

② See Theses of the CC for the 21st Congress of the KKE; Section of International relations of CC of KKE, "The Founding, Action and Dissolution of the Communist International through the Prism of the Current Tasks of the International Communist Movement", https：//inter.kke.gr/en/articles/The-founding-action-and-dissolution-of-the-Communist-International-through-the-prism-of-the-current-tasks-of-the-international-communist-movement/.

场，低估了战争性质是由发动战争的阶级及其目的决定的，反法西斯主义和摆脱外国占领、争取民主权利和自由的斗争，与反对资本的斗争相脱节。希共认为，共产国际自我解散的决定是错误的，这违背了其成立时的宗旨，违背了《共产党宣言》的精神，违背了无产阶级国际主义原则，违背了共产党在任何情况下都要结成反对国际帝国主义统一革命战线的需要。但希共也强调，所有这些负面因素并不能抹杀共产国际对国际共产主义运动的重要贡献。

希共反对将当前国际共运的深度衰退归结为信息匮乏的观念，认为共产党和工人党年度国际会议、希共负责运作的"团结网"以及互联网的普及带来各党网站或网页建设的不断完善，使当代各国共产党之间的信息交流越来越充分，当前国际共运所处困难境况的主要原因是长期以来在发展阶段上根深蒂固的机会主义战略：一是许多党虽然仍自称为共产党，但其意识形态—政治和组织形式并不符合共产主义特征，即不符合列宁主义革命工人党的科学共产主义意识形态及革命战略；二是许多党很少用阶级方法，即基于共产主义意识形态的阶级斗争来分析当代资本主义的社会现象，很少用辩证唯物主义方法分析历史和当代社会现象；三是很多党往往受资产阶级机会主义意识形态的影响，将我们的世界观从理解和变革社会的理论基础和科学方法工具变为"愿望清单"[1]。

在希共看来，对共产国际的遗产及其经验进行深入研究，对当今国际共运的革命性重组，对于建立反资本主义的统一的革命战略具有重要价值。希共强调，"国际共产主义运动的重组和发展是我们党的一项永久、一贯的任务"，希共的目标是在国际共运中形成一个马列主义的中心，通过各种适当的形式，如欧洲共产党和工人党倡议和《国际共产主义评论》[2]，主动创造条件，推动共产

---

[1] 21st Congress of the KKE, 2021, https://inter.kke.gr/en/articles/21st-Congress-of-the-KKE/.

[2] *International Communist Review*，此为希腊共产党主办的期刊。

党采取共同战略。但希共也承认，革命重组的过程是缓慢的、困难的，取决于各国共产党从思想、政治和组织上全面加强自己的能力。在工人阶级和经济战略部门建立坚实的基础，加强其对劳动人民运动的干预"将会加强每个共产党，将会把革命行动与革命理论结合起来"①。

（三）希共挑起公开争论以及来自国际共运内部的回应

2021年12月10—11日，在因新冠疫情导致共产党和工人党国际会议中断一年之后，来自57个国家的73个共产党工人党参加了由希腊共产党和土耳其共产党共同组织的特别电话会议。多国共产党和工人党围绕新冠疫情大流行下的劳工运动和人民斗争，以及劳资矛盾激化、资本主义生产方式的剥削程度加剧及其对环境的破坏性影响等进行讨论。但由于在诸多重大问题上存在认识差异，这次会议结束后没有按惯例发表联合声明。2022年初，希腊共产党公开发文，阐述自己的主张并对相关党提出批评，使国际共运内部矛盾公开化。其后，匈牙利工人党发表公开信作出回应，强调世界共产党应减少分歧，加强团结合作。这次争论是苏联解体、东欧剧变后国际共产主义运动内部矛盾分歧第一次公开、集中的呈现。

1. 希腊共产党的主要观点

2022年1月22日，希腊共产党在党报《激进者报》发表题为《国际共产主义运动中的意识形态—政治斗争》②的文章，提出了以其为代表的部分国外共产党的主要主张：

第一，希腊共产党声称，什么是社会主义的问题至关重要，这"不仅是一个理论问题，而且是一个直接的政治问题，与美中两国

---

① 20th Congress of the KKE, 2017, https：//inter.kke.gr/en/articles/POLITICAL-RESOLUTION-OF-THE-20th-CONGRESS-OF-THE-KKE/.

② International Relations Section of the CC of the KKE, "Aspects of the Ideological-Political Struggle in the Ranks of the International Communist Movement", *Rizospastis*, Jan. 22, 2022, https：//inter.kke.gr/en/articles/Aspects-of-the-ideologicalpolitical-struggle-in-the-ranks-of-the-international-communist-movement/.

在帝国主义体系中争夺霸权相关";"美国仍然是世界上最大的政治、经济和军事帝国主义强国。受资本主义发展不平衡规律支配,中国企业在全球资本市场以及商品出口和资本输出中占据突出地位"。希共反对"新冷战"的说法,批评一些共产党"错误地将中国置于苏联对抗美国的地位",认为目前正在发生的"是一场基于垄断企业间冲突的对抗,因此是一场帝国主义间的对抗"。

第二,批评共产党与其他左翼和进步政府合作。希腊共产党认为,当前"管理资本主义"下兴起的各类"左翼"或进步政府,尽管有不同的意识形态表现,如强调资本主义的"人性化"、欧盟的"民主化"、向社会主义过渡的"阶段化"以及与右翼政策的所谓决裂等,但它们对管理资本主义抱有幻想,粉饰社会民主主义,并将批评集中在资产阶级管理形式即新自由主义上。这种力量忽视资本主义经济规律和任何资产阶级管理公式都无法否定的资产阶级国家的反动性,推迟争取社会主义长远发展前景的斗争,因为放弃了动员那些愿意与对抗垄断企业和资本主义的社会力量的艰巨日常工作,从而在实践中未能承担起对人民的巨大责任。希共公开点名批评一些参加共产党和工人党国际会议的共产党,如批评法国共产党、西班牙共产党是"欧洲共产主义"机会主义潮流的代表等。

第三,反对"多极世界"提法。希共认为,支持这一说法的左翼政党并不是用"列宁主义"标准来解读帝国主义,即垄断阶段的资本主义,而仅仅从侵略性的对外政策层面认识帝国主义,从而忽略了当今时代垄断企业、资本主义国家及其联盟在争夺原材料、能源、矿产、商品运输路线和市场份额方面的冲突。这些党将矛头指向美国、北约或其他大国的侵略性对外政策,选择性地将其解释为"帝国主义侵略",并以建立"多极世界"作为解决方案。在希共看来,限制美国资本主义以及建立多极世界将带来"世界和平"的看法,将使各国人民彻底迷失方向,这一认知掩盖了现实,助长了可能存在"非侵略性"帝国主义,即所谓"和平"资本主义的幻想。

第四，主张进行国际共运的革命性重组。希共反对刻意地去团结那些"修正"马列主义基础，如社会主义革命和建设原则的力量，认为这种团结除了向全世界共产党人传递虚假和迷失方向的形象外，也是一个危险的信号，因为半真半假实质上就是在撒谎。同时，这也掩盖了共产主义运动的内部分歧，阻碍了为弥合分歧而进行讨论。如果共产主义者对当代帝国主义国家没有清晰的认识，只关注美国、北约或新自由主义或法西斯主义，并将上述一切与其产生的原因，即资本主义和推翻资本主义的必要性分离开来，就会导致悲剧性选择。希共因而主张就意识形态分歧公开进行实质性讨论，以马克思列宁主义为基础进行共产主义运动的革命性重组。希共第21次全国代表大会为这一革命性重组制定了重要标准，即捍卫马列主义和无产阶级国际主义，在国际范围内形成"共产主义极"；反对机会主义和改良主义，拒绝中左翼管理及任何其他阶段论变种；捍卫社会主义革命的科学规律，并利用这些规律评估社会主义建设进程，深入研究并从问题和错误中吸取教训。

2. 匈牙利工人党的回应要点

针对希共的公开表态，国际共运中持不同观点的共产党人陆续发声公开反对。其中，匈牙利工人党以党的名义于2022年1月31日发表公开信《共产党和工人党国际会议的分歧与共产党人的任务》①，对希腊共产党的上述主张作出回应，其主要观点如下：

第一，中国正在建设社会主义，虽然中国特色社会主义的理论和实践不同于以往的社会主义经验，但决不能称之为资本主义。匈牙利工人党认为，在对中国问题的不同看法背后，有一个更深层次的理论问题，即什么是社会主义的问题。一些党把社会主义想象成一个封闭的、放之四海而皆准的标准模式。匈牙利工人党强调，社会主义虽然有一定的基本特征，但要根据不同国家的国

---

① Open Letter of the Hungarian Workers' Party, "Thoughts before the Meeting of Communist Parties in Lisbon", Jan. 31, 2022, https://mltoday.com/open-letter-of-the-hungarian-workers-party/.

情而适当加以调整。

第二，马克思主义不是教条，捍卫马克思主义不是一党一派的专利。匈牙利工人党认为，马克思主义是共产党的意识形态，党的任务是在马克思主义的基础上分析变化的形势，在对具体现实进行具体分析的基础上确定自己的任务。所有政党都必须能够利用马克思主义这一宝贵的指南。捍卫马克思主义是所有共产党人的责任，我们的职责是创造性地应用和进一步发展马克思主义。

第三，从当前实际情况出发，将一切反资本主义力量团结起来。在匈牙利工人党看来，尽管很多人期望现在的国际合作能够像列宁时代的共产国际那样强大，但共产国际是时代的产物，当前的共产主义运动已不可能像当时那样以一个大党为中心。目前的现实是，共产主义运动整体上还没有摆脱自20世纪90年代以来持续性的危机。各国共产党进行合作的目的，是使自身变得更加强大，这就提出了"团结谁""如何团结"等问题。就此问题，匈牙利工人党认为应该进行更广泛的合作，目的是不断学习新的经验，从其他党的发展中汲取教训并获得力量。

第四，争论是国际共运的正常现象，重要的是扩大团结而非放大分歧。匈牙利工人党认为，政党生存与发展的历史背景不同，自然会产生分歧和争论。现在国际共运中争论的一个消极特征，是并没有讨论应该讨论的问题，而且争论往往不是由应该参与讨论的人主导的。共产党和工人党国际会议应该确定参与层级，各党最高领导人与会非常重要。召开会议的目的从来都不是形成一纸空文，而是要拿出切实可行的解决方案克服危机，使共产主义运动变得强大，创造未来的光明前景。因此必须扩大团结，搁置分歧，将注意力集中在意见一致的方面。需要先对有争议的复杂问题进行专业讨论，再得出政治结论。这并不意味着放弃原则，而是承认一个事实，即我们在诱发分裂的争论中已经走得太远。

第五，正确把握战略与策略的关系，不高估也不低估革命形势。匈牙利工人党认为，当前国际共运面临着复杂的形势：一方面,目前的确没有革命形势,所以各党不能发动战略进攻,所取得的成功也大多是策略性的;另一方面,资本主义正处于危机之中,革命形势又随时可能出现。因此,共产党领导人责任重大。对革命形势的误判,对革命力量的潜力高估,都可能危及整个运动。但如果没有及时注意到革命形势的来临,如果没有为新的任务做好准备,也会产生严重后果。如果牢记这一点,在此基础上开展国际合作,就能取得进步和成功。而如果以局部利益为重,不能区分重要和次要利益,没有意识到新冠疫情暴发两年来世界已经发生了根本性变化,那就只能失败。

显然,当前国际共运内部在重大的理论和现实问题上存在着难以弥合的分歧。以希腊共产党为代表的一些共产党与其他共产党争论的实质,仍然纠结于一些老问题:社会主义是走革命道路还是议会道路?是建立更广泛意义的左翼联盟还是强调意识形态的同质性?是承认社会主义发展模式的多样性还是坚持战略策略的统一性。追根溯源,这些分歧长期存在,一直左右着20世纪国际共产主义运动的发展进程,21世纪以来仍然深度影响着世界社会主义力量的合作与联合。从理论上说,解决这些矛盾和分歧不难,相互尊重、求同存异,承认各国政治生活条件的差异性以及实现社会主义道路的多样性,在独立自主基础上发展相互关系、进行联系合作才是问题的根本化解之道。但显然思想认识的根本转变并非易事。从当前发展现状看,国际共产主义运动有必要进行一场深入的理论讨论和争鸣。诚如匈牙利工人党所说:"国际共产主义运动应该现代化。各党应在相互尊重和信任的基础上找到新的合作形式。马克思主义不是镌刻在石头上的真理的集合。共产党的任务是在马克思主义基础上分析不断变化的形势,在对现实进行具体分析的基础上确定自己的任务。"①

---

① 参见匈牙利工人党主席蒂尔默·久洛(Thürmer Gyula)给笔者的邮件,"First Step to the Future? Some Considerations after the Lisbon-meeting of Communists and Workers' Parties",March 10,2022。

第六章　希腊左翼激进主义：何去何从？

从更为宽广的视野看，希腊激进左翼运动是更广泛欧洲激进左翼运动的重要组成部分（从选举政治看，激进左翼联盟甚至可以说是目前为止最成功的部分）。因此，解析欧洲激进左翼运动，有助于我们深化对希腊激进左翼运动的理解和思考。作为全书的终章，本章在归纳总结当前欧洲激进左翼运动的发展特点及其面临的问题基础上，分别对希腊共产党和激进左翼联盟进行理论剖析，着重阐释其面临的困难和挑战，提出只有正视存在的问题，希腊激进左翼运动才能获得更大的发展。

第一节　欧洲激进左翼运动多棱镜：发展特点与问题

在欧洲，中左翼社会民主党左侧存在为数不少的激进左翼政党。它们的意识形态明显偏向左翼激进主义，反对现存资本主义的社会经济结构及其价值观和实践，支持建立替代的经济和权力框架。从历史上看，各国共产党曾经是欧洲激进运动的主要代表，在欧洲不少国家的左翼力量中占据相对优势（在东欧曾为社会主义国家执政党）。苏联解体、东欧剧变后，在整个世界社会主义运动陷入低潮的背景下，欧洲共产党长时间被边缘化，用英国学者的话来说，处于模糊、衰落和碎片化状态。①

进入 21 世纪，欧洲激进左翼运动从苏东剧变的外部冲击下部分恢复，出现了缓慢的复苏迹象。② 其主要表现：

一是在传统共产党之外，新兴激进左翼政党组建并迅速发展起来，比如，葡萄牙左翼集团（BE）、德国左翼党（Die Linke）、不屈的法国③（La France insoumise）、希腊激进左翼联盟等，激进左翼多元化发展趋向初显。

二是在选举政治框架下，欧洲激进左翼政党的整体得票率部分提升，当然与欧洲共产党发展巅峰时期的支持率，甚至是 20 世纪 80 年代欧洲共产党相对衰落时期的支持率不可同日而语。

三是一些党采取了较为灵活的、大多表现为实用主义或温和化的战略策略，或者取得了选举成功，如荷兰社会党（SP）在 2006 年议会选举中一度赢得 16.6% 的支持率和 25 个议席，位列议会第三大党；或者参加联合政府（当然大多扮演从属角色），如法国共产党（PCF）1997—2002 年与社会党组建联合政府；或者赢得执政地位，如 2008 年塞浦路斯劳动人民进步党（AKEL）成为欧元区第一个上台执政的激进左翼政党。

这一时期的欧洲激进左翼政党在理论和实践上也表现出一些鲜明特点，主要是：

——意识形态呈现多样性、复杂性。在欧洲激进左翼政党中，除各共产党基本一致地坚持以"马克思主义"或"马克思列宁主义"思想为指导外，其他党大都没有一种明确的指导思想或理论，意识形态主线趋向"红""绿"结合，既追求泛化的民主、自由、平等、公正、国际主义、团结等价值观，同时也糅合了女权、和平、环保等后物质主义的"新政治主张"，因而集结了立场、理

---

① M. J. Bull and P. Heywood (eds.), *West European Communist Parties after the Revolutions of 1989*, London: Macmillan Press, 1994, pp. 203 – 222.

② 东欧地区激进左翼政党的发展与泛西欧地区有明显区别，以下的相关分析主要以西欧地区情况为主。

③ 其前身为 2009 年正式组建的法国左翼党（Parti de gauche）。

念、观点千差万别的各方人士。比如，瑞典左翼党（V）强调自己是靠四条腿走路的党，即社会主义、国际主义、绿色政治和女权主义。芬兰左翼联盟（VAS）宣称它是"所谓第三左翼"的代表，"尝试将劳工运动传统与后工业民主运动思想结合起来。在意识形态上是一个多元主义政党，聚集了政治上属于左翼范畴的人道主义者、社会主义者、马克思主义者、女权主义者、生态主义者"①。挪威社会主义左翼党（SV）的政治身份被界定为红—绿政党，"红"代表希望建立一个没有阶级差异和社会不公正的社会。"绿"代表致力于为下一代建设一个具有生态可持续发展的社会。②

——身份特征渐趋明朗和固定化。进入21世纪后，欧洲激进左翼政党很大程度上结束了在剧变之初的彷徨、混乱状态，或者转向更加激进，或者转向更加重视实用价值，但无论如何，大都已经形成特定发展模态。比如，希腊共产党在经历了20世纪90年代初党的分裂之后，展现出明显的意识形态连续性而非变革倾向，在经历了整个90年代的重新"布尔什维克化"之后，已经成为整个欧洲激进左翼政党中最激进类型的代表。在对资本主义的认识上，除少数党明确主张通过革命方式实现政治制度替代外，多数激进左翼政党的"反资本主义"，大多集中于经济层面内容。它们批判新自由主义，主张对富人征税以及收入和财富再分配，推行银行国有化/社会化、具有重要意义的公共企业国有化、公共企业管理的透明化、社会控制和民主计划等，但却也大都承认资本主义的议会民主，承诺捍卫社会式国家，主张通过民主和选举等方式来实现激进甚至革命性的变革③，因此不再是明显的"反制度"政党。多数激进左翼政党很少在平等、正义、团结、民主、自由之外直接提社会主义，即便是提出社会主义的未来发展目标——比如

---

① "Left Alliance", http://www.vasemmisto.fi/vasemmistoliitto/english/left-alliance/.
② http://arkiv2.sv.no/index.php//Language/English.
③ "Greece-for an Anti-austerity Government of the Left", June 1, 2012, http://zcomm.org/znetarticle/greece-for-an-anti-austerity-government-of-the-left-by-socialist-resistance/.

德国左翼党提出要"推翻资本主义",构建一个承认每个人自由和平等是所有人发展的条件的民主社会主义社会;丹麦社会主义人民党(SF)提出要在社会中推动社会主义变革,以实现更多的经济、社会、政治平等和公正;希腊激进左翼联盟倡导在希腊和欧洲实现"21世纪的社会主义"等,但其社会主义也更多的是被作为一种运动过程或价值理念,很难理解成一种现实的社会制度。

——作为中下层社会阶级利益的代表者。尽管多数激进左翼政党致力于实现党员和选民的多样化,呼吁从更广泛的多元社会群体中寻求支持者,但却并未成功吸引不同的收入群体。在不少党中,退休者、失业者、半失业者和学生等非工资收入者的比例能够达到一半以上。从各党支持者的职业结构看,欧洲激进左翼政党存在明显分化。有的党,如斯堪的纳维亚地区的多数党、荷兰社会党、葡萄牙左翼集团和希腊激进左翼联盟等,在受教育水平较高、具有后现代价值观的社会阶层中明显拥有吸引力。比如在2005年,挪威社会主义左翼党的半数选民受雇于公共部门,11%来自自雇者,只有2%是工人选民。而在一些党中,工人选民仍占有较高比例。比如在2009年选举中,德国左翼党的工人比例达到18%,而芬兰左翼联盟的工人比例高达43%。[①] 就本书的主要研究对象希共和激进左翼联盟而言,希共的支持者主要来自失业者、工人和私营部门雇员,而激进左翼联盟的选票主要来自学生、私营和公共服务业雇员以及自雇者。但无论如何,相对于欧洲其他中左、中右翼政党来说,激进左翼政党的党员和选民主要来自低收入和危险工作部门,因此总体上仍然被视为"普通人的政党"。

——多元化的欧洲政策立场和倾向。欧洲激进左翼政党基本上都加入了欧洲议会党团"欧洲联合左翼—北欧绿色左翼"。同时,除北欧各党组建了"北欧绿色左翼联盟"以及部分共产党如希腊、

---

① Anna Striethorst, "Members and Electorates of Left Parties in Europe", in Birgit Daiber, Cornelia Hildebrandt, Anna Striethorst (eds.), *Von Revolution bis Koalition: Linke Parteien in Europa*, Berlin 2010, Translation by Phil Hill, 2011.

葡萄牙共产党外，不少党都作为成员党或观察员党参加了欧洲左翼党。目前，除少数几个坚决支持退出欧盟的反一体化政党，如希腊共产党、葡萄牙共产党和瑞典左翼党外，绝大多数党采取的是选择性一体化或批判地支持一体化立场。① 这些立场本质上不反对欧洲一体化，大都不拒绝欧洲一体化的必要性，承认共同市场的好处，相信"欧盟是迎接巨大经济和生态挑战的必要工具"。但也批评欧洲一体化过程中外交、货币融合政策的实施及其影响，反对两个版本的《欧盟宪法条约》以及各国根据欧盟要求采取的紧缩政策，认为欧洲一体化进程经常是建立在欧盟内部以及与第三世界国家激进市场导向的竞争逻辑基础上的，因而欧盟并非当前经济、金融、环境和全球食物危机的受害者，而是其推动者。欧洲多数激进左翼政党倡导另一种可行的选择——"建立在国际团结基础上的社会公平、和平与可持续发展的欧洲一体化进程"，即反对欧盟的一些新自由主义议程，但却接受推动欧盟民主化以及促进劳工保护、环境保护、女权和少数民族权利的渐进的一体化，认为这种一体化的欧洲才有助于推动民众生活条件改善。当然，这种认识定位的形成在各党中的发展轨迹是不同的。比如，至少在20世纪90年代中期之前，尤其在那些植根于"北欧例外主义传统"的激进左翼政党中，强烈的疑欧主义一直是其主要的身份标签之一。只是在"北欧模式"遭遇困境之后，多数党才开始逐渐接受跨国治理、市场经济，并对欧盟在一些实质性领域，如就业和税收等领域权力的加强采取一种积极态度。希腊激进左翼联盟则经历了一个相反的过程。它一直积极支持欧洲一体化，但自20世纪90年代末以来开始更多地转向批判性立场。

——社会网络特征明显分化。在欧洲各国，共产党大多拥有深厚的工会基础，能够与各类工会保持密切联系。尤其是一些大党，比如希共拥有自己的阶级工会，法国、葡萄牙、西班牙共产党等

---

① Luke March, *Radical Left Party in Europe*, Routledge, 2011, p. 160.

在工会中也拥有较大影响力。而不少新兴激进左翼政党尽管不断寻求在各类工会中扩大影响,却难以与传统左翼占统治地位的工会组织形成亲密互动。相反,在社会运动领域,因为新兴激进左翼政党与其后物质主义诉求和价值观能够形成更多共鸣,因此较之其他左翼尤其是共产党,往往能够产生更大影响。新兴激进左翼政党广泛参与新社会运动和各种形式的反体制运动,在推动地区和各国社会论坛的发展中发挥了重要作用。

2008年国际金融危机,尤其是2010年欧债危机的爆发,给欧洲激进左翼政党带来前所未有的发展机会。一些激进左翼政党迅速发展成为欧洲政治中具有相关性的角色。特别是希腊激进左翼联盟、西班牙"我们能"党的选举成就,令激进左翼政党获得了更多的关注,被视为欧洲"左翼民粹主义"兴起的重要标志。那么,在当前欧洲政治中,激进左翼政党到底是何种存在?它们是否可以说已经从边缘政党上升为主流政党或正在"主流化"呢?显然我们尚不能作出这种论断,其原因在于:

第一,欧洲激进左翼政党目前整体上仍然处于弱势地位。从历史上看,激进左翼政党一直是欧洲政治中的边缘性力量,即使在二战后的发展鼎盛时期,其平均支持率也仅仅超过15%。有学者对欧洲激进左翼政党长时段选举支持率的统计显示,1940—1950年其支持率从12.6%下降到9.2%;20世纪60年代和70年代的平均支持率分别为10.2%和10.5%;从80年代开始尤其是90年代,激进左翼政党遭遇选举崩溃,其支持率从9.3%直线下降至6.1%;进入21世纪后尤其是2010年欧债危机爆发后,激进左翼政党的支持率不断提升,但远未达到其巅峰时期,也显然不能对现存政治秩序形成具有颠覆性的冲击。[①] 在洲际范围内,激进左翼政党在2014年欧洲议会选举中的整体实力呈现小幅增长,"欧洲联合左翼—北欧绿色左翼"共获得52个议席。但在2019年欧洲议会选举

[①] See Luke March and Daniel Keith (eds.), *Europe's Radical Left: From Marginality to the Mainstream?*, Rowman & Littlefield, 2016.

中，议席数又减少到 41 个。尽管拥有一定影响力，但仍然是欧洲议会中处于边缘地位的小党团。同时，欧洲激进左翼政党的发展呈现明显分化，国与国之间差别很大。有些党取得了极大成功，如希腊激进左翼联盟、西班牙"我们能"党；有些党的支持率不断改善，如荷兰社会党；有些党的影响却在不断下降，如法国共产党和意大利的多个共产党；有些党的选举轨迹上下波动幅度很大，如葡萄牙左翼集团以及经济危机以来的西班牙联合左翼。总体来看，在过去十几年间，只有少数党，比如德国、荷兰、葡萄牙、希腊、丹麦、法国党的全国支持率能够超过 10%，绝大多数党并未能成为各国政治中相对重要的角色。显然，在人们对激进左翼的预期及其现实成就之间是存在落差的，欧洲激进左翼政党总体上尚未发展成为欧洲政治中能够左右局势发展的关键性力量。按照佩里·安德森（Perry Anderson）的说法，欧洲激进主义运动的兴起"只是令欧洲精英感到'头痛'，各种媒体所宣扬的'民粹主义危险'迄今仍然十分有限"①。

第二，从欧洲政党政治发展看，资本主义发展危机更多的是促进了欧洲右翼激进主义运动（或者说是右翼民粹主义）的强势抬头。近年来，欧洲深陷经济政治发展危机。先是希腊债务危机，几乎演变为欧洲的金融危机。其后是叙利亚难民危机，几百万难民涌入欧洲国家，引发欧盟内部激烈矛盾。之后英国脱欧，2020 年 1 月 30 日欧盟正式批准了英国脱欧，使欧盟陷入成员国信任危机。2020 年新冠疫情暴发，疫情防控失守，欧洲经济备受打击，进一步恶化了社会下层民众的生存状况。从政治发展看，欧洲危机的一个直接后果，是造成了一批具有影响的激进右翼政党的强势崛起，如法国国民阵线（FN）、荷兰自由党（PVV）、奥地利自由党（FPÖ）、瑞典民主党（SD）、丹麦人民党（DF）、芬兰的真正芬兰人党（PS）、德国选择党（AfD）、英国独立党（UKIP）、希

---

① Perry Anderson, "Why the System Will Still Win", *Le Monde*, Mar., 2017, http://mondediplo.com/2017/03/02brexit.

腊金色黎明和方案党、西班牙"呼声党"（VOX）等。激进右翼政党从少数几国到遍布全欧，其执政或参政愈益成为欧洲政治发展的"新常态"。

从欧洲议会选举看，在2014年的欧洲议会选举中，法国国民阵线、英国独立党、丹麦人民党在各国位居首位，而奥地利自由党、正统芬兰人党等的支持率也均有不同程度增幅。在2019年的欧洲议会选举中，更是刮起了"极右翼风暴"。其中，法国国民联盟以23.6%的得票率和24个议席在法国国内得票第一，德国选择党得票率也达到10.5%。

从全国和地方选举看，2014年地方选举中，法国国民阵线将11位市长和1500多名市议员收入囊中，选举成就远远超过了其在20世纪90年代最辉煌的时期。在2017年法国总统选举中，国民阵线候选人玛丽莲—勒庞（Marine Le Pen）不出所料杀入选举第二轮。在2022年法国总统选举中，玛丽莲—勒庞再次进入第二轮，尽管最终败选，但相比上次大选提升了近7个百分点。

在德国和瑞典，极右翼政党也获得新发展。2013年2月成立的德国选择党，2014年5月第一次参加欧洲议会选举就获得了7%的支持率。在2017年德国大选中，成立仅4年的选择党，凭借其反欧盟、反欧元、反移民、反伊斯兰化的民粹主义纲领，成为战后第一个跻身德国联邦议会的极右翼政党，并以13%的支持率和94个议席的战绩位列德国政坛第三大党。在2021年德国大选中，尽管选择党的支持率有所下滑（10.3%的支持率和83个议席），但整体上发展仍然稳定。创建于1988年的瑞典民主党，具有新法西斯主义意识形态基础，起初只是边缘化小党，2010年时拥有20个议席。在2014年全国议会选举中，瑞典民主党选票翻倍，获得12.9%的得票率和49个议席，成为议会第三大党，拥有否决政府决策的能力。2015年难民危机爆发，仅在当年瑞典就接收了16.3万名移民，在这一背景下，以反移民为政治诉求的瑞典民主党支持率大幅攀升。到2018年大选时，瑞典民主党支持率增加至

17.6%，较上次大选增长了近5个百分点。在西班牙，2013年方始组建的"呼声党"，高举"让西班牙再次伟大"的旗号一路高歌猛进，到2019年大选时，获得15%的选票，赢得52个国会议席。

与激进右翼政党的整体走强相比，激进左翼政党在各国占有一定优势的，除本书所述的希腊激进左翼联盟外，只有西班牙"我们能"党和爱尔兰新芬党（Sinn Féin）。科尔宾（Jeremy Corbyn）当选英国工党领袖也是欧洲激进左翼运动的重要突破。意大利五星运动党（Mss）同样是在经济危机下兴起的激进主义政党，但缺乏具有确切偏向性的政治主张，既提出过关于税收、移民等问题的右翼言论，也具有反对现政府新自由主义的左翼立场，因此是当前欧洲激进主义运动发展中并不能明确归类于左、右翼范畴的一个特例。显然，无论在数量、影响范围还是选举实力上，激进右翼运动都超过了激进左翼运动。当然，总体上看，激进左翼政党的兴起受危机的影响更大。除德国选择党外，主要激进右翼政党都是在2008年危机前就已建立并长期存在的政党，而希腊激进左翼联盟、"我们能"党、科尔宾的崛起等，很大程度上都是经济危机的直接后果。

第三，激进左翼政党的政策主张相对含糊、弱势，难以如激进右翼政党那样获得广泛的民众共鸣。激进左、右翼政党的崛起，是当前资本主义政治发展的结构性困境的反映。二战后，欧洲政治在很长时间内相对稳定，主要作为社会中间力量代表的中左、中右翼政党，得到各国选举制度保障和民众基本认同，长期占据主导地位，在各国政治舞台上一直轮流执政。20世纪末以来，为了争夺中间阶层选票，中左、中右翼政党意识形态分歧日益缩小，政策趋同。伴随着全球化的加速推进，欧洲经济受到很大冲击，社会矛盾冲突加剧，福利国家面临发展困境。而无论中左翼还是中右翼政党上台执政，都对解决失业、经济低迷、民众焦虑感等回天乏力，其合法性和代表性危机凸显。尤其是伴随欧债危机迁延难愈，难以有效应对危机的各国主流政党更是成为民众不满的

"标靶"。新自由主义运作方式明显失灵,对经济停滞的愤怒、对欧盟的幻灭以及对移民政策的质疑,导致民众越来越不相信传统政党能够解决现实问题。

在这一背景下,激进右翼政党似乎比激进左翼政党能够更多地反映民众的诉求。一方面,它从一开始就将移民问题作为其政治主张的核心问题,其排外主义和种族主义言论不仅仅体现为一种指责,更是与捍卫福利国家紧紧联系在一起,它强调正是因为大量移民的到来才使得福利国家不堪重负,从而获得了受危机冲击最严重人群的广泛支持。而激进左翼政党大多秉持多元文化主义,承认不同文化的差异,倡导人道的国际主义,主张平等对待移民,呼吁移民应享受与本国公民同等的权利。这一凸显多元性、包容性的主张,在经济繁荣期为左翼赢得了更多的政治加分,但在欧洲经济形势极端恶化,尤其是难民危机持续发酵,中东难民对欧洲国家的社会稳定冲击日益严峻的情况下,继续坚持这一主张的激进左翼政党不得不面临来自体制内以及社会层面的巨大压力。

另一方面,尽管激进左翼和右翼政党都强烈反对欧洲央行所主导的紧缩政策以及由《马斯特里赫特条约》所开启的对人民主权的否定,但在对这一问题的解决方案上,激进左翼政党明显表现得犹豫不决,而激进右翼政党则更加坚决和彻底。无论是法国国民阵线还是希腊金色黎明党,都明确提出退出欧元区。而对激进左翼政党来说,欧洲团结和统一一直是其基本价值观。除少数党(如希共、瑞典左翼党)持退出立场外,多数激进左翼政党持选择性支持欧盟一体化立场,具体表现为虽然反对欧盟的新自由主义议程,但接受欧盟民主化或渐进的一体化,并对欧盟的未来发展前景表现出一种积极、乐观的态度。它们提出的诸多推进欧盟民主化的方案,大都是对单一货币体系的技术调整,但或过于复杂缺乏实践操作性,或只是模糊地援引一些数据指标。与激进右翼直截了当的退欧主张相比,难以获得民众的关注和认同。

第四,经济危机及各种激进主义运动的兴起,令欧洲新自由主义建制派受到冲击，但新自由主义的统治地位并未遭到根本性颠覆。早在国际金融危机爆发之初，《经济学人》封面文章就曾发出警告——"资本主义陷入绝境"。此后，占领运动、愤怒者运动、黑夜站立运动等的次第兴起，马克思主义理论及左翼思想的复兴，左、右翼激进主义政党的崛起等，极大冲击了新自由主义统治秩序。但总体上看，国际金融危机发生至今十多年来，欧洲资本主义或新自由主义仍然表现出很大发展弹性，短期内任何温和的修正或替代方案似乎都难以攻破其堡垒，对执政或参政的左派而言，"去新自由主义化"举步维艰。其主要表现，一是诸多反体制运动的潮头更多出现在欧洲边缘国家，在更能影响局势的"关键"国家如德国、法国、英国等，新自由主义展现出更强大的统治力。这或者表现为绝对的优势地位，如在德国，2021年底，凭借新自由主义理念入主总理府的默克尔在主政16年去职后，由社民党、绿党和自民党组成的红绿黄"交通灯"联盟政府展现出更趋猛烈的"新自由主义"发展态势。有西方学者指出，"对即将到来的'进步新自由主义'政权的期待更多的是老一套：更多的（生态）紧缩，更多的私有化（如进一步拆除德国铁路），更加遵守欧元区规定，以及对工人更多的限制——所有这些都遵循着施罗德红绿联盟政府带来并被默克尔以其标志性的谦逊欣然继承的改革传统和务实管理"，"未来只剩下重复和重新排列"。① 或者在反建制浪潮的冲击下，既有政治秩序貌似发生了很大变化，但换汤不换药，并未发生根本性改变。比如在法国2017年大选中，无党派的马克龙击败主流政党候选人当选总统，似乎颠覆了传统政党政治版图，但实际上其最终当选很大程度上是主流政治为了阻止极右翼上台而鼎力支持的结果。究其实质，法国左、右翼主流政治在这场选举中没有失败，而是通过政治新人的推出进一步强化了统治地位。或者通过各种有利于主流派的政治游戏规则，压制反建制力量的

---

① Bernhard Pirkl, "No End to Neoliberalism in Germany", Dec. 15, 2021, https://damagemag.com/2021/12/15/no-end-to-neoliberalism-in-germany/.

崛起。比如在英国，激进右翼独立党在2014年欧洲议会选举中，通过比例代表制成为议会中最大的单一政党，但在一年后的全国议会选举中，赢得13%的支持率却仅仅得到1个议席，而苏格兰民族党却以不到5%的支持率获得56个议席。

二是从社会心理上看，欧洲民众对新自由主义欧盟的幻灭与对反建制运动的支持程度之间仍然存在差距。资本主义危机以来，源于对社会经济现状的不满，欧洲民众的反建制情绪是非常强烈的。2014年德国艾伯特基金会的统计显示，有73%的受访者不认为主流政党能够解决他们面临的问题。① 而各种激进主义运动的兴起和发展实际上也是人们这种反抗情绪的宣泄和反映。但与此同时，在愤怒和厌恶情绪背后，欧洲民众内心深处也满怀犹豫和担心，害怕颠覆现状将会带来更大的问题和灾难，而恐惧最终战胜了愤怒，在多数欧洲国家，不少人在大选中仍然选择支持主流政党。尤其是在对待欧盟问题上，多数民众尽管激烈反对欧盟的决策机制和运作体制，但不敢轻言退出，因此希腊人最终接受了激进左翼联盟的妥协，"我们能"党在西班牙遭遇失败，不屈的法国在法国的发展步履蹒跚。

第五，激进左翼政党力量分散化，尤其是内部的意识形态和战略分裂，成为其整体上进一步发展壮大的掣肘。目前，欧洲激进左翼政党力量极其分散，不少国家存在多个激进左翼组织，而且大多力量弱小，只能获得数千至数万张选票。这些所谓"侏儒式"的议会外激进左翼政党，从激进左翼本已极少的选民群中分得一杯羹，削弱了实力较强的激进左翼政党力量。② 同时，在欧洲不少国家都存在着新—旧激进左翼力量的分裂，如希共与希腊激进左翼联盟、法共与不屈的法国、西班牙联合左翼与"我们能"党、

---

① Sara Miller Llana, "Why Fringe Parties Are Surging in Europe", Mar. 15, 2015, http://www.csmonitor.com/World/Europe/2015/0315/Why-fringe-parties-are-surging-in-Europe.

② Luke March and Daniel Keith (ed.), *Europe's Radical Left: From Marginality to the Mainstream?*, Rowman & Littlefield, 2016, p. 44.

葡共与左翼集团。尽管近年来部分政党间进行了选举合作，但龃龉争论不断，未能充分发挥联合斗争的效力。此外，不少党派不断分裂，甚至成为一些政党自我毁灭的直接原因，比如意大利重建共产党的多次分裂导致意大利共产主义政党出现进不了全国和欧洲议会的局面。德国左翼党在形成过程中一直面临着意识形态和地区分裂，导致在其建立四年后，即2011年才通过了统一的党纲。而希腊激进左翼联盟无论执政前还是执政后，都有党内反对派存在且一直对党内统一和领导层的权威形成冲击，尤其是支持欧洲一体化与主张"决裂"派间的纷争及多次分裂，使党的政治实力极大受损。

总之，尽管少数激进左翼政党在议会政治中取得了很大突破，但欧洲激进左翼政党还不能说已经成为一种能够左右政治气候的力量。正如有学者指出的，欧洲激进左翼政党目前总体上仍然"处于防御地位"，仍然面临着来自内外部的诸多挑战。对于其未来发展前景，西方学界既有乐观观点，也有悲观看法，而较为中肯的观点认为，欧洲激进左翼政党的多样性决定了其前景的不确定性。在可预见的未来，作为整体的激进左翼政党不可能出现历史性飞跃，但有可能不断实现增量式进步。其关键是要积极应对两方面的挑战：一是保持党的灵活性，比如创新意识形态和组织方法；二是实现激进左翼政党的一致与联合。[①] 而这两方面问题在希腊激进左翼政治中尤其突出，是当前希腊激进左翼运动的核心问题。

第二节 希腊激进左翼运动的理论反思

在欧洲激进左翼运动中，希腊共产党和激进左翼联盟是具有典型性和代表性的两个政党。希腊共产党传统色彩浓厚，对马克思主义和社会主义理论保持着坚定支持和忠诚态度，是当前欧洲共

[①] Luke March and Daniel Keith (eds.), *Europe's Radical Left: From Marginality to the Mainstream?*, Rowman & Littlefield, 2016, p. 377.

产主义运动中最激进化的代表。而激进左翼联盟虽然拥有部分共产主义"基因",也提出了建立"21 世纪的社会主义"等构想,但其理论主张与社会主义已经相去甚远,总体上应归于激进的左翼反资本主义或反建制政党的范畴。希腊的两个激进左翼政党都致力于反对现存政治秩序,通过各自的方式探寻通向社会主义或替代新自由主义资本主义的政治经济框架,但从当前看,两党都不同程度地面临理论与实践的发展困境。

一 社会主义革命何以可行?

希腊共产党是欧洲共产党中最激进类型的代表。在西方学界,希腊共产党常常被冠以"正统的共产党""老旧的斯大林主义政党""忠诚于莫斯科"的政党等称谓。在苏东剧变后西欧共产党普遍的变革和"重建"浪潮中,希共甚至被有些学者视为逆潮流而行的最保守、僵化的共产党代表。[①] 这种种看法,与希共所倡导的战略策略,尤其是其坚守的社会主义革命观存在密不可分的联系。

希腊共产党是议会道路的坚决反对者。尽管实际上不反对通过议会斗争争取政治权利的必要性,但在希共看来,争取进入议会只是一种手段而非目标。资本主义的议会,实质上不过是施行资产阶级民主的机构和资本主义借助垄断力量维护自身利益的工具。共产党参加议会选举,并不能解决阶级斗争的问题。共产党之所以要参加国家和地区层面的各种议会,是"为了阻止那些反人民措施的实施,投票反对反人民的法案以及欧盟的指令或其他种种举措。在关乎工人阶级和普罗大众的问题以及对失业人员的保护的问题上,在减轻普罗大众的债税负担上,在与由阶级工会和劳动人民的运动所引发的斗争相结合的卫生和教育问题上,提出质疑、提交法案和修正案"[②]。但在根本上,工人阶级要挣脱帝国主

[①] Luke March, *Radical Left Parties in Europe*, Routledge, 2011.

[②] 转引自[希]吉厄戈斯·图萨斯《议会中的共产党人和阶级斗争》,2014 年 5 月,http://review.youngchina.org/archives/7517。

义的枷锁与压迫，摆脱资本主义的剥削，必须开展社会主义革命，打碎资产阶级国家机器及其一切机构，使工人阶级获得生产资料和政治权力，进而建设社会主义和共产主义。

在这一核心思想指导下，希共制定的一系列战略策略彰显出自身的独特性。比如，希共坚持明确的社会基础定位，在西方各类型政党甚至多数共产党都在淡化意识形态色彩，向中间靠拢，以争取最大多数中间阶层选民的大环境下，仍然把包括工人阶级在内的下层阶级视为自己主要的社会基础；希共很少论及其他激进左翼政党经常强调的环境保护、女权等"新政治议题"，而更加关注批判资本主义或新自由主义政治经济秩序层面的内容；希共批评包括反全球化运动在内的各种社会运动，认为反全球化运动是一场淡化阶级斗争意义的机会主义运动，由于运动的异质性，导致其极易被帝国主义国家操纵，同时运动用全球化等术语替代阶级斗争，明显回避资本主义的核心问题而具有改良主义倾向，强调男女平等、动物权利、环境议题等替代运动和实践，相对于资本与劳动的矛盾是次要的，将随着资本主义的消亡而消失。相反，希共更加重视工会领导的抗议和罢工，尝试利用党的附属组织（主要是"全国工人斗争阵线"）来引领社会动员；希共坚决反对欧盟，主张希腊退出欧元区甚至欧盟；希共对欧盟层面的各种政党组织持怀疑态度，因此没有参加欧洲左翼党、欧洲反资本主义左翼等洲际组织，并在近年曾退出欧洲议会；希共在国内坚持党的独立性，坚拒意识形态妥协，提出"虽然拥有五个政党但只有两种政策"的口号，拒绝与激进左翼联盟进行政治结盟。

从议会政治实践看，在苏东剧变后很长一段时间内，希共的支持率一直保持在相对稳定的水平。英国学者戴维·贝尔（David S. Bell）曾这样感叹："持强硬路线的政党能够比现代化政党表现得要好，真是非常奇特的一件事情。"[①] 的确，至少在2012年大选

[①] David S. Bell (ed.), *Western European Communism and the Collapse of Communism*, Oxford, 1993, p.7.

(或者说资本主义经济危机发生）前，希共的理论战略在相对意义上是成功的。因为它不仅使得希共在苏东剧变的冲击以及希腊有利于传统两大政党（泛希腊社会主义运动和新民主党）的"比例代表制"中存在下来，而且为自己构建了一个独特而持续的生存与发展空间。这种战略模式对希共自身发展具有双重作用：一方面，它限制了希共理论政策的包容性，尽管在特殊条件下能够迅速动员起社会不满情绪，却难以长期地获得更多支持者；但另一方面，它也有利于党自身的团结和统一，以及拥有一个特殊而固定的支持群体，从而成为希腊政治舞台上边缘化但却一直稳定存在的力量。正如有西方学者指出的，希共"僵化的政策排除了选举联盟或出现显著选票扩大的可能性，但这也保证了党成为一个巩固、团结的组织，以及随着泛希腊社会主义运动在社会经济政策上的'右转'，从而在政党体系中占据一个独特的小生境……尽管其'极端主义'立场限制了利用选民对泛希腊社会主义运动不满情绪的能力，但却也降低了后者压缩共产党选民的风险"[1]。

国际金融危机后，伴随激进左翼联盟的崛起，希共在国内政治中面临非常困难的形势。但希共并未逆转其政策走向，而是继续沿着既定的战略路线向前推进，且在一些具体层面更加趋向"激进"。比如，在2013年4月党的十九大报告中，希共继续强调自己作为工人阶级先锋队以及能够适应各种恶劣环境的"全天候"政党作用，提出未来五年的主要任务是宣传党的纲领、支持工人阶级斗争组织、重组劳工和工人运动、形成人民的联盟和加强党的自身建设。在革命阶段问题上，1991年与左翼联盟分裂之前，希共尽管主张革命但也承认革命条件仍在发展过程之中，但目前希共很大程度上已放弃了这种"两阶段斗争"方法，提出希腊实现社会主义的物质条件已经成熟，因而为社会主义做好了准备，强调希共的主要任务是为社会主义革命准备主观条件。[2] 希共不再呼

---

[1] Luke March, *Radical Left Parties in Europe*, Routledge, 2011, p. 54.
[2] "Programme of the KKE", http://inter.kke.gr/en/articles/Programme-of-the-KKE/.

呼工人阶级为实现"反帝"和"民主变革"的短期目标而斗争,而是呼吁为工人阶级的"权力"进行"反垄断、反资本主义斗争"。再比如,希共对1949—1968年党的历史的反思也体现了这一倾向。在相关文件中,希共批判性地研究了这一时期党的政策,批评党以民族独立斗争取代阶级斗争,以爱国主义口号取代阶级口号(它认为以爱国和不爱国来区分资本家是错误的),以反资本主义斗争取代反帝斗争,等等。此外,希共更加激烈地批判激进左翼联盟,批评其正在发展成为一个社会民主主义性质的政党,甚至比初期的泛希腊社会主义运动还要保守。它提出,随着激进左翼联盟作为一个社会民主主义政府党的地位逐渐稳固,各种以过渡目标和过渡性管理政府为发展方向的议会外左翼或共产主义复兴组织甚至激进左翼联盟中的反对力量,将会加速形成阻碍其发展的新进程。[①]

在国际共产主义运动层面,希共更倾向于同意识形态相近的党交往,与其他改革幅度较大的共产党分歧越来越大,批判一些共产党对马克思主义的新发展,如批评美共前主席萨姆·韦伯(Sam Webb)2013年在《21世纪的社会主义政党应该是什么样的?》长文中对共产党变革必要性的阐释,称之为机会主义的翻版,是过去十年间共产党各种理论"调整"的发展顶峰,代表着一种"社会民主主义化倾向",是"对共产主义运动原则和革命传统的彻底修正"。[②] 2018年是希共成立100周年。在百年诞辰之际,希共在雅典主办第20次"共产党和工人党国际会议"。希共关注当前国际共产主义运动的分裂及其面临的困难,强调将通过这次会议以及其他形式,推动"国际共运的革命性重组,因为这才是其唯一积极的前景"[③]。

---

① KKE, "Political Resolution of the 19th Congress of the KKE", April 11 – 13, 2013, http://inter.kke.gr/News/news2013/19congress-politiki-apofasi/.

② KKE, "International Criticism of Webb's 'A Party of Socialism for the 21st Century'", http://mltoday.com/greek-communists-criticize-sam-webbs-qparty-of-socialism-for-the-21st-centuryq.

③ Dimitris Koutsoumpas, "We Draw Conclusions, We Become Stronger", Dec. 28, 2017, https://inter.kke.gr/en/articles/Dimitris-Koutsoumpas-We-draw-conclusions-we-become-stronger/.

近年来，希腊共产党在西方左翼和社会主义运动内饱受非议。不少共产党人或左翼人士批评希共过于僵化和封闭，理论政策脱离实际。针对希共近年来的进一步"左转"，甚至一般认为更为激进的希腊托派组织"国际工人左派"的相关人士也指出，希共采取的"更像是第三时期①的斯大林式政策，而非转向真正的马克思主义政治"，其目的很大程度上是为了排除与其他左翼力量合作、开展任何共同行动的可能性。② 第四国际—国际工人联盟网站刊发文章提出，希共已经从阶级合作转向极端宗派主义，认为希共罔顾工人阶级当前的思想意识状况，满足于口头上指责激进左翼联盟的改良主义，不积极开展行动组织动员民众要求激进左翼联盟政府履行承诺，这一态度实际上促进了宗派主义的分裂，而非推动工人群众阶级意识的发展。同时，希共更喜欢提一些不切实际的宣传口号，但"与资本主义决裂"也需要具体的行动。此外，希共的社会主义是希腊版的"一国社会主义"，而在实践中，只有与欧洲工人阶级和人民团结起来为社会主义的欧洲而斗争才能最终在希腊实现社会主义。③ 在西方学界，对希共的分析也大多以批评为主，比如强调希共在选举过程中未能正确估算选票损失，不顾环境变化，将捍卫党的连续性视为保持和增加选举支持的唯一方式；意识形态上的教条主义，使得希共狭隘地反对激进左翼联盟；希共领导层担心参与政府或终止与其他激进左翼力量的对峙，将削弱其在党组织中的影响力，等等。

上述阐释体现了不同观点和立场的倾向性。著者认为，正确认识当前希共的理论和实践，还需抓住以下四个层面的分析线索：

一是把握希共发展的历史连续性。任何政党的理论主张都不是

---

① The Third Period，指共产国际六大提出的"第三时期"理论。
② Interview of Antonis Davanellos, "Greece's Radical Left after SYRIZA", Feb. 24, 2017, https://socialistworker.org/2017/02/24/greeces-radical-left-after-syriza.
③ "Communist Party of Greece: from Class Collaboration to Extreme Sectarianism", Apr. 2, 2015, http://litci.org/en/communist-party-of-greece-from-class-collaboration-to-extreme-sectarianism/.

凭空产生的，而是具有一个与其历史演进相联系的形成与发展过程。希腊共产党从诞生至今已有百余年历史。在百年进程中，其不断面临党内斗争，历经多次分裂和重组，但每次党内斗争中传统派都赢得了最后胜利，从而能够建立起立场一致、长期稳定的领导层。自1974年希腊进入后独裁统治时期后的很长一段时期，希共实质上只有两位最高领导人（"革新派"的法拉科斯在1989—1991年曾短暂担任党的总书记，但弗洛拉基斯在此期间担任党主席，掌握主要权力），弗洛拉基斯和帕帕莉卡执掌党的领导层分别长达18年和22年，这对希共连贯地推进其发展战略意义匪浅。同时，20世纪90年代初，希共发生迄今最后一次重要分裂，彻底排除了改良派等内部不稳定因素影响，成为在意识形态上高度统一的政党。在此之后，希共一直恪守社会主义传统界定，坚持反议会主义路线。2013年希共虽然进行了领导层更迭，但前后任领导层的基本政治理念具有明显的一致性与连续性，在短期内很难出现理论政策的方向性改变。

二是观照希共的政党理念与政治定位。当前西方多数现存政党（甚至包括一些具有改革倾向的共产党）意识形态淡化及中间化趋向明显，多以短期内执政或参政为政党目标。与之不同，希共是西方政党政治理论中典型的政策取向或使命型政党，其目标不是为了扩大选民支持以赢得选举，而是进行制度替代，最终实现工人阶级的解放理想。同时，希共的一个重要主张认为，在垄断力量存在的条件下，不可能建立起任何进步的、偏向人民的政府。因此，希共的政治定位非常明确，就是不谋求组建或参与政府，而是作为抗议党和反对派，在整个希腊组织反建制和反资本主义斗争。其斗争方法也因而一以贯之，即更少依赖选举领域，更多依靠社会领域和意识形态，致力于在工厂、大学、工会中进行政治动员，在整个希腊组织反建制和反资本主义斗争。以此为切入点，我们更容易理解希共一系列激进主张与做法的理论逻辑和根源。

三是深入探究希共在资本主义危机后面临困境的原因。综上所述,自苏联解体、东欧剧变后,激进主义是希腊共产党一贯的意识形态立场,但在欧洲主权债务危机爆发之前,与多数起伏不定或日渐边缘化的西方共产党相比,希共一直在制度内政治中保持着相对稳定的发展态势。显然,激进主义意识形态与危机后希共的困境并不存在直接因果关系。除激进左翼联盟崛起等客观因素影响外,希共在主观上忽视社会主义发展道路的多样性,过于强调反资本主义战略的整齐划一,自我孤立、隔绝于各种左翼进步运动,很大程度上阻碍了希共的发展进程。

塞浦路斯学者乔治·哈拉兰博斯(Giorgos Charalambous)对希共在希腊政治经济环境急剧变化条件下继续坚持原有战略的分析还是比较中肯的。他指出:

> 希共并非一个丧失理性的行为者,它也并非完全不能预测其选举命运,其领导层也不是迷恋权力。在政党政治中,是否教条毫无意义,更为关键的问题在于党的功能、目标,以及在特定条件下,党的目标何时以及采取何种方式才能实现。希共很清楚自己并不能在议会和政府中捞得多少好处,也不愿为些许好处而甘冒丧失支持者忠诚的风险。同时,1989—1990年参与政府的经历,也令希共汲取了深刻教训,因此它自我定位于抗议党,赋予工会运动相对于议会党团更大的优先性,抛弃主流激进左翼政党而与一些非正统的欧洲小党合作。①

在哈拉兰博斯看来,希共当前面临的关键问题并非激进言论,而是在资本主义体系愈益加强对人民进攻的条件下,到底应该采取何种方法应对。他以2015年7月5日希共在全民公决中的表现为例分析了希共战略策略的缺陷。在这场关于债权协议的公决中,希共呼吁民众投弃权票,拒绝领导反《备忘录》的诸社会力量进

---

① Giorgos Charalambous, "Understanding the Greek Communist Party", Sept. 2, 2012, http://blogs.lse.ac.uk/greeceatlse/2012/09/02/understanding-the-greek-communist-party/.

行共同斗争。在全民公决后，希共继续坚持宗派主义，拒绝政府和反对派间关于新协议的讨论，从而丧失了宣传希腊脱离欧元区的绝佳机会，难以树立作为可以信赖的左翼反对派形象。哈拉兰博斯承认希共坚持与激进左翼联盟保持距离是出于自我保护考虑，但认为其不应放弃街头抗议和发出团结倡议，希共对其他反紧缩运动的敌视态度是自我崇拜的表现。因此，对希共而言，一个重要挑战就是要超越党自身的心理界限，在反紧缩斗争中争取所有可以获得的进步力量的支持。①

四是落脚于分析社会主义的实现方式问题。这也是当下关于希共所有争论的实质与核心问题。实际上，在发达资本主义条件下如何实现社会主义，既是西方共产党长期难解的"斯芬克斯之谜"，也是困扰其政治实践的"阿基里斯之踵"。在这个问题上，马克思主义创始人坚持通过暴力革命夺取政权，但也曾提出进行合法斗争必要性的问题，承认议会斗争在扩大无产阶级利益、教育无产阶级方面的作用，主张在条件允许的情况下，社会民主党人应从事包括议会斗争在内的合法斗争，通过议会活动宣传自己的主张，赢得更多群众的支持，争取改善工人的劳动生活条件。在1882年的《法国工人党纲领导言（草案）》中，马克思就曾提出这一著名论断，"必须使用无产阶级所拥有的一切手段，包括借助于由向来是欺骗的工具变为解放工具的普选权。"② 从实践看，在二战前和大战期间，西方各共产党大都主张通过革命来推翻资本主义制度和建立社会主义。但在二战后，随着资本主义相对稳定发展，工人阶级和民众革命意识普遍减弱，通过革命建立社会主义越来越难以实现。在这种情况下，一些共产党开始更加重视议会选举，尝试通过制度内合法斗争来增强自己的政治影响力。但是，自"欧洲共产主义"的"和平民主道路"提出之后，西方

---

① Giorgos Charalambous, "What About the Greek Communist Party?", Aug. 27, 2015, https://www.jacobinmag.com/2015/08/tsipras-syriza-debt-greece-kke/.

② 《马克思恩格斯文集》第3卷，人民出版社2009年版，第568页。

共产党在社会主义实现方式问题上就一直存在争论。而与"欧洲共产主义"党的观点形成鲜明对照的，就是以希腊等共产党为代表的强调革命道路必要性的理论主张。

苏联解体、东欧剧变后，西方共产党的分歧呈现愈益深化之势。以理论战略的演进为线索，近30多年来西方共产党基本上可以划分为"传统"与"现代化"两种截然不同的发展路径。前者以希共等相对激进的共产党为代表，对社会主义传统理论继承得比较多，意识形态色彩浓厚，作为"左翼之左翼"的身份特点突出；后者以法国共产党、意大利重建共产党等为代表，在意识形态和理论上的新发展比较多、变革幅度比较大、转型程度较为显著。但从实践看，这两种发展路径呈现的问题越来越多，且走向"极化"的趋势越来越突出。比如，"传统"类型在思想上越来越僵化、教条化、程式化，将对原则的"坚守"等同于"固守"，拘泥于传统界定、脱离实际，在一些事关党的发展前途的重要问题上不能结合时代环境变化作出相应调整和改变。再比如，"现代化"类型在战略策略上过于灵活，过分强调理论的实用性，在战略调整时妥协过多，自身特色保持不足，导致党原有的一些鲜明特征越来越弱化。从两条路径的发展结果看，目前相关党或者难以打破支持率"天花板"，或者传统选民流失严重，党的力量和影响越来越萎缩，在地区、国家政治中的生存空间愈益狭窄和边缘化。西方共产党在理论战略上必须进行新探索、实现新突破。尤其要努力回答好长期困扰其发展的一些重要理论问题，比如到底应该如何在实际行动中将议会内斗争与议会外运动结合起来；如何正确处理党的具体政治行动策略和党的长远发展战略之间的关系；如何正确处理保持党的独特身份和独立行动与扩大社会联系和支持之间的关系等。唯有如此，才有可能摆脱困境、有所作为。

二　替代选择的问题与困境

作为欧洲第一个因反紧缩而上台执政的激进左翼政党，激进左翼联盟的崛起一度给欧洲和世界左翼带来巨大希望。人们期待希腊赢得反紧缩斗争的胜利,进而在欧洲其他国家形成"多米诺骨牌"效应。但激进左翼联盟来也匆匆,去也匆匆,以糟糕的执政表现而仅在短短四年间就丧失执政地位,且引发了深重的自身发展危机。

这一结果似乎回应了最初人们对其执政能力的担忧。作为政坛小党,激进左翼联盟此前没有执政经历、独具特色而充满活力,没有传统大党的贪腐污迹,这些特点使其在大选中占尽优势。而一旦上台执政,这一优势却很快转变成劣势。由于缺乏执政经验,没有为执政做好充分准备,且严重低估国内外新自由主义势力的强大,激进左翼联盟的不少政策主张经常模糊不清、相互冲突,甚至表现出过于理想主义的一面。比如,它一直试图将根本对立的两种方法调和起来,一方面提出要进行激进变革,但另一方面却又接受和遵从新自由主义的基本规范和过程。

就激进左翼联盟的执政表现而言,国外学界更具共识性的观点,是认为其言论激进但实践现实,或者用爱尔兰学者希恩(Helena Sheehan)的话来说是"言左行右"[①]。激进左翼联盟把握希腊爆发债务危机的有利时机,通过承诺代表人民利益取消紧缩政策等激进言论取得执政地位,但上台后在国内外压力下被迫进行了一系列妥协,最终以牺牲转型计划为代价来达到其短期性政治目标。这一过程深刻体现了激进左翼联盟政策主张的非连续性,即意识形态目标与短期执政实践要求、反资本主义抗议文化与妥协性战略、批判当代资本主义与管理资本主义体系之间内在的矛盾与冲突。在坚持信念与维持执政地位之间,激进左翼联盟作出了牺牲意识形态而捍卫政治有效性的选择。如有学者指出的,其战略调整表现在强调调控而非取消市场、合理削减公共支出、捍卫但不扩张福利国家、主张不能完全避免私有化、平等需与生产率

---

① See Helena Sheehan, *The Syriza Wave: Surging and Crashing with the Greek Left*, Monthly Review Press, 2016.

和竞争结合起来，等等。① 显然，激进左翼联盟的执政实践表明，其美好理想最终屈服于残酷现实。

激进左翼联盟执政后的这一发展走向，被不少学者称作是"去激进化"。换言之，它已退回到捍卫自由民主政治的防御性战略，而不再寻求激进变革社会的社会主义议程。实际上，这并非只是激进左翼联盟一党面临的问题。那些参与政府的欧洲激进左翼政党或多或少都曾面临这种"去激进化"的压力：在野时滔滔不绝地谈论反新自由主义规划，而一旦进入政府，为保持执政地位，只能寻求一些温和的增量式改革举措，如提高救济金、增加政府调控等等。这构成了西方左翼与社会主义者寻求"和平民主道路"的悖论。

在执政的几年间，激进左翼联盟一直面临着来自党内外的激烈批评。英国伦敦大学教授拉帕维查斯（Costas Lapavitsas）指责激进左翼联盟为执政出卖了党的灵魂，"激进左翼联盟是第一个不仅未能兑现承诺而且完全采纳了对手纲领的左翼政党。激进左翼联盟之所以失败，并非因为紧缩难以克服，也不是因为激进变革不可行，而是因为激进左翼联盟不情愿以及没有准备好直接挑战欧元。在欧洲，实现激进变革和反紧缩需要直接与货币联盟对抗"②。激进左翼联盟议员米里奥斯（Yiannis Milios）提出，在最近的未来，左翼政府思想已因激进左翼联盟的执政表现而死亡。当前的主要策略不应该是反欧盟和欧元区，而应集中于反资本主义，支持实现工人自我管理。激进左翼联盟政府应更关注向富人征税、不再向"三驾马车"偿债、强化资本调控、建立合作社。③ 在接受

---

① Yiannos Katsourides, *Radical Left Parties in Government：The Case of Syriza and AKEL*, Palgrave, 2016, p. 149.

② Costas Lapavitsas, "One Year on, Syriza Has Sold Its Soul for Power", *Guardian*, Jan. 25, 2016, https：//www.theguardian.com/commentisfree/2016/jan/25/one-year-on-syriza-radicalism-power-euro-alexis-tsipras.

③ Helena Sheehan, *The Syriza Wave：Surging and Crashing with the Greek Left*, Monthly Review Press, 2016, p. 189.

《新左派评论》的访谈中,激进左翼联盟中央委员、"左翼纲领"派成员库沃拉吉斯(Stathis Kouvelakis)将激进左翼联盟的执政实践视为"当代左翼最大的背叛"。他强调之所以出现这一结果,并非激进左翼联盟有意为之,而是因为缺乏对现实、阶级对抗及其力量不对称的基本认识。他将齐普拉斯比作前意共领导人奥凯托,呼吁左翼政党应该汲取激进左翼联盟的教训。①

近年来,对激进左翼联盟的关注,开始更多聚焦于探讨其执政失利的原因。诚如有学者指出的,对于激进左翼联盟的自我毁灭,"最简单的反映是谴责它是'机会主义者',但我们从这种态度中学不到任何东西。如果我们认真分析激进左翼联盟的失败,在废墟中挖掘其原因是不可避免的"②。讨论从各个角度展开,尤其着重于如下方面:一是为激进左翼联盟的执政实践辩护,认为其举措只是策略性撤退而非背叛,因为国家转型是一场痛苦的马拉松,必然要经历多次后退;二是认为激进左翼联盟缺乏前后一致的计划,且党内左派过分专注于国家转型;三是认为激进左翼联盟未能直面"别无选择"(there is no alternative)叙事,本应宣布取消债务,将银行国有化,并详细阐释其反资本主义主张;四是认为激进左翼联盟的失败源于2012年以来的阶级妥协及不断屈服于右翼势力;五是认为在欧元区内不可能控制本国经济;六是认为资本的力量摧毁了激进左翼联盟,等等。

围绕激进左翼联盟失败讨论的另一方面,侧重于激进左翼联盟执政的教训和启示,及其新发展战略和方向,比如反思在现存货币联盟条件下,难以推动反紧缩进程,强调必须将议会斗争与人民动员结合起来,重启反资本主义社会前景,等等。在题为《激进左翼联盟的经验:教训和适应性》一文中,前激进左翼联盟成员及其中央委员会和书记处成员安德烈亚斯·卡里齐斯(Andreas

---

① Stathis Kouvelakis, "Syriza's Rise and Fall", *New Left Review*, Jan.-Feb., 2016.
② Pete Dolock, "Analyzing the Failure of Syriza", June 23, 2017, https://www.counterpunch.org/2017/06/23/analyzing-the-failures-of-syriza/.

Karitzis）为激进左翼政党构建了变革转型的未来战略，其设想在相关研究中具有代表性。[1] 卡里齐斯认为，激进左翼联盟之所以未能成功阻止异常强大的新自由主义力量，源于其认为自己可以在既定的政治结构和程序中发挥作用。但令人心痛的戏剧性情节表明，当国家主权被国际金融机构操控时，传统的民主政治毫无意义。但他也认为，激进左翼没有足够的力量使精英们接受和容忍其参与重大决策。如果战场已经转移，破坏了我们的战略，那么在不稳定的战场上有竞争力也是不够的：我们需要重塑这个战场。要做到这一点，则必须拓展解决方案的空间，将重点从政治代表转向建立一个经济和社会权力生产的自主网络。这个新的解决方案空间会是什么样子？卡里齐斯设想"形成一个强大的富有弹性和活力的网络，以支持社会经济及合作社生产活动、替代性金融工具、地方自治单位、民主运作的数字社区以及设施、能源系统和分销网络等社区控制功能"，从而与精英对社会基本功能的控制进行对抗。

无论如何，作为欧洲激进左翼发展曾经的希望，激进左翼联盟反紧缩的替代战略最终还是走向了失败。实践表明，它并未能提供一个具有现实可行性的执政计划。激进左翼联盟同样陷入了多数激进左翼政党的理论困境：批判有余而建设性不足。其相关替代建议并不能有效解决现存问题，也因而不能对现实资本主义和新自由主义构成实质性挑战，实现其所构设的替代社会前景。激进左翼政党最终往往为继续执政而与资本力量妥协，选择成为资本主义的管理者，关注改善资产阶级民主而非实现社会转型。

激进左翼联盟的经历无疑提出了一个重要的理论问题：我们到底应该如何正确认识和对待资本主义制度框架下左翼和社会主义者的上台执政？或者说在探索议会道路之可能性的过程中，在主

---

[1] David Bollier, "Lesson from Syriza's Failure: Build a New Economy and Polity", April 19, 2016, https://www.resilience.org/stories/2016-04-19/lessons-from-syriza-s-failure-build-a-new-economy-and-polity/.

客观条件不具备,议会左翼无力实现质的飞跃的条件下,我们应该如何正确认识和理解激进左翼执政的意义?

实际上,马克思和恩格斯早在分析1848年资产阶级革命失败后的政治形势时就睿智地作出过预判。针对一些"狂热的"共产主义者在革命的可能性暂时消退的情况下,仍然不顾客观现实试图通过革命夺取政权的盲动倾向,马克思和恩格斯曾明确提出,在客观条件不具备的情况下即使侥幸夺得政权,结果也可能并不美妙。恩格斯在《德国农民战争》一文中指出,如果党自己所代表的阶级进行统治的客观物质条件还不成熟时就被迫出来掌握政权,"对于一个激进派领袖来说,这是最糟糕的事情",因为那时它将"不可避免地陷入一种无法摆脱的进退维谷的境地:他所能做的事,同他迄今为止的全部行动,同他的原则以及他那一派的直接利益是相互矛盾的;而他所应做的事,则是无法办到的"。① 显然,当前资本主义虽然遭遇危机,但却并未终结,新自由主义陷入困境,但却依然保持强势。在这一条件下,任何左翼政党执政或参政都不可能不受到资本力量的牵掣和制约,导致其理想与现实间不可避免形成巨大落差。激进左翼联盟也概莫能外。正如有分析指出的那样,激进左翼联盟在面对新自由主义压力下的妥协表明,在愈益金融化的世界和敌对的政治环境中,西方左翼和社会主义者"不可能轻而易举、迅速、无痛地改变统治秩序"②。

但同时我们也不能忽视或否认左翼力量走上执政舞台的政治影响与意义。在资本主义条件下,代表社会中下层利益的左翼和社会主义力量所取得的每一点成就,都是推动社会发展进步的量变过程。正如西班牙激进左翼政党"我们能"党领导人伊格莱西亚斯所言:"(资本主义)危机本身帮助塑造了新的政治力量,其中

---

① 《马克思恩格斯全集》第10卷,人民出版社1998年版,第552页。
② "Rethinking Greece: Dina Vaiou on Greek Feminist Movements, Austerity, the City of Athens and the 'Otherness' of Greece", https://www.greeknewsagenda.gr/index.php/interviews/rethinking-greece.

尤以希腊激进左翼联盟为代表……开启了真正政治变革和复兴社会权利的可能性。在当前条件下，这显然与传统意义的革命或转向社会主义无关。但它确实旨在推动主权实现过程，将抑制金融权力、促进生产转型、确保更广泛的财富再分配以及推动欧洲的制度结构更加民主化。"[1] 同样，每一次挫折和失败，也是左翼和社会主义力量不断积累经验和总结教训的过程。恩格斯曾指出，社会的质变不可能用"一次简单的突然袭击"就能完成。对欧洲社会主义和激进左翼运动而言，反资本主义和新自由主义的斗争是一项长期性任务和目标，不可能一朝一夕实现。在这个层面上，马克思关于工人阶级的解放事业"必须经过长期的斗争，必须经过一系列将把环境和人都加以改造的历史过程"[2]的论断，仍然具有重要现实意义。而在当代西方，左翼和社会主义力量捍卫人民权利的实践及其成就，都将极大推动这一过程的塑造与构建。

总之，尽管存在这样那样的问题，希腊激进左翼和社会主义运动仍然具有标杆意义。其成就和影响远远高于欧洲国家的平均水平，尤其是激进左翼联盟的执政，表明欧洲社会主义和左翼运动达到了新的高度。而其在发展实践中提出的一些重要理论问题，也已得到关注和重视，并引发深刻反思和讨论。透过希腊这面镜子，各国左翼和社会主义力量或多或少都能得到有益启示。"前途是光明的，道路是曲折的"。对于希腊以至更广泛的激进左翼和社会主义力量来说，只有正视面临的困难和挑战，不断在实践中总结经验、教训，方能披荆斩棘，寻找到一条适合本国国情的实现资本主义转型或达至社会主义的正确发展道路。

---

[1] Pablo Iglesias, "Understanding Podemos", *New Left Review*, No. 93, 2015.
[2] 《马克思恩格斯选集》第3卷，人民出版社2012年版，第103页。

参考文献

《马克思恩格斯选集》第1卷，人民出版社2012年版。
《马克思恩格斯选集》第3卷，人民出版社2012年版。
《马克思恩格斯文集》第3卷，人民出版社2009年版。
《马克思恩格斯全集》第10卷，人民出版社1998年版。
肖枫主编：《社会主义向何处去》，当代世界出版社1999年版。
靳辉明主编：《社会主义：历史、理论与现实》，安徽人民出版社2000年版。
徐崇温：《西方马克思主义理论研究》，海南出版社2002年版。
姜辉：《欧洲发达国家共产党的变革》，学习出版社2004年版。
聂运麟：《当代资本主义国家共产党》，社会科学文献出版社2007年版。
陈林、侯玉兰等：《激进，温和还是僭越？当代欧洲左翼政治现象审视》，中央编译出版社1998年版。
刘洪才主编：《当代世界共产党党纲党章选编》，当代世界出版社2009年版。
宋晓敏：《希腊》，社会科学文献出版社2008年版。
文根暖等：《欧洲反法西斯抵抗运动史》，陕西人民出版社1985年版。
于海青：《西欧共产党的变革与挑战》，中国社会科学出版社2017年版。
于海青、童晋：《欧洲共产党与反法西斯抵抗运动》，社会科学文献出版社2016年版。

陈英吴：《希腊人民反法西斯抵抗运动述略》，《苏州大学学报》1992年第2期。

王喜满：《苏东剧变后希腊共产党对社会主义发展道路的探索》，《当代世界与社会主义》2010年第1期。

聂运麟、余维海：《共产党和工人党国际会议中的分歧与我们的应对》，《马克思主义研究》2014年第3期。

于海青：《希腊共产党的理论主张与发展现状》，《国外理论动态》2003年第11期。

于海青：《希腊共产党的演进与当代希腊激进左翼政治》，《当代世界社会主义问题》2013年第3期。

于海青：《希腊激进左翼联盟的崛起与发展前景》，《科学社会主义》2013年第5期。

于海青：《希腊共产党论当前反资本主义斗争的策略》，《中国社会科学报》2012年5月23日第3版。

［英］艾瑞克·霍布斯鲍姆：《极端的年代》，郑明萱译，江苏人民出版社1999年版。

［希］约翰·科里奥普罗斯等：《希腊的现代进程——1821年至今》，郭云艳译，上海人民出版社2008年版。

［希］吉厄戈斯·图萨斯：《议会中的共产党人和阶级斗争》，2014年5月，参见http：//review.youngchina.org/archives/7517。

"About DiEM25"，https：//diem25.org/about/.

Athens News Agency，"Tsipras at 3rd Congress：His Five Commitments of 'a Realistic Plan for a Progressive Rule'"，April 15，2022，https：//www.thenationalherald.com/tsipras-at-3rd-congress-his-five-commitments-of-a-realistic-plan-for-a-progressive-rule/.

Amin，Babak（ed.），*The Radical Left in Europe in the Age of Austerity*，Routledge，2016.

An Interview with Noam Chomsky，"Socialism in an Age of Reaction"，

Dec. 13, 2016, https://www.jacobinmag.com/2016/12/noam-chomsky-interview-donald-trump-democracy.

Anderson, Perry, "Why the System Will Still Win", *Le Monde*, Mar., 2017, http://mondediplo.com/2017/03/02brexit.

"Athens Steel Strike Enters Fifth Month", Mar. 13, 2012, http://www.wsws.org/articles/2012/mar2012/gree-m13.shtml.

Backes, Uwe and Partrick Moreau, *Communist and Post-Communist Parties in Europe*, Vandenhoeck & Ruprecht, 2008.

Balibar, Étienne, *We, the People of Europe? Reflections on Transnational Citizenship*, Princeton University Press, 2003.

Barnets, Nick, "Refugee Crisis Heightens on Greece's Eastern Islands", Aug. 8, 2015, http://america.aljazeera.com/articles/2015/8/8/Refugee-crisis-heightens-on-Greeces-eastern-islands.html.

Batziou, Athanasia, "A Christmas Tree in Flames and Other-Visual-Stories: Looking at the Photojournalistic Coverage of the Greek Protests of December 2008", *Social Movement Studies*, Vol. 14, No. 1, 2015.

Bollier, David, "Lesson from Syriza's Failure: Build a New Economy and Polity", April 19, 2016, https://www.resilience.org/stories/2016-04-19/lessons-from-syriza-s-failure-build-a-new-economy-and-polity/.

Bournous, Yiannis, "Report on the 1st Congress of SYRIZA, and Text of Political Resolution", Sep. 2, 2013, http://portside.org/2013-09-02/report-1st-congress-syriza-and-text-political-resolution.

Bull, M. J. and P. Heywood (eds.), *West European Communist Parties after the Revolutions of 1989*, London: Macmillan Press, 1994.

Charalambous, Giorgos, "All the Shades of Red: Examining the Radical Left's Euroscepticism", *Contemporary Politics*, Vol. 17, No. 3, Sep., 2011.

Charalambous, Giorgos "Understanding the Greek Communist Party", Sep. 2, 2012, http://blogs.lse.ac.uk/greeceatlse/2012/09/02/understanding-the-greek-communist-party/.

Charalambous, Giorgos "What about the Greek Communist Party?", Aug. 27, 2015, https://www.jacobinmag.com/2015/08/tsipras-syriza-debt-greece-kke/.

Cleen, Benjamin De, etc., "The Potentials and Difficulties of Transnational Populism: The Case of the Democracy in Europe Movement 2025 (DiEM25)", *Political Studies*, Vol. 68 (1), 2020.

Chiocchetti, Paolo, "Crucial Electoral Year for European Radical Left", Jan. 20, 2015, http://www.transform-network.net/blog/blog-2015/news/detail/Blog/-1452cd675d.html.

Chrysopoulos, Philip, "Greek Government's Attempt to Change Electoral Law a Simultaneous Smoke Screen and Strategy", Jul. 4, 2016, http://greece.greekreporter.com/2016/07/04/greek-governments-attempt-to-change-electoral-law-a-simultaneous-smoke-screen-and-strategy/.

Chrysopoulos, Philip, "SYRIZA Conference Continues with the '53' Asking for More Leftist Approach to Policies", Oct. 15, 2016, http://greece.greekreporter.com/2016/10/15/syriza-conference-continues-with-the-53-asking-for-more-leftist-approach-to-policies/.

Chrysopoulos, Philip, "Leftist Government in Greece See Those Who Put Them in Power, Turn Against Them", Jul. 18, 2017, http://greece.greekreporter.com/2017/07/18/leftist-government-in-greece-see-those-who-put-them-in-power-turn-against-them/.

Clogg, R., *Parties and Elections in Greece*, London: Hurst, 1987.

"Communist Party of Greece: from Class Collaboration to Extreme Sectarianism", Apr. 2, 2015, http://litci.org/en/communist-party-of-greece-from-class-collaboration-to-extreme-sectarianism/.

Curtis, Glenn E. (ed.), *Greece: A Country Study*, Library of Congress, 1995.

Dabilis, Andy, "Greeks Don't Trust Their Government", Jul. 23, 2013, http://greece.greekreporter.com/2013/07/23/greeks-dont-trust-their-government/.

Daiber, Birgit, Cornelia Hildebrandt and Anna Striethorst (eds.), *From Revolution to Coalition-Radical Left Parties in Europe*, Rosa-Luxemburg Foundation, 2012.

Dragasakis, Yiannis, *Presentation of the Economic Program of SYRIZA-USF*, 2012.

Dolock, Pete, "Analyzing the Failure of Syriza", June 23, 2017, https://www.counterpunch.org/2017/06/23/analyzing-the-failures-of-syriza/.

Doukas, George, "The Thirteenth Congress of KKE: Defeat of the Renovators", *Journal of Communist Studies*, Vol. 7, No. 3, 1991.

Dunkel, G., "Elections in Greece: What Happened and What's Next", July 18, 2019, https://www.workers.org/2019/07/42977/.

Eleftheriou, Costas, "The Uneasy 'Symbiosis'. Factionalism and Radical Politics in Synapismos", paper prepared for presentation at the 4th Hellenic Observatory PhD Symposium.

Featherstone, Kevin and George Kazamias, "In the Absence of Charisma: The Greek Election of September 1996", *West European Politics*, Vol. 20, No. 2, 1997.

Gavroche, Julius, "Syntagma, Syriza: Between the Square and the Palace", Apr. 8, 2015, http://autonomies.org/en/2015/04/syntagma-syriza-between-the-square-and-the-palace/.

Gemenis, Kostas, "The 2010 Regional Elections in Greece: Voting for Regional Governance or Protesting the IMF", *Regional & Federal Studies*, Vol. 22, No. 1, 2012.

"Greece-for an Anti-austerity Government of the Left", June 1, 2012, http://zcomm.org/znetarticle/greece-for-an-anti-austerity-government-of-the-left-by-socialist-resistance/.

"Greece: Tsipras Launches Full Frontal Attack on Government from Thessaloniki", Sep. 21, 2020, https://balkans.news/2020/09/21/greece-tsipras-launches-full-frontal-attack-on-government-from-thessaloniki/.

ICP, "Anti-Communism Will Not Pass", Sep. 28, 2019, https://icp.sol.org.tr/europe/anti-communism-will-not-pass.

"Interview with Markos Dragoumis", *Australian Left Review*, Jun. -Jul., 1970.

Interview of Antonis Davanellos, "Greece's Radical Left after SYRIZA", Feb. 24, 2017, https://socialistworker.org/2017/02/24/greeces-radical-left-after-syriza.

Kalyvas, S. and N. Marantzidis, "Greek Communism, 1968 – 2001", *East European Politics and Societies*, Vol. 16, No. 3, 2002.

Kanellopoulos, Kostas etc., "Competing Modes of Coordination in the Greek Anti-Austerity Campaign, 2010-2012", *Social Movement Studies*, Vol. 16, No. 1, 2017.

Kapetanyannis, Vassilis, "Greek Communists: Dilemmas and Opportunities Following the Local Elections", *Journal of Communist Studies*, 3: 1, 1987.

Kassimeris, George, "The 2004 Greek Election: PASOK's Monopoly Ends", *West European Politics*, Vol. 27, No. 5, 2004.

Katsourides, Yiannos, *Radical Left Parties in Government: The Case of Syriza and AKEL*, Palgrave, 2016.

Kazamias, G. and D. Papadinitriou, "The Elections in Greece: April 2000", *Electoral Studies*, 21 (2002).

Keith, Dan and Giorgos Charalambous, "On the (non) Distinctiveness of Marxism-Leninism: The Portuguese and Greek Communist Parties Compared", *Communist and Post-Communist Studies*, Issue 49, 2016.

KKE, "The Eleventh Congress", Dec. 14-19, 1982, http://interold.

kke. gr/about/history/overview-congress/overview13/index. html.

KKE, "The Twelfth Congress", May, 1987, http：//interold. kke. gr/about/history/overview-congress/overview14/index. html.

KKE, "The Fourteenth Congress", http：//interold. kke. gr/about/history/overview-congress/overview16/index. html.

KKE, "The Fifteenth Congress", http：//interold. kke. gr/about/history/overview-congress/overview17/index. html.

KKE, "Resolution of the 16th Congress of the CPG：the Anti-Imperialist, Anti-Monopoly Democratic Front", Dec. 2000, http：//www. kke. gr.

KKE, "Resolution of the 18th Congress of KKE", http：//www. thebellforum. com/showthread. php? t = 59293.

KKE, "International Criticism of Webb's 'A Party of Socialism for the 21st Century'", http：//mltoday. com/greek-communists-criticize-sam-webbs-qparty-of-socialism-for-the-21st-centuryq.

KKE, "Electoral Manifesto of the Central Committee of the KKE for the Elections for the European Parliament", 2004, http：//www. inter. kke. gr/News.

KKE, "Political Resolution", Feb. 2005, http：//inter. kke. gr/ Documents/17cong/ polit-resolut -17thcong/.

KKE, "Resolution Concerning the Situation in the International Communist Movement", Feb. 9-12, 2005, http：//interold. kke. gr/Documents/17cong/inter-resol-17cong/elinterresol17cong/index. html.

KKE, "On the 90th Anniversary of the Great October Socialist Revolution in Russia", May 25, 2007, http：//inter. kke. gr/TheSocial/.

KKE, "160 Years of the Communist Manifesto：Its Importance for the Contemporary Revolutionary Strategy", Apr. 6, 2008, http：//inter. kke. gr/TheSocial/.

Programme of KKE, "Nature of the Revolution the Anti-Imperialist Anti-Monoply Democratic Front of Struggle and the Transition to Socialism", http: //interold. kke. gr/Documents/docprogr/docprogr5/index. html.

KKE, "Theses of the CC on Socialism", Feb. 18-22, 2009, http: //inter. kke. gr.

KKE, "95 Years of KKE's Class Struggle", http: //inter. kke. gr/en/articles/95-years-of-the-KKEs-class-struggle/.

KKE, The INITIATIVE of Communist and Workers' Parties of Europe Was Founded, http: //inter. kke. gr/en/articles/The-INITIATIVE-of-Communist-and-Workers-Parties-of-Europe-was-founded/.

KKE, "Parties and Trade Unions Out or with the KKE and the Class Oriented Movement?", http: //inter. kke. gr/News/news2011/2011-06-07-arthro-syntaksis.

KKE, "Statement of the Political Bureau of the CC on the Capitalist Economic Crisis and the Debt", http: //inter. kke. gr/News/news2011/2011-09-06-pb-crisis/.

KKE, "National' or People's Sovereignty?", http: //inter. kke. gr/News/news2012/2012-02-15-video-kyriarxia/.

KKE, "Regarding the Expressions of Solidarity with the Greek People", http: //inter. kke. gr/News/news2012/2012-02-17-allilleggi/.

KKE, "Within the Capitalist System There is no Pro-Peoples Way Out from the Crisis", http: //inter. kke. gr/News/news2012/2012-01-06-syn-gs.

KKE, "Statement of the GS of the CC of the KKE on the Elections Results of 17th June 2012", June 18, 2012, http: //interold. kke. gr/News/news2012/2012-06-18-dilosi-gg. html.

KKE, "Resolution of the CC of the KKE: First Assessment of the Election Result of 17th June 2012", June 19, 2012, http: //interold. kke. gr/News/news2012/2012-06-19-apofasi-ke-ekloges/index. html.

KKE, "Resolution of the CC of the KKE-Conclusions from the Elections on 6th May 2012 and 17th June 2012", July 11, 2012, http: //interold. kke. gr/News/news2012/2012-07-16-teliki-apofasi-cc-ekloges/

index. html.

KKE, "Some Questions on the Unity of the International Communist Movement", http://inter. kke. gr/en/articles/Some-questions-on-the-unity-of-the-international-communist-movement/.

Press Statement of KKE, "On the Discussion and the Results of the 15th International Meeting of Communist and Workers' Parties", Nov. 18, 2013, http://www. solidnet. org/greece-communist-party-of-greece/cp-of-greece-press-statement-of-the-kke-on-the-discussion-and-the-results-of-the-15-imcwp-en-ru-sp-ar.

KKE, "Theoretical Issues Regarding the Programme of the Communist Party of Greece, Introduction", http://inter. kke. gr/en/articles/Theoretical-Issues-regarding-the-Programme-of-the-Communist-Party-of-Greece-KKE/.

International Relations Section of the CC of the KKE, "Article Published in the Morning Star Newspaper on 22/1", http://inter. kke. gr/en/articles/Article-Published-in-the-Morning-Star-Newspaper-on-22-1/.

The CC of KKE, "Statement of the Central Committee of the KKE on the New Agreement-Memorandum", July 13, 2015, http://inter. kke. gr/en/articles/Demonstration-of-PAME-at-the-offices-of-the-EU-in-Athens-against-the-EUs-immigration-policies/.

KKE, "The Positions of the KKE on the Refugee-Immigrant Question", Mar. 8, 2016, http://inter. kke. gr/en/articles/The-positions-of-the-KKE-on-the-refugee-immigrant-question/.

Statement of the Central Committee of KKE, "100 Years of the Communist International", Feb. 26, 2019, https://inter. kke. gr/en/articles/The-founding-action-and-dissolution-of-the-Communist-International-through-the-prism-of-the-current-tasks-of-the-international-communist-movement/.

15 IMCWP, "Guidelines for Common or Convergent Action", Nov. 14,

2013, http://www.solidnet.org/15-imcwp/15-imcwp-guidelines-for-common-or-convergent-action-en-pt.

15 IMCWP, Press Release by Portuguese CP, Nov. 14, 2013, http://www.solidnet.org/15-imcwp/15-imcwp-press-release-by-portuguese-cp-en-pt.

Statement-Call of the Central Committee of KKE, Sep., 2020, https://inter.kke.gr/en/articles/STATEMENT-CALL-OF-THE-CENTRAL-COMMITTEE-OF-THE-COMMUNIST-PARTY-OF-GREECE/.

Speech of the KKE at the International Theoretical Conference of Communist and Workers parties," 100 Years after the Great October Socialist Revolution, the Lessons and Tasks for the Contemporary Communists", 2017, https://inter.kke.gr/en/articles/Speech-of-the-KKE-at-the-International-Theoretical-Conference-of-Communist-and-Workers-parties-100-years-after-the-Great-October-Socialist-Revolution-the-lessons-and-tasks-for-the-contemporary-communists/.

Statement of the PB of CC of KKE, "On the 150th Anniversary of the Birth of V. I. Lenin", April 21, 2020, https://inter.kke.gr/en/articles/On-the-150th-anniversary-of-the-birth-of-V-I-Lenin/.

Statement of the Central Committee of KKE, "100 Years of the Communist International", Feb. 26, 2019, https://inter.kke.gr/en/articles/The-founding-action-and-dissolution-of-the-Communist-International-through-the-prism-of-the-current-tasks-of-the-international-communist-movement/.

Theses of the CC for the 21st Congress of the KKE; Section of International relations of CC of KKE, "The Founding, Action and Dissolution of the Communist International through the Prism of the Current Tasks of the International Communist Movement", https://inter.kke.gr/en/articles/The-founding-action-and-dissolution-of-the-Communist-International-through-the-prism-of-the-current-tasks-of-the-international-communist-movement/.

21st Congress of the KKE, 2021, https://inter.kke.gr/en/articles/21st-Congress-of-the-KKE/.

20th Congress of the KKE, 2017, https://inter.kke.gr/en/articles/POLITICAL-RESOLUTION-OF-THE-20th-CONGRESS-OF-THE-KKE/

International Relations Section of the CC of the KKE, "Aspects of the Ideological-Political Struggle in the Ranks of the International Communist Movement", *Rizospastis*, *Jan.* 22, 2022, https://inter.kke.gr/en/articles/Aspects-of-the-ideologicalpolitical-struggle-in-the-ranks-of-the-international-communist-movement/.

Kasimis, Charalambos, "Greece: Illegal in the Midst of Crisis", Mar. 8, 2012, http://www.migrationpolicy.org/article/greece-illegal-immigration-midst-crisis/.

Katsounaki, Maria, "The KINAL Factor", Jan. 22, 2022, https://www.ekathimerini.com/opinion/1175986/the-kinal-factor/.

"KINAL Elections: Festive 'Return' of PASOK-Great Turnout-Monday the Results", May 8, 2022, https://247newsbulletin.com/economy/234569.html.

Kohler, Beate, *Political Forces in Spain, Greece and Portugal*, Butterworth Scientific, 1982.

Kokkinidis, Tasos, "New Sensational Details Emerge from Varoufakis Book", Aug. 7, 2017, http://greece.greekreporter.com/2017/08/07/new-sensational-details-emerge-from-varoufakis-book/.

Kokkinidis, Tasos, "Changing Tune SYRIZA Now Flirts with Socialist PASOK", Aug. 12, 2017, http://greece.greekreporter.com/2017/08/12/changing-tune-syriza-now-flirts-with-socialist-pasok/.

Kokkinidis, Tasos, "Greece's Opposition Leads SYRIZA by 10 Points, Says New Poll", Apl. 20, 2018, http://greece.greekreporter.com/2018/04/

20/greeces-opposition-leads-syriza-by-10-points-says-new-poll/.

Koliopoulos, John S. and Thanos M. Veremis, *Modern Greece*: *A History since* 1821, Wiley-Blackwell, 2009.

Kousoulas, D. George, *Revolution and Defeat-The Story of the Greek Communist Party*, London: Oxford University Press, 1965.

Koutsoumpas, D., "160 Years of the Communist Manifesto: Its Importance for the Contemporary Revolutionary Strategy", http://interold.kke.gr/TheSocial/News/2008news/2008-06-arthro-koutsoumpas/index.html.

Koutsoumpas, D. "We Draw Conclusions, We Become Stronger", Dec. 28, 2017, https://inter.kke.gr/en/articles/Dimitris-Koutsoumpas-We-draw-conclusions-we-become-stronger/.

Kouvelakis, Stathis, "From the Absurd to the Tragic", Oct. 7, 2015, https://www.jacobinmag.com/2015/07/tsipras-syriza-greece-euro-debt/.

Kouvelakis, Stathis, "Syriza's Rise and Fall", *New Left Review*, Jan.-Feb., 2016.

Kovras, Iosif, "The Parliamentary Election in Greece, October 2009", *Electoral Studies*, June 2010.

Kriesi, Hanspeter and Takis S. Pappas (eds.), *European Populism in the Shadow of the Great Recession*, ECPR Press, 2015.

Lapavitsas, Costas, "One Year on, Syriza Has Sold Its Soul for Power", *Guardian*, Jan. 25, 2016, https://www.theguardian.com/commentisfree/2016/jan/25/one-year-on-syriza-radicalism-power-euro-alexis-tsipras.

Lefkofridi, Zoe, "Sleeping with the Enemy? The Greek Radical Left & the EU", paper prepared for PSA 60th Anniversary Conference Workshop, March 29, 2010.

"Left Alliance", http://www.vasemmisto.fi/vasemmistoliitto/english/

left-alliance/.

Leontitsis, Vasilis, "How the Greek Middle Class Was Radicalised", Feb. 18, 2015, http://www.socialeurope.eu/2015/02/how-the-greek-middle-class-was-radicalised/.

Limberes, Nickolas M., "The Greek Election of June 1985: A Socialist Entrenchment", *West European Politics*, Vol. 4, Issue 3, 1985.

Llana, Sara Miller, "Why Fringe Parties Are Surging in Europe", Mar. 15, 2015, http://www.csmonitor.com/World/Europe/2015/0315/Why-fringe-parties-are-surging-in-Europe.

Loulis, John C., *The Greek Communist Party*, 1940-1944, London & Canberra, Croom Helm, 1982.

Lyrintzis, Christos, "The Rise of PASOK: The Greek Election of 1981", *West European Politcs*, Vol. 5, Issue 3, 1982.

Macridis, Roy C., *Greek Politics at a Crossroads: What Kind of Socialism?*, Hoover Institution Press, 1984, p. 53.

Mailis, Makis, "The Struggle of the KKE Against Opportunism: The Experience from 1949-1968", http://inter.kke.gr/en/articles/The-struggle-of-the-KKE-against-Opportunism-The-experience-from-1949-1968/.

March, Luke and Daniel Keith (eds.), *Europe's Radical Left: From Marginality to the Mainstream?*, Rowman & Littlefield, 2016.

Margara, Isabella, "KKE: Interview with the Greek Communist Party", May 13, 2010, http://en.wikinews.org/wiki/KKE:_Interview_with_the_Greek_Communist_Party?dpl_id=183053.

Marsde, Chris, "The Significance of the Election of Syriza in Greece", Jan. 27, 2015, https://www.wsws.org/en/articles/2015/01/27/pers-j27.html.

Masoni, Alice, "Is Transnational Populism Possible? —The Case of DiEM25", *Economic & Social Sciences & Solvay Business School*,

2017-2018.

Mpellou, Eleni, "Thoughts on a New International", http://inter.kke.gr/en/articles/Thoughts-on-a-new-International/.

Mpellou, Eleni, "The International Economic Crisis and the Position of Greece", 2009, http://www.iccr.gr/en/news/The-international-economic-crisis-and-the-position-of-Greece.-The-theses-of-KKE/.

Munckton, Stuart, "Why SYRIZA Is Greek for Hope", Jan. 30, 2015, https://www.greenleft.org.au/content/why-syriza-greek-hope.

Nallu, Preethi, "The Real Winners of Greece's Election: Refugee", Jan. 26, 2015, http://www.irinnews.org/analysis/2015/01/26.

Nallu, Preethi, "Greece Outlines Radical Immigration Reforms", Mar. 5, 2015, http://www.aljazeera.com/indepth/features/2015/03/greece-outlines-radical-immigration-reforms-150302083444990.html.

Nicolacopoulos, Ilias, "Elections and Voters, 1974-2004: Old Cleavages and New Issues", *West European Politics*, Vol. 28, No. 2, 2005.

Nikolakakis, Nikolaos, "Syriza's Stance vis-à-vis the European Union Following the Financial Crisis: the Persistence of Left Europeanism and the Role of the European Left Party", *European Politics and Society*, Vol. 18, Issue, 2, 2017.

Open Letter of the Hungarian Workers' Party, "Thoughts Before the Meeting of Communist Parties in Lisbon", Jan. 31, 2022, https://mltoday.com/open-letter-of-the-hungarian-workers-party/.

Ovenden, Kevin, "Athens Stands on the Verge of Its Liberation", Jan. 17, 2015, http://www.morningstaronline.co.uk/a-fa3d-Athens-stands-on-the-verge-of-its-liberation#.WTyo-rEYzgo.

Papadopoulos, Notis, "A Congress Devoid of Fresh Ideas", April 19, 2022, https://www.ekathimerini.com/opinion/1182518/a-congress-devoid-of-fresh-ideas/.

PAME, "What Is PAME", http://www.pamehellas.gr/index.php/

en/2012-10-02-15-03-11/2012-10-02-14-44-37.

"Pasok, the Return: Over 170k Kinal Members Vote for Name Change", May 9, 2022, https://www.keeptalkinggreece.com/2022/05/09/pasok-kinal-name-change-greece-politics/.

Panagiotidis, Stavros, "The Economic Program of SYRIZA-For a Government of the Left in Greece", *Transform*!, June 5, 2012, https://www.transform-network.net/en/blog/article/the-economic-program-of-syriza-for-a-government-of-the-left-in-greece/.

Panagiotidis, Stavros, "The Greek Government's Parallel Program", Mar. 7, 2016, http://www.transform-network.net/blog/article/the-greek-governments-parallel-program/.

Pappas, Takis S., "The Transformation of the Greek Party System Since 1951", *West European Politics*, Vol. 26, No. 2, 2003.

Pappas, Takis S., *Populism and Crisis Politics in Greece*, Palgrave Macmillan, 2014.

Penesi, Korina, "Illegal Immigration: A Ticking Time Bomb for Greece", Mar. 19, 2015, http://www.xryshaygh.com/en/view/illegal-immigration-a-ticking-time-bomb-for-greece.

Petras, James, "Syriza: Plunder, Pillage & Prostration", June 25, 2015, https://www.newsbud.com/2015/06/25/syriza-plunder-pillage-prostration/.

Petrou, Panos, "Where Is SYRIZA Headed?", Dec. 19, 2012, http://socialistworker.org/2012/12/19/where-is-syriza-headed.

Pirkl, Bernhard, "No End to Neoliberalism in Germany", Dec. 15, 2021, https://damagemag.com/2021/12/15/no-end-to-neoliberalism-in-germany/.

Porta, Donatella della etc. (ed.), *Late Neoliberalism and its Discontents in the Economic Crisis*, Palgrave Macmillan, 2017.

Pridham, Geoffrey (ed.), *The New Mediterranean Democracies: Re-*

gime transition in Spain, *Greece and Portugal*, Franc Cass, 1984.

Pridham, Geoffrey and Susannah Verney, "The Coalitions of 1989-90 in Greece: Inter-Party Relations and Democratic Consolidation", *West European Politics*, Vol. 14, No. 4, 1991.

Psimitis, Michalis, "The Protest Cycle of Spring 2010 in Greece", *Social Movement Studies*, Vol. 10, No. 2, 2011.

European Commission, "Public Opinion", http://ec. europa. eu/commfrontoffice/publicopinion/index. cfm/Survey/index # p = 1& search = greece.

"Rethinking Greece: Dina Vaiou on Greek Feminist Movements, Austerity, the City of Athens and the 'Otherness' of Greece", https://www. greeknewsagenda. gr/index. php/interviews/rethinking-greece.

"Results of the Legislative Election in Greece on July 7, 2019", https://www. statista. com/statistics/1024860/greek-election-results/.

Rori, Lamprini, "The 2019 Greek Parliamentary Election: retour à la mornale", *West European Politics*, 43: 4, 2019.

Sheehan, Helena, *The Syriza Wave: Surging and Crashing with the Greek Left*, Monthly Review Press, 2016.

Smith, Helena, "'There Ishope': Syriza Poised to Improve Situation of Greece's Immigrants", Feb. 13, 2015, http://america. aljazeera. com/articles/2015/2/13/syriza-and-the-immigrants-of-greece. html.

Spourdalakis, Michalis, "2007 Greek Elections: Signs of Major Political Realignment, Challenges and Hopes for the Left", *Studies in Political Economy* 82, Autumn 2008.

Spourdalakis, M., "The Miraculous Rise of the 'Phenomenon SYRIZA'", *International Critical Thought*, Vol. 4, No. 3, 2014.

Stavrakis, Peter J., *Moscow and Greek Communism: 1944-1949*, Cornell University Press, 1989.

Striethorst, Anna, *Members and Electorates of Left Parties in Europe*,

Rosa Luxemburg Stiftung, Buro Brussel, 2010.

SYRIZA, "Report on the 1st Congress of SYRIZA, and Text of Political Resolution", Sept. 2, 2013, http://portside.org/2013-09-02/report-1st-congress-syriza-and-text-political-resolution.

SYRIZA, "Political Resolution, First Congress of SYRIZA", Aug. 19, 2013, http://spectrezine.org/political-resolution-first-congress-syriza.

SYRIZA, "The Left Government under New Conditions: A Stronghold to Defend", Sep., 2015, http://www.transform-network.net/blog/article/the-parallel-program-of-the-greek-government.

"SYRIZA Expels Former Minister Kontonis Over Party Criticism", Oct. 9, 2020, https://www.ekathimerini.com/news/257880/syriza-expels-former-minister-kontonis-over-party-criticism/.

Tassis, Chrisanthos D., "Transformation of Policies and Politics in Greece towards and inside the European Union 1950-2012", *Review of History and Political Science*, Vol. 3, No. 2, 2015.

The National Herald, "Varoufakis' Tiny MeRA5 *Party Loses Another Unhappy Lawmaker*", March 9, 2022, https://www.thenationalherald.com/varoufakis-tiny-mera5-party-loses-another-unhappy-lawmaker/.

"The Outlook for the Greek Society in 2022", *Weekly Briefing*, Vol. 47, No. 3 (GR), January 2022, https://china-cee.eu/2022/02/10/greece-social-briefing-the-outlook-for-the-greek-society-in-2022/.

Triandafilidou, Haris, "The Greek Election and the Day After", Feb. 2, 2015, https://www.transform-network.net/en/blog/article/the-greek-election-and-the-day-after/.

"Tsipras Sworn in as the New Prime Minitster", Jan. 26, 2015, http://www.transform-network.net/blog/article/tsipras-sworn-in-as-the-new-prime-minister-1/.

"Hope Over Cynism", *Transform*!, Feb. 3, 2015, http://www.

transform-network. net/blog/article/hope-over-cynism/.

The Statute of KNE, "Our Organization", http: //int. kne. gr/index. php/about/110-our-organization.

Tsakatika, Myto and Costas Eleftheriou, "The Radical Left's Turn towards Civil Society in Greece: One Strategy, Two Paths", *South European Society and Politcs*, Jan 30, 2013.

Tsirbas, Yannis, "The 2014 Local Elections in Greece: Looking for Patterns in a Changing Political System", *South European Society and Politics*, Vol. 20, No. 1, 2015.

Tsirbas, Yannis, "The January 2015 Parliamentary Election in Greece: Government Change, Partial Punishment and Hesitant Stabilisation", *South European Society and Politics*, Vol. 21, No. 4, 2016.

Vagenas, Elisseos "The International Role of China", *Communist Review*, Issue 6, 2010, https: //inter. kke. gr/en/articles/The-International-role-of-China/.

Verney, Susannah, "The New Red Book of the KKE: The Renewal that Never Was", *Journal of Communist Studies*, 4: 4, 1988.

Verney, Susannah, "'Compromesso Storico': Reunion and Renewal on the Greek Left", *Journal of Communist Studies*, 5: 4, 1989.

Verney, Susannah, "'Broken and Can't Be Fixed': The Impact of the Economic Crisis on the Greek Party System", *The International Spectator*, Vol. 49, No. 1, 2014.

Vlavianos, Haris, *Greece, 1941-49: From Resistance to Civil War-The Strategy of the Greek Communist Party*, New York: St. Martin's Press, 1992.

"Greek Government Shelves Parallel Program", Dec. 17, 2015, http://www. ekathimerini. com/204443/article/ekathimerini/news/greek-government-shelves-parallel-program.

"Voters Back Anti-bailout Parties in Greece's Local Elections", May

19, 2014, https://www.theguardian.com/world/2014/may/18/greek-voters-make-their-disapproval-of-austerity-clear.

"Yanis Varoufakis and Diem25: Erratic Marxism and Consistent Anticommunism", Dec. 3, 2021, https://thecommunists.org/2021/12/03/news/theory/yanis-varoufakis-diem25-erratic-marxism-consistent-anticommunism-ubi-green-new-deal-eu/.

"Varoufakis Reveals the Name of His Greek Political Party, Sets Inauguration Date", Feb. 14, 2018, https://www.keeptalkinggreece.com/2018/02/14/varoufakis-greece-political-party/.

Varoufakis, Yanis, "Manifesto of MeRA25-the New Party Set Up by DiEM25 in Greece to Revive the Spirit of the Greek Spring", Feb. 4, 2018, https://www.yanisvaroufakis.eu/2018/04/02/manifesto-of-mera25-the-new-party-set-up-by-diem25-in-greece-to-revive-the-spirit-of-the-greek-spring/.

Varoufakis, Yanis, "The Greek People Don't Trust the Government", Jan. 18, 2021, https://greekcitytimes.com/2021/01/18/varoufakis-greek-people-government/.

"2019 European Election Results", https://www.europarl.europa.eu/election-results-2019/en/national-results/greece/2019-2024/.

https://diem25.org/it-is-official-diem25-has-an-electoral-wing-in-germany/.